〔日〕西原春夫 著

戴波 江溯 译

刑事法译丛

犯罪实行行为论
Ausführungshandlung im Strafrecht

北京大学出版社
PEKING UNIVERSITY PRESS

北京市版权局著作权合同登记号图字:01-2005-3882
图书在版编目(CIP)数据

犯罪实行行为论/(日)西原春夫著;戴波,江溯译. —北京:北京大学出版社,2006.8
(刑事法译丛)
ISBN 978-7-301-11018-8

Ⅰ.犯… Ⅱ.①西… ②戴… ③江… Ⅲ.刑事犯罪-研究 Ⅳ.D914.04

中国版本图书馆 CIP 数据核字(2006)第 101104 号

本书中文简体版由西原春夫先生与日本成文堂株式会社共同授权出版。

书　　　名:犯罪实行行为论
著作责任者:〔日〕西原春夫　著　戴波　江溯　译
责　任　编　辑:陆建华
标　准　书　号:ISBN 978-7-301-11018-8/D·1557
出　版　发　行:北京大学出版社
地　　　　址:北京市海淀区成府路 205 号　100871
网　　　　址:http://www.pup.cn　电子邮箱:law@pup.pku.edu.cn
电　　　　话:邮购部 62752015　发行部 62750672　编辑部 62752027
　　　　　　出版社部 62754962
印　　刷　者:三河市北燕印装有限公司
经　　销　者:新华书店
　　　　　　965 毫米×1300 毫米　16 开本　20.75 印张　296 千字
　　　　　　2006 年 8 月第 1 版　2019 年 8 月第 2 次印刷
定　　　　价:59.00 元

未经许可,不得以任何方式复制或抄袭本书之部分或全部内容。
版权所有,侵权必究
举报电话:010-62752024　电子邮箱:fd@pup.pku.edu.cn

作者简介

西原春夫 日本著名刑法学家,早稻田大学名誉教授。

主要经历:1928年生于日本东京。1951年毕业于早稻田大学第一法学部,1956年修完博士后期课程。早稻田大学法学部助手(1953年)、讲师(1959年)、副教授(1962年,早稻田大学法学博士)和教授(1967年)。1962—1964年,德国弗莱堡大学Max-Planck外国刑法和国际刑法研究所留学。1965—1973年,日本法务省法制审议会刑事法特别分会干事。1970—1979年,日本司法考试考查委员。1972—1976年,早稻田大学法学部部长。1976—1982年,日本法务省法制审议会监狱法修改分会委员。1978—1982年,早稻田大学理事(1980年起任常务理事)。1979年,德国弗莱堡大学Max-Planck外国刑法和国际刑法研究所留学。1982—1990年,早稻田大学校长。1983—1995年,日本法务省矫正保护审议会委员(1991年起任会长)。1984—1992年,日本私立大学联盟及日本私立大学团体联合会副会长、会长。1985—1989年,日本文部省教育课程审议会委员、副会长。1988—1993年,日本文部省大学设置和学校法人审议会委员、副会长、会长。1988—1995年,日本文部省学术审议会委员、副会长。1991—1993年,日本总务厅第三次推进行政改革审议会委员,社团法人青少年育成国民会议副议长、议长。1991年,获德意志联邦共和国一等功劳十字勋章。1995—1998年,早稻田大学欧洲中心(波恩)主任。1995年,获上海市政府授予的白玉兰荣誉奖。1998年从早稻田大学退休。1998年4月担任日本国士馆大学理事长。

名誉博士:高丽大学(韩国)、阿拉姆大学(美国)、拉萨尔大学(菲律宾)、悉尼大学(澳大利亚)、莫斯科大学(俄罗斯)、奥格斯堡大学(德国)。

名誉教授:早稻田大学(日本)、中国人民大学(中国)、华东政法学院(中国)、武汉大学(中国)、吉林大学(中国)、中国社会科学院(中国)、黑龙江大学(中国)、远东国立工科大学(俄罗斯)。

主要著作:《间接正犯的研究》(1962年)、《刑法总论》(1968年)、《交通事故与信赖的原则》(1969年)、《犯罪各论》(1974年)、《交通事故与过失的认定》(1975年)、《刑法总论》(1977年)、《刑法的根基与哲学》(1979年)、《大法庭判决巡礼 刑法 I》(1982年)、《犯罪实行行为论》(1998年)、《21世纪的亚洲和日本》(2002年)等。

译者简介

戴波 北京大学法学博士,曾任教于中国人民公安大学,现为北京市正平律师事务所律师。

江溯 北京大学法学院副教授,博士生导师。

中文版序言

　　本书是我的著作《犯罪实行行为论》（日本成文堂1998年版）的中文版。正如原著"前言"中所述的那样，1998年3月13日，我迎来了古稀之年（年满70岁）。为了纪念这个日子，我和我的学生从我迄今为止发表在各种杂志上的论文中挑选出与犯罪的实行行为相关的论文，分类编辑成第一编"构成要件、行为、危险"、第二编"原因上自由行为"以及第三编"共犯与间接正犯"，并予以出版。这就是原著的内容。

　　我大半生的研究主题实际上是多种多样的，但是，我一直将重点放在"过失犯论"和"犯罪实行行为论"之上，在此我展开了自己的独特理论。其中，就前者而言，主要收录在《交通事故与信赖的原则》（日本成文堂1969年版）与《交通事故和过失的认定》（日本成文堂1975年版）等两部著作之中；就后者而论，各篇相关的文章散落在各种杂志之中，尚未结集成书。在这个意义上，通过本书原著的出版，我的刑法理论的另一个独特的方面就会一目了然，对此，我必须向我门下的学生诸君表示深深的谢意。

　　由于本书原著所收录的各篇论文均是由复杂和精致的理论构成的，因此翻译需要付出艰辛的劳动。除了法律学的知识以外，相当的日语能力也是不可或缺的。克服这种困难并最终完成翻译的是戴波律师（法学博士）和北京大学法学院博士研究生江溯。在此，我想向两位表示由衷的谢意。

　　1988年以来，我一直致力于以"日中刑事法学术研讨会"为中心的学术交流，在此期间，我亲眼目睹了中国刑事法学的惊人发展。其中，由于对日本刑法学的关注程度越来越高，因此，对犯罪

2 犯罪实行行为论

实行行为这个可以说在犯罪论体系中最为重要的课题展开我个人见解的本书,或许或多或少可以对中国刑法学的发展起到一点作用。在这种希望和期待之下,本书最终问世了。

西原春夫

2006 年 6 月 1 日

前　言

　　平成十年(1998年)3月13日,我将迎来我的古稀之年。像古稀这些词,我一直都觉得是事不关己的,自己本身也不喜欢随着时间的流逝去给人生划分一个分界点,因此,如果可能的话,我还是想和往常那样简简单单地生活。但是,我所在的早稻田大学规定退休年龄是70岁,正好就是古稀之年。对此,周围的人们,特别是学生们自然觉得总得做点什么。

　　于是,以我的学生为中心,他们开始策划了为祝贺我步入古稀的论文集。日本以及与我在学术上有关系的德国、波兰、中国、中国台湾地区、韩国等国家和地区的刑法学者都寄来了稿件。这对于在学术上没有作出多少贡献的我来说,的确是莫大的光荣。夹杂着惶恐和感激的复杂心情,一直萦绕心头。

　　为了向在这次策划中寄来稿件的各位朋友表示衷心感谢,着手编辑这本古稀祝贺论文集的学生们以及为我们出版著作的成文堂的各位工作人员,提议编辑一本表现我学术活动特色的论文集,以此奉献给各位,而我也正是这么想的。于是就有了这本书,衷心感谢各位。

　　迄今为止,在刑法学领域,我所触及的课题是各种各样的,除了日德、日中等国际学术方面的交流以外,结果"过失犯论"和"犯罪实行行为论"形成了两大支柱。对此,也许是偶然的结果——但是也存在着相当清楚的原因。其中,关于本书标题的形成原因,要追溯到我于昭和二十六年(1951年)进入早稻田大学研究生院法学研究科,师从齐藤金作先生开始刑法学研究的初期。当时,先生正执笔写博士论文《共犯理论的研究》(昭和二十九年,有斐阁),而我作为先生的助手,在那时候得到了先生许多指导。有一天,我对先生表达"间接正犯就是共犯的反面吧"这一见解时,先生说:"正好你必须学共犯,你就把它反面的间接正犯作为研究课题怎么样?"于是这就成了我的硕士论文的题目,而且最终在昭和三十七年(1962年)获得了第一届刑法学会奖。《刑法杂志》第12卷第1号收录《间接正犯的实行行为》(本书登载)以后,又在同年出版了博士论文《间接正犯的理论》(成文堂)。

直到现在,越来越多的人才认为间接正犯的实行着手时间不是在利用者的行为开始之时,而是在被利用者的行为开始之时。当时,包括战前的论文在内,也只有两三位学者赞同这一观点。不管怎样,试图以新的理论结构,站在少数派的立场,向具有压倒性的通说提出反对意见,乃是因为我考虑到通说过早地认定实行的着手时间,会造成作为实行行为内容的构成要件偏离实质危险的结果。

这一见解随后也被援用到原因上自由行为中实行着手时间的问题上。不过,现实地开始研究这个问题是在此之前的事。出于一个非常偶然的机会,我受刑法学会之托,执笔撰写了《德国刑法中的酩酊犯罪》(昭和三十四年,由《刑法杂志》增刊《酩酊与刑事责任》收录,本书登载),那时正好《修改刑法准备草案》(未定稿)发表了,其中"自己引起的精神障碍"这一款引发了一场讨论,由于前述论文的关系,我得到了参与那次争论的机会(昭和三十五年,由《法律时报》第32卷第8号《修改刑法准备草案的综合研究》收录;昭和三十六年,由《刑法杂志》第11卷第1、2号《修改刑法准备草案》收录等)。经过这些思考,在佐伯千仞教授的见解的延长线上,展开我自己观点的《责任能力的存在时间》(昭和四十三年,由佐伯六十寿辰《犯罪与刑罚(上)》收录,本书登载)以及回应对该文提出之反对意见的《再论原因上自由行为》(昭和五十九年,由《团藤重光博士古稀祝贺论文集》收录,本书登载)等论文问世了。

共同正犯中犯罪实行的问题是相当深刻的,仅就能否肯定共谋共同正犯的问题而论,当时屈指可数的支持者就成了压倒性通说的批判对象。特别是由于我站在以共同意思主体说的首创者草野豹一郎先生为学问之祖父,其继承者齐藤金作先生为学问之父的学说立场上,因此,无论是肯定这种学说还是否定这种学说,都是关乎自己学问良心的重大问题。与其将肯定共谋共同正犯之根据的问题委托给学问之祖父以及学问之父，倒不如从探讨被压倒性的多数派学说认为未经严密的学问验证的、批判共谋共同正犯的论据开始研究问题。其结果是，作为多数派学说之论据的"个人责任原理"在原则与实际情况之间是脱离的，是否立足于这一原理并不是能否肯定共谋共同正犯的关键。在这一探讨的基础上，我抱着"不只是由于学问之祖父和学问之父的话"的信念，写出了《共同正犯中犯罪的实行》（昭和三十九年，由齐藤六十寿辰纪念《现代共犯理论》收录，本书登载）。此后，可以说越来越多的人在改变理论构成的基础上，开始赞成共谋共同正犯。对于当时站在极少的少数派学说立场上的我来说，真的有点"正中下怀"的感觉。

按照所预想的那样，我写了一些与成为本书之支柱的论文相关的幕后故事。关于本书中所体现的我的学说的意义，曾根威彦教授在卷末专门写了题为《西原刑法学与犯罪实行行为论》的解题。真是感谢至极。而且，曾根教授还将我以前的论文整理出来，将所有论文进行了系统地编辑。再次向他表示衷心地感谢。此外，在曾根教授的指导下，他的学生胜亦藤彦君（明治学院大学讲师）、石井彻哉君（神奈川大学讲师）、内山良雄君（早稻田大学研究生院法学研究科研究生）和冈上雅美君（国士馆大学讲师）做了校正以及其他各种工作。对此，感激之情难以言表。

此外，成文堂的阿部耕一社长、土子三男编辑部长、本乡三好编辑部次长以及所属的各位员工为我的古稀祝贺论文集的出版，不怕亏本，直至付梓都尽心尽力，对于各位我怀有难以表达的深深谢意和感激。最近，我再次深深地感到，人生在世需要人与人之间的相互扶持。

西原春夫
平成九年（1997年）9月10日
于初秋的德国巴特·哥德斯堡

目 录

绪 论 犯罪实行行为论　　1
　　第一节　绪论　　1
　　第二节　实行行为的范围　　3
　　第三节　实行的着手　　6
　　第四节　实行行为的实质　　13

第一编　构成要件、行为、危险性

第一章　犯罪论中定型思考的界限　　25
　　第一节　绪论　　25
　　第二节　贝林的构成要件论　　26
　　第三节　德国构成要件论的发展方向　　34
　　第四节　犯罪概念中构成要件的地位　　46
第二章　构成要件的价值性特征　　56
　　第一节　绪论　　56
　　第二节　构成要件的描述性要素与规范性要素　　57
　　第三节　社会相当行为与构成要件符合性　　61
　　第四节　不作为犯与构成要件符合性　　67
　　第五节　过失犯与构成要件符合性　　70
　　第六节　结语　　74
第三章　作为与不作为的概念　　80
　　第一节　绪论　　80

第二节　目的行为论中的行为与不作为	81
第三节　运动与静止、作为与不作为	84
第四节　作为与不作为、作为犯与不作为犯	90

第四章　刑法上的危险概念　94
　　第一节　绪论　94
　　第二节　不能犯论中的危险概念　96
　　第三节　危险犯中的危险概念　106

第二编　原因上自由行为

第一章　过失犯与原因上自由行为　117
　　第一节　问题之所在　117
　　第二节　原因上自由行为与注意义务　118
　　第三节　注意义务与注意能力的关系　123

第二章　责任能力的存在时间　130
　　第一节　佐伯教授提出的问题　130
　　第二节　责任能力与实行行为同时存在的原则　131
　　第三节　责任能力应当存在的时间　135
　　第四节　原因上自由行为的构造　138
　　第五节　与犯罪论体系之间的关系　143

第三章　再论原因上自由行为　145
　　第一节　绪论　145
　　第二节　责任能力的"意思主义的"理解　146
　　第三节　对"最终意思决定时"的理解　149
　　第四节　解释论与立法论　156

第四章　酗酒驾驶与刑事责任　161
　　第一节　问题之所在　161
　　第二节　酗酒驾驶与刑法第39条　163
　　第三节　限定责任能力与原因上自由行为　166
　　第四节　酗酒驾驶与业务上过失致死伤罪之间的关系　170

第三编　共犯与间接正犯

第一章　间接正犯的实行行为　　　　　　　　　179
　　第一节　绪论　　　　　　　　　　　　　　179
　　第二节　关于实行着手的各种学说　　　　　181
　　第三节　间接正犯的实行着手　　　　　　　194
　　第四节　间接正犯的实行行为的实质　　　　209
　　第五节　结语　　　　　　　　　　　　　　220

第二章　教唆与间接正犯　　　　　　　　　　225
　　第一节　绪论　　　　　　　　　　　　　　225
　　第二节　教唆犯与间接正犯的区别标准　　　228
　　第三节　教唆犯与间接正犯的界限　　　　　234

第三章　共同正犯中犯罪的实行　　　　　　　244
　　第一节　共犯学说中个人责任与团体责任的原理　244
　　第二节　要求实行分担的学说及其批判　　　250
　　第三节　间接正犯的理论构成及其批判　　　255
　　第四节　共同正犯中犯罪实行的意义　　　　266

第四章　共谋共同正犯　　　　　　　　　　　279
　　第一节　论点之所在　　　　　　　　　　　279
　　第二节　肯定论的根据　　　　　　　　　　280
　　第三节　对肯定论之批判的重新探讨　　　　282
　　第四节　共同正犯的责任基础　　　　　　　288

解　题　西原刑法学与犯罪实行行为论　　　　293
　　绪　论　本书的构成　　　　　　　　　　　293
　　第一节　构成要件与危险概念　　　　　　　295
　　第二节　行为与实行行为　　　　　　　　　299
　　第三节　原因上自由行为与犯罪的实行　　　305
　　第四节　间接正犯、共同正犯与犯罪的实行　309
　　结　语　关于实行行为概念　　　　　　　　314

译者后记　　　　　　　　　　　　　　　　　317

绪论　犯罪实行行为论

第一节　绪　　论

预谋杀害乙全家六人的甲,在通往乙家的田间小路附近,很醒目地放置了六袋注有毒药的塑料袋装果汁。乙看到果汁后就把它们全部带回了家,喝下其中一袋就立刻毒发身亡了。乙家中的其余五人当时不在家,回家以后由于目睹事态而没有喝剩下的果汁,因此幸免于难。

这是一个真实的案件(宇都宫地判昭40·12·9下刑集第7卷第12号第2189页)。在这种场合,甲就已经死亡的乙成立杀人罪,大概任何人都不会有异议。因为这符合刑法[1]第199条的"杀死了人",因此是毋庸置疑的。

问题是,就未被害死的其余五人而言,甲应当成立杀人未遂,还是仅限于"预备杀人"(第201条)。由于结果是六人中一人死亡,就剩下的五人,很容易认定甲为杀人未遂。但是,以此为理由是不正确的。这是因为,甲对于剩下的五人的罪责,必须从甲的行为对这——剩下的——五人所具有的危险性上加以考虑。

预备杀人与杀人未遂的区别,在形式上由是否有杀人的实行着手来决定。换言之,杀人的实行行为着手以前是预备行为,之后则是实行行为,没有产生结果时就属于未遂犯。本案中的实行着手在什么时间呢?

在这种场合,必须注意的是,甲的行为具有如下构造:甲自身的行动仅仅以放置塑料袋而告终,此后有待乙等人的行为才能发

---

[1]　本书所称刑法是指《日本刑法典》。——译者注

2　犯罪实行行为论

生结果。因此，如果认为实行行为仅仅指行为人自身的行动，那么，意味着实行行为开端的实行着手就在于放置塑料袋这个行为开始之时。但是，并不能说在乡间路上放置塑料袋的行为具有实行着手那样的危险性。因为乙等人对此产生怀疑并无视那些东西是极有可能的。实行的着手仍然是乙将果汁带回自己家要喝下的时候，或许这样认为才是妥当的。本来，杀人行为的实行着手一般在于例如怀有杀意扣动枪的扳机之时，或者抡起铁棍之时，最终可以归结为之后因一举手一投足而产生结果那样危险性非常迫近的时刻。

但是，如果是这样的话，本案中的实行行为的内容究竟是怎样的就成了问题。因为在本案的场合，自不待言，虽然实行行为意味着甲的实行行为，但是，只是在甲的行动终了之后才可以承认实行的着手。

与此相似的问题在间接正犯和原因上自由行为的场合也会发生。带孩子去糕点店，由于最终是由孩子的母亲付钱，因此唆使孩子只要想要的就拿的行为，以及对一旦注射觉醒剂就有猥亵女性之癖好的某男，在使之实施猥亵行为的目的之下给他注射觉醒剂的行为——这种场合在刑法上是不可罚的——是符合预备还是本来的未遂却成了问题。于是，在解决前一问题的场合，就出现了实行行为的范围是否过于扩大这一问题；而在解决后一问题的情形下，就产生了实行行为的实态到底是什么这一问题。

所谓实行行为，本来就意味着构成要件中行为人以动词形式表达的行为。"杀人"、"放火"、"窃取"、"通过欺罔获取财物"、"实施猥亵行为"等就属于实行行为。但是，诸如"营利、猥亵以及结婚的目的"（第225条）、"行使的目的"（第148、154、162、164条等）那样目的的对象是特定行为的场合，这种行为就不是实行行为。然而，当"行使"以并非目的的对象这种形式描述于构成要件之中时（第152、163条等），它也属于实行行为。也就是说，实行行为意味着构成要件的核心行为。

这样，实行行为的范围及内容，形式上根据各自的构成要件的解释来决定，在其自身的某种意义上是明确的。但是，当将此套用到现实的犯罪行为时，就很不确定了。有关实行行为的范围及内容,纵向的各论的考察并不充分,有必要进行横向的总论的探讨的理由即在于此。下面,我想尝试着探讨围绕实行行为的诸多问题。

第二节 实行行为的范围

一、犯罪与实行行为

犯罪有的是瞬间实施的,也有经过一些时间慢慢发展成犯罪的情形。如果从时间的序列这个侧面来看犯罪的话,实行行为在其中的定位大概就成了第一个重要的问题。

犯罪,无论是故意犯还是过失犯,首先开始于意思决定。因为法并不能规制人的内心本身,即使在行为人的内心产生了意思的冲突,可以说产生了最终的意思决定,也不能仅仅依此就将之作为犯罪而使之成为刑法的对象。作为犯罪进入法的世界,乃是在基于意思决定实施了某种外部行为之时。

不过,即使想要做什么这种意思决定体现在某种外部行为之中,也不能仅仅据此认定为构成犯罪。要构成犯罪,其行为必须达到既遂。犯罪达到既遂,乃是在所有的构成要件完全实现之时。由于犯罪分为举动犯和结果犯,因此构成要件的实现,在举动犯的场合,意味着必须完成了实行行为;在结果犯的场合,意味着要由实行行为产生某种特定的结果。但是,例外的情况是,当存在处罚未遂犯的规定时(刑法第44条),即使构成要件没有完全实现,仍将之作为未遂犯这种犯罪,从而成为处罚的对象。

问题是什么时候才成立未遂犯。由于刑法第43条规定"着手犯罪的实行但没有完成的人……",因此,要认定成立未遂犯,"着手实行"首先是必要的。什么时候是着手实行,即关于实行着手的时间,在下章中将予以详细阐述。在学说上,一般将实行着手以后的行为称为实行行为,将之与在此之前的行为即准备犯罪的行为——预备行为区别开来。因此,实行的着手就成了区别预备行为与实行行为的分水岭。

二、预备行为与实行行为

在意思决定与实行行为之间的外部行为中,具备准备犯罪的实现这种实态的部分被称为预备行为。因此,一般而言,犯罪是按照意思决定→预备前的行为→预备行为→实行行为(→产生结果)这一顺序发展而成的,这是犯罪的基本型。当然,也有例外的情况,例如,由意思决定直接发展为实行行为,激情犯等就是最好的例证。

并非对所有的犯罪而言预备行为都是可罚的,而是仅限于内乱罪(第78条)、外患罪(第88条)、私战预备罪(第93条)、纵火罪(第113条)、伪造货币罪(第153条)、杀人罪(第201条)、勒索赎金为目的的诱拐罪(第228条之3)、强盗罪(第237条)等八项重大犯罪的情况。

其中,成为问题的是私战预备罪。这是因为,其他七项犯罪均为实行行为本身受处罚,只有私战预备罪,作为其实行行为的私战本身不受处罚。因此,通说认为,既然私战预备罪在外形上是准备私战的行为,私战并不是处罚的对象,那么就应当将私战预备本身视为实行行为(发现形态说)。

对此,在学说上存在以下对立:有学说认为,因为本来预备罪是独立罪,因此私战预备也是预备罪(独立罪说)(大场、宫本、安平、正田、内田[文]);也有学说认为,预备罪一般是作为基本犯的犯罪的表现形态,应当认为诸如私战预备罪这样的犯罪是作为独立罪的预备罪(二分说)(香川、齐藤[诚]、西原)。

这种争论,对于这一问题,即对于预备罪是否承认共犯的成立,是有实际益处的。主张预备罪是基本犯的发现形态的学说一般对此持否定观点,而主张独立罪的学说则有肯定的倾向。这是因为,共犯是以正犯即实行行为为前提的。两分说当然要根据预备罪的性质的不同来确定结论。

在与此相类似的问题中,存在这一问题,即在预备罪的中止的场合,是否应当承认中止犯的规定(第43条但书)的适用或准用?对此,在学说上存在以下对立:消极说认为,因为预备罪是一种举动犯,所以,既然实施了预备行为,就没有容纳中止观念的余地(泉二、植松、青柳、庄子、正田、中野);肯定说认为,为了与实行着手以后如果中止就适用中止犯的规定这种做法相均衡,应当肯定预备罪中止的场合适用或准用中止犯的规定(大场、草野、牧野、团藤、大塚、福田、中、庄子);两分说认为,应当根据预备罪是非独立罪还是独立罪来确定结论(香川、齐藤[诚]、西原)。

由于这些问题并非这里的主题,因此就不详细论述了,我只是想表明我个人是支持两分说的(参照拙著《刑法总论》第272页[1]以下)。

此外,关于预备罪,必须说明的是,在内乱罪、外患罪、私战阴谋罪这三个罪名中,"阴谋"是要受处罚的。所谓阴谋,是指两人以上共同谋划实行一定的犯罪,它不是预备的一种,而是应该理解为先行于作为物质准备行为的预备行为的犯罪发展的一个阶段。如果不这样理解的话,就会违反刑法所主张的预备是受处罚的犯罪,而阴谋不是受处罚的犯罪这一旨趣。由此可以推导出预备行为的内容限于物质的准备行为这一解释。

三、共犯行为与正犯行为

如果说预备行为与实行行为在时间的纵向序列上是毗邻的话,那么在空间的横向序列上与实行行为相毗邻的则是共犯行为。不过,即使在共犯中,教唆犯和从犯的一部分也存在实行行为与时间上的前后关系,但是,考虑到共犯与单个行为人的意思表现过程这个意义上的纵向序列在性质上有所不同,为了方便起见,这里就将它们全都归属于空间关系。

不言而喻,共犯共有三种形态:共同正犯是"数人共同实行犯罪"的场合(第60条);教唆犯是"教唆他人使之实行犯罪"的场合(第61条);从犯是指"帮助正犯"的场合(第62条)。因为第62条中所谓的"正犯"被理解为犯罪的实行行为人,所以,共犯的三种形态都是加功于他人的实行行为的场合,从法律条文也可以明白这一点。

四、不能犯与未遂犯

与实行行为有形地毗邻在一起的有预备行为与共犯行为,我想这一点已经很清楚了。还有一种与实行行为存在无形的关系,

---

[1] 本书所引著作均为日文原著,其页码亦为原书页码。——译者注

即在内容上毗邻的情形。这就是所谓的不能犯。

众所周知,不能犯是指行为人打算着手实行犯罪,但是由于结果的发生是不可能的,因此无法实现犯罪,不能作为未遂犯处罚的行为。例如,丑时参拜的迷信犯,觉得硫磺粉可以杀死人就让人吞食硫磺粉的行为就属于不能犯。由于这些行为缺乏本来构成要件预定的危险性,因此也就不符合实行行为的特征。

但是,关于不能犯与未遂犯的区别问题,存在激烈争论,从这一点也能看出,从这种视角来判断不能犯是否符合实行行为的特征是很微妙的。问题在于,不能犯的行为是否含有发生结果的危险,怎样去理解这种危险,关于这个问题,学说上也存在严格的对立。关于这个问题,我将在第一编第四章中进行详细说明,请参考那一部分,在这里就匆匆收笔。

第三节　实行的着手

一、实行的着手概念的产生

一般认为,像日本刑法第 43 条那样规定"实行的开始"这一概念,以此区分未遂与预备的立法形式,源于 1810 年的法国刑法。该法中的未遂犯规定,之后于 1832 年经历了若干修正,成为现行法国刑法的第 2 条。这一条"通过实行的开始(Commencement d'exécution)所表明的重罪的企图,因独立于行为人意思的事件而中断,而且没有产生结果的场合,均以重罪本身论处"。

不过,这种规定的原型还可以追溯到 1810 年刑法之前数十年、法国革命历 4 年 9 月 22 日(1776 年 7 月 10 日)颁布的法律。由此也可以明白,实行的着手概念本身以及当时对它的解释实际上是法国革命思想的产物。关于这一点,牧野博士进行了如下恰如其分的论述:

> 在 1810 年那个时候,思想上崇尚个人的自由主义,而刑法则是以罪刑法定主义为基础的客观主义。这样一来,试想一下,旧制度的刑政奉行罪刑擅断主义,毋宁说是将预备与实行混同在一起的,那么就不得不说"实行的着手"这个词,毫无

疑问的是,作为表现客观主义意义的新词语而受到欢迎也是理所当然的了(牧野英一:《刑法研究》第 8 卷,第 217 页以下)。

正因为如此,以法国刑法为典范的日本旧刑法(明治十四年,即 1880 年)也规定"欲犯罪并已实施其行为,但由于犯人意外的障碍或者错误而犯罪未遂时,在既遂者的刑罚基础上减轻一等或两等",这或多或少残留了法国刑法的影响。在德国,1851 年的普鲁士刑法也引进了法国式的立法形式,以普鲁士刑法为基础所制定的 1871 年旧德意志刑法也规定:"使犯重罪或轻罪的意图表动于包含该重罪或轻罪的实行的开始(Anfang der Ausführung)的行为中的人,在其所意图的重罪未达既遂的场合,作为未遂犯处罚。"于是,以这部德意志刑法作为典范而制定的日本现行刑法,比旧刑法更进了一步,使用了"实行的着手"这一用语,从而加入到关于未遂犯概念的世界趋势之中。

二、客观说

首先出现在法国刑法中的实行的着手这一概念,最初被理解为是客观主义的,正如前面牧野博士所指出的那样,如果考虑一下产生这一概念的思想背景,这就很好理解了。被认为是为前述法国革命历 4 年的法律提供原理的帕斯托勒特认为,"意向阻止了作为意向的事物,当外部行为开始向结果发展时,就产生了镇压与处罚的义务",明确地站在了客观说的立场上。

总之,一般而言,行为人的犯意在实行着手以前很早的时候、在开始预备行为的阶段就已经产生。因此,如果可以通过某种情况探明这种犯意,而且站在这样的立场上,即认为具有这样的犯意或将犯意表现为外部行为等本身就是不正当的,那么处罚的范围不仅会特别地扩张,而且即使结果发生的不确定因素还很多,最终也会忽略这一点而对行为人进行处罚。法国大革命所打倒的旧制度时代的刑事司法多用、滥用国家刑罚权,正是这种情形的真实写照。于是,对此进行强烈批判的正是启蒙主义思想,如果认为这是法国大革命思想的原动力的话,那么就能充分理解这一事实:对革命后制定的未遂犯规定的解释是客观主义的,即舍弃行为人的意思,仅从所实施的行为的外部来判断实行着手的有无,通过这种见解来实现未遂犯规定之解释的客观化。无论是受到法国影响的德国还是日本,学说都是从客观说出发的。

但是,虽说是根据所实施的行为的外部进行客观判断,但是由于判断基准的不同,在结论上就会出现很大差异。因此,即使是在客观说的内部,也存在见解的对立,这种对立的见解大致分为形式的客观说和实质的客观说。**形式的客观说**是将实施符合构成要件的行为、实现一部分构成要件的行为,或者与构成要件直接密接的行为作为实行的着手。所有这些均以构成要件的表述为基础,根据符合日常生活用语习惯的解释来确定着手的时间。

与此相对,**实质的客观说**将未遂犯的可罚性的实质性根据作为着手时间的判断基准。一直以来,实质的客观说展开过各种各样的见解。最近,认为将发生了侵害法益的现实危险的时间作为着手时间的判断基准的见解正变得有力起来(大塚)。

客观说在日本是通说。构成客观说的各种学说中尤其重要的问题是,在形式的客观说中,将与构成要件直接密接的行为的开始时间作为实行着手的见解。如果是构成要件本身,倒是可以与生活用语习惯之间划分一定程度的界线,而一旦涉及到"直接密接的行为",就必须进一步明示这条界线。不仅如此,还不得不说这种学说使预备行为与实行行为的区别变得不清晰了。

没有必要认为客观说中的形式说与实质说两者一定是水火不容的。实行的着手,从形式上来看,是开始实施符合构成要件的行为;从实质上来看,可以解释为发生了法益侵害的现实危险。我认为,从两个侧面来分析着手时间这个问题是完全可以的,而且是很有必要的。

但是,客观说中也并不是没有问题。甲对着乙举枪,准备扣动扳机。从客观说来看,这正是杀人的实行行为的着手。但是,如果根据某些理由证实这一行为只是开玩笑,也就是说甲并没有杀意,那么谁也不能认为这一行为是实行的着手吧。相反,在某市的车站的检票口,大人想带着小孩通过。在根据某些原因认定此乃拐卖人口事件的场合,这一事实就正好符合诱拐的实行着手。但是,因为带着孩子过检票口的大人很多,为了仅将其中的本案视为诱拐的实行着手,纯客观的标准是不够的。无论如何,必须考虑行为人的意思。

从这种疑问可以明白的是,即使是客观说,实际上纯粹的客观说是完全不可能存在的。现在日本的通说采取了一方面以客观说为依据,另一方面根据"要么认为故意是构成要件要素(团藤、大塚、福田、庄子),要么认为它是未遂犯的主观性违法要素(平野)",在此限度内可以考虑行为人的主观方面的见解。但是,另一方面,也存在"在基本排除行为人的主观方面这一方向上,应当贯彻客观说"(中山、内田[文])的见解,从这一事实来看,应当说作为理念的客观说仍然存在;否则,将"在未遂犯的场合考虑行为人的主观方面"这一日本的通说冠以"客观说"之名是否妥当,就值得怀疑了。这实质上是一种折中说,应当直截了当地明确其旨趣。

三、主观说

如上所述,对客观说抱有疑问的不只是日本,即使是在德国、法国,虽然将客观说作为根深蒂固的传统继承下来了,但是与之形成强烈对抗的仍然是所谓的主观说。

主观说的特征在于,虽然在确定实行的着手方面以行为人的犯意为标准,但是,为了明确地认定犯意,仍然以外部的行为实施之时作为实行的着手时间。不过,这一外部的行为并不是像客观说那样事先在定型上预定的,而仅仅具有作为犯意的认定资料的意义。在这一点上,它与客观说有着决定性的不同。

在19世纪后半期,这一主观说在法国和德国几乎同时出现。只是出现的理由不一定相同:法国是从实证学派的立场上主张主观说的,它被认为是服务于社会利益的保全的学说;与此相对,在德国,主观说主要受到黑格尔哲学的支持,它与绝对主义国家观有关联。可以说,这正好表明了自古以来就是统一国家的法国与直到近代仍分裂为小国、需要通过强有力的中央集权来实现国家统一的德国在国情上的差异。对此,众所周知的是,日本的主观说也是由与法国相同的实证学派的刑法理论所派生出来的。不管怎样,主观说修正乃至克服了代表客观说的自由主义原理,它产生于赋予国家、社会的保全这一目的以优位的基础之上,此乃明显的历史事实。

在日本,主观说的代表性主张者是牧野博士。只要像牧野博士那样采取主观主义刑法理论,立足于犯罪征表说的立场,那么在实行的着手上援用主观说就是理所当然的。因此,在日本,主张主观主义的人均赞同这种学说。但是,在主观主义者的学说之间,还是存在一些细微差别的:有学者认为,着手时间是指"犯意的成立根据其实现的行为可以确定地认定之时"(牧野);有学者则认为,着手时间是指"当认识到自己的行为如果按照事物的自然发展过程就有可能实现犯罪,但仍然实施该行动之时"(江家);还有学者这样来说明,即"着手是指有完成力的犯罪意思的表现,这种犯意的表动是犯意的飞跃的表动"(详言之,是指已经成为一段飞跃的紧张的犯意的表动)(宫本)。

此外,木村龟二博士认为,在主观说的名义下,"由于存在外观的行为,因此,当表明行为人犯罪的见解是确定无疑的,而且确实不可能取消的行为实施之时",应当承认实行的着手。从已经存在的犯意这一方向出发到外部行为这一点上看,这种见解与主观说立足于相同的见解之上;但是,"犯罪的见解是确定无疑的"这一基准是相当客观的,因此,毋宁说此乃与后文论述的折中说相近的见解。木村博士后来将这种观点添加到"主观的客观说"这一组群中。

但是,正如从上述主观说的基准所明白的那样,根据主观说,实行的着手时间的认定比客观说要早得多。出于杀人目的而买刀的行为,企图侵入室内而开始切割窗户玻璃的行为,如果从与已经成立的杀人、盗窃的故意之间的关系来说,大概就可以认为是向外部行为的飞跃的表动。但是,从现在的判例和通说的立场来看,这些行为本来是预备行为,尚未进入可以被认为是实行的着手的阶段。因此,主观说扩大了成为各个构成要件之核心的实行行为的范围,与试图限定可罚性范围的战后思想是不相容的。主观说随着主观主义刑法理论的衰微而消失,是有其自身原因的。

四、折中说

正如以上考察的那样,即使站在客观说的立场,用纯客观的观点也无法判断行为构成要件符合性或者对于法益的现实危险的有无。虽说如此,即使有必要考虑行为人的主观方面,像主观说那样仅仅在犯意的飞跃性表动上寻求外部行为的意义,实行行为的范围就会扩大。因此,将两者混合或者折中的见解的兴起就是势所必然的。

这种折中说出现在德国的判例之中,即运用"从行为人的整个计划来看,法益侵害的危险性是否已经迫切"这一基准来确定实行的着手的判例,在战前就已经在帝国裁判所的判例中积累下来。即使到了战后,联邦裁判所也仍然沿袭了这些判例。于是,战后就出现了支持这种观点的学说(韦尔策尔、舍恩克-施罗德等)。在这些判例和学说的影响之下,1975年开始施行的西德刑法第22条规定,当"根据行为人关于行为的认识,直接开始了构成要件的实现"时,未遂犯成立。在这里,很明显地体现了折中说的思想。此后,很多学说开始从主观和客观两个方面来讨论未遂犯的成立与否问题。

在日本,在折中说的名义下首先主张这种见解的,乃是我的《间接正犯中的实行行为》(《刑法杂志》第11卷,第73页以下,特别是第90页以下;之后的《间接正犯的理论》(昭和三十七年)第149页以下,第166页以下)一文,这是远在西德进行刑法修订之前的成果。其实,在日本,如前所述,在立足于客观说的立场的同时考虑故意的见解已经存在,之后也渐渐处于支配性地位,不过,那已经不是纯粹的客观说,而可以认为是一种包含了折中说的见解。

问题是,在折中说的内部,不是将应当考虑的行为人的主观方面仅仅限定在"故意"上,而是扩大到"整个计划",这种做法的意义何在?自不待言,这个"计划"之中除了包含行使的目的、营利的目的等所谓主观性违法要素以外,还包含着"故意"。但是,为了确定实行着手的有无,仅仅以故意的有无来判断,会出现不充分的场合。即使同样是小偷怀着盗窃的故意而从外侧触摸衣服口袋这样的行为,在确定被害者之后意图确认钱包的位置而实施这种行为的场合,与在物色被害者的过程中实施这种行为(踩点行为)的场合,应当认为两者的结论是不同的:前者是未遂,而后者是不可罚的预备(具有相同旨趣的有广岛高判昭和二十八年10月5日高刑集第6卷第9号第1261页)。因此,有必要将实行计划的内容涵盖到故意的内部之中。

但是,可以预见的是,(纯粹的)客观说会对包含这种超越故意而考虑行为人的计划的立场在内的折中说提出各种各样的批判。首先的疑问是:通过考虑行为人的主观方面,折中说岂不是比客观说更早地认定了实行着手的时间吗?但是,依我个人之见,折中说在客观方面与客观说一样,其范围本身并不比客观说广泛。不过,正如前述诱拐的例子那样,在行为人的故意的存在因某种理由而得以明确的场合下,如果站在折中说的立场上,在可以认定构成要件符合性以及对法益的现实危害性这一点上,就具有处罚范围比客观说广泛的方面。但是,要注意的是,这并不是由于扩大了客观说的范围所造成的。毋宁说,应当注意的是,在行为人的故意的不存在因某种理由而得以明确的场合下,在虽然处于客观说的范围之内但认为不处罚这一点上,与客观说相比,折中说具有缩小处罚范围的方面。这一批判只有从纯粹的客观说出发才是可能的,在未遂犯的认定上考虑故意——自称的——的客观说不会提出这样的批判。不言而喻的是,它与折中说是处于同一个立场的。

对于折中说的第二个疑问是:由于"行为人的计划"完全没有限定,特别是从一般人的立场来看通常认为并不存在、但只有行为人误以为存在的场合,也会成为危险性判断的对象,因此,在不能犯论中,就不可避免地要采用主观说或者抽象危险说(井上正治)。这个疑问也没有正确地理解折中说。折中说不但要求具有与客观说同样的行为外观,而且,这个行为是否部分实现了构成要件,甚至是否引起了对法益的现实性危险的判断——即使将行为人的主观方面考虑在内——是通过一般人来进行的。因此,应当认为一般人不具有而只有行为人具有的误信是排除于判断对象之外的。可以认为折中说与作为通说的具体危险说是相容的。

对于折中说的第三个批判是:如果将行为人的主观方面作为决定实行着手的要素,那么,在无法证明其主观方面的场合,就不能认定未遂犯了;而且,对于无法得知行为人主观方面的人,就不能实施现行犯逮捕了(八木)。就前半个问题而言,虽然从外观上看以为是实行的着手,但实施了不得已而为之的行为的人,如果没有故意,即使试图努力证明这一目的,在这一点无法得到证明的场合,作为事实认定的问题,仍会得出与客观说相同的结论。至于后半个问题,由于现行犯逮捕是以在四周状况的基础上推定行为人有故意为前提的,因此,即使站在折中说的立场上,仅此也已经足够了。在一般场合下,这一点与客观说也没有什么不同之处。与客观说不同的是:虽然仅从周围的状况来看不得不承认实行的着手,但可以排除行为人的计划明显与犯罪无关的场合。

第四节　实行行为的实质

一、实行行为的实质

在上文中,首先论述了实行行为以及与实行行为相毗邻的行为在概念上的区别;其次,说明了关于实行着手的时间的各种学说。因此,在本节中,我将明确实行行为的实质和内容。

实行行为原本是作为构成要件之核心的行为,它必须具备每个构成要件中所描述的各构成要件要素。因此,自不待言,所谓决定实行行为的实质和内容,就是指根据每个构成要件——最终是根据构成要件分论的解释——来确定其实质和内容。

作为总论的问题,第一,每个实行行为必须包含法益侵害之危险的内容。虽然杀人的实行行为并不包含人的死亡这一结果,但是,它必须包含足以引起这种结果的危险性,而且只要有这种危险性就足够了。关于其危险性是哪一种程度的危险性,正如不能犯论中所激烈争论的那样,通说是以具体危险的存在,即以一般人能认识到的情况或者行为人特别认识到的情况为基础的;与此同时,从一般人的立场来看会感到危险,这是必要的。而且,具备这些要素就足够了(参照第一编第四章)。

第二个总论的问题是:实行行为的实质是作为与不作为中的哪一个呢?当构成要件的形式以禁令为内容之时,实行行为的实质基本上是作为(真正作为犯)。但是,由于不作为也可以侵入禁令之中,在这种场合,实行行为的实质就是不作为。例如,杀人的实行行为基本上是用刀刺人、用枪射人、勒脖子等作为,但是,也存在母亲不给婴儿喂奶这样的不作为的场合。与此相对,当构成要件的形式以命令为内容之时,实行行为的实质则仅限于不作为(真正不作为)。例如,不退去(第130条后段)、不保护(第218条后段)等不作为即属于这种情况。

关于实行行为的实质,提出难题的是间接正犯、原因上自由行为以及不作为犯。在这些犯罪群中,对于实行的着手时间是什么时候这一问题,以往曾经有过激烈的争论。现在所讨论的问题是:在这些犯罪群中,实行行为的实质是什么呢?下面,我将逐一考察这些犯罪。

二、间接正犯的场合

在间接正犯即利用他人实现犯罪的场合,实行行为的实质是什么呢?关于这个问题,自古以来就有争议。在战前和战后的前半期,压倒性的通说认为,为了实现犯罪而利用别人的自身行为(诱致行为、利用行为)是间接正犯的实行行为,实行的着手就是利用者的行为开始之时。例如,在利用小孩实施盗窃的场合,通说认为,唆使小孩实施盗窃的行为开始之时就是实行的着手,唆使这一行为就是实行行为。

但是,可以预想的是,在唆使实施盗窃的行为与发生结果之间仍会有一些迂回曲折,评价为盗窃行为本身还不能说危险性正在迫近。即使中间的被利用者是处于单方面被利用的立场上的人,然而,无论是从构成要件的定型这一观点来看,还是从现实的危险性迫切这一点来看,都不能将唆使实施盗窃这一行为与盗窃行为评价为相同的行为。应当说这是实行行为概念以及构成要件的不当扩张。

从这种见解出发,在战前,虽然认为间接正犯的实行行为并不在于利用者的行为,而必须在被利用者的行为之中加以认定的见解很少,但已经有学者在提倡它了(竹田、平井)。而且,判例也基本上体现了相同的结论。例如,认为诬告罪的实行着手并不在于发送诬告文书之时,而在于到达之时(大判明43·6·23刑录第16辑第1276页)、认为出于欺诈的目的发送虚伪文书的行为是预备行为(大判大3·6·20刑录第20辑第1289页)、认为敲诈勒索罪的实行着手并不在于发送敲诈勒索文书之时,而在于到达之时(大判大5·8·28刑录第22辑第1334页)等即为适例。

但是,如前所述,通说不会那么轻易地改变这种见解。战后首先提出这个问题并对通说展开批判的是我的《间接正犯的实行行为》(前揭)。此后,有说服力的学说逐渐出现。现在,可以说主张实行的着手时间在于被利用者的行为开始之时的见解正在大量增加(青柳、平野、藤木、庄子、西田)。

间接正犯的实行着手时间,正如这些少数派学说所主张的那样,应当根据与通常犯罪的场合相同的基准来确定。因此,在通常的场合,被利用者的行为使法益侵害的危险现实化,并且在外观上符合构成要件预想的行为定型的时间,应当被认定为间接正犯的实行着手时间。但是,如果这样来解释,就会产生这样一个疑问,即如何理解利用者的实行行为的实质呢?虽然必须认为实行的着手最终是指"利用者的"实行行为的开始,但是,在这个时刻,利用者没有实施任何行动,因为使危险现实化的是被利用者。

关于这一点,竹田教授着眼于单方面利用、支配他人的行为这种状况,试图在此认定利用者的实行行为。藤木博士承认包含被利用者的行为在内的整体行为这种观念,也可以理解为具有同样的旨趣。作为思想的基础,是应当承认这种见解的,但是,必须注意的是,在此提出了一个问题。这个问题是:由于应当将行为划分为作为或不作为,因此就必须明确这个整体行为是作为还是不作为。由于所谓作为是以身体运动本身为内容的,因此,在被利用者的行为的时刻仍然承认作为的持续存在,这是很困难的。在利用行为是作为的场合,这一作为因利用行为的终了而终了,之后剩下的就是指向结果发生的因果过程。如果将这一因果过程仍然理解为作为即实行行为的话,在一般犯罪的场合,实行行为终了之后的因果过程也成了实行行为。不言而喻的是,这并不是通常的理解。

因此,只能将整体行为的内容解释为不作为,即有可能作出如下解释:利用行为一般是预备行为,作为的预备行为一旦终了,在此就会产生结果防止义务这种作为义务,作为违反这种作为义务的不作为此后继续存在。换言之,如果将间接正犯理解为是由作为与不作为构成的复合犯罪形式的话,前面的疑问就可以得到解决。

根据这样的见解,可以对本文开头所述的毒果汁案作出如下解释:将袋装果汁放到田间路上的行为是作为的预备行为,此后就产生了取走这些果汁的作为义务;被害者想喝而拿到手上以后,这种作为义务的违反就成为不作为的实行行为。就已经死亡的那个人而言,这就是杀人既遂;就剩下的五个人而言,这就成立杀人预备(具有相同旨趣的是大塚。此外,关于大塚说,西原:《法学教室》第25号,第32页以下,特别是第40页以下)。

此外,放弃实行的着手是实行行为的开始这种传统的理解,认为实行行为最终是利用行为,但是,根据一般的基准,实行的着手可以确定为任意时间的见解开始盛行(平野、西田)。根据这种见解,关于间接正犯的实行着手时间,可以得出妥当的结论。但是,如果将这个观点推而广之的话,那么,关于教唆犯的教唆行为,也必须展开相同的理论构成。这样一来,教唆行为本身是预备行为,一旦被教唆者开始着手实行,就可以将教唆行为视为实行行为。这一结论与共犯独立性说(教唆者并不是杀人教唆,但要承担杀人本身的责任)相同,恐怕是论者不能苟同的。仍然应当将实行的着手理解为实行行为的开始(详细内容,参照西原:《法学教室》第25号,第41页以下[1])。

三、原因上自由行为的场合

原因上自由行为是指对于无责任能力或者限定责任能力的状态下实施的违法行为,在有责任能力的事前状态下存在故意或者过失的场合。关于这个问题,也会提出实行的着手是什么时候、实行行为的实质是什么等类似间接正犯的问题。

在很长时间内,通说认为,在使自己陷入无责任能力的场合,

---

[1] 本书所参照的刊物均为日文刊物,其卷数、页码均为原文卷数、页码。——译者注

有责任能力的状态下的行为(原因设定行为)是实行行为,无责任能力状态下的行为(结果惹起行为)只不过是单纯的因果过程。因此,通说认为实行的着手至少在原因设定行为之时。

对于这种通说的理解,也有人提出了与间接正犯的场合完全同样的批判。例如,陷入毒品中毒状态后有对妇女实施猥亵行为之癖好的人,为了实施这样的行为而注射觉醒剂的场合,有学者批判说,根据通说,就会认为注射行为是猥亵的实行行为。这样一来,就会过早地认定实行的着手,而且会明显地软化构成要件。于是,有学者主张:应当认为实行行为是现实的猥亵行为;与通常的犯罪情形一样,应当认为实行的着手在于开始实施猥亵行为或者作为其手段的暴行、威胁之时。

但是,通说采取前述见解的理由在于,虽然原本责任能力在实行行为之时必须存在,但是,为了对无责任能力状态下自己的行为追究有责任能力的责任,就必须在有责任能力的状态下寻求实行行为。因此,对通说的批判同时也成为对于这个"责任能力与实行行为同时存在的原则"本身的批判(佐伯)。于是,此后又出现了一种见解(西原):在否定这一原则的场合,就要追问责任能力在什么时候存在即可这个问题;作为一种尝试,只要认为有责任能力的状态下的意思决定贯穿了无责任能力状态下的行为,那么在此就可以对有责任能力的状态归责。这是因为,这里可以认为行为人对于结合了原因设定行为与引起结果的行为的"行为"有责任能力。责任能力并不一定必须存在于实行行为之时,但是在行为之时必须存在,而且仅此即为已足,从而提出了"责任能力与行为同时存在的原则"。

此后,无论是否采用这一理论,从结论上看,认为实行的着手在于引起结果的行为开始之时的见解,的确增多了(植松、青柳、平野、藤木、中、内田[文]、中野、川端)。但是,另一方面,对于上述见解,也有学者尝试从通说的立场展开了再批判。

批判的第一点是:由于我这样的个人见解仅仅过分地强调了关于责任能力的意思决定的方面,因此轻视了控制行动的能力(团藤)。换言之,这种批判是与下述批判联系在一起的:认为我的个人见解仅仅强调了责任能力的事前控制的方面,而忽视了同时控制的方面(平川)。但是,这种所谓的通说,在实行着手后丧失责任能力的场合,也不能承认未遂了。虽说是行动控制能力,但至多只有在实行的着手之前才可以承认。如果说应当尊重行动控制能力,那么,直到结果发生,责任能力就必须一直存在。

因此,我个人的见解与通说的差异并不像所说的那么大,而仅仅在于是否考虑实行着手之时的行动控制能力这一点上。预备阶段的故意在实行着手之前撤回,这的确是可能的。无视这一点是不当的,这是来自通说的批判。但是,我认为,通过事后的判断,只要能判断事前的意思已经实现了,那么,即使有撤回的可能性,仍可以对意思决定进行非难,而且这也是必要的。何况,必须注意的是,依我个人之见,由于在实行着手的时间丧失了责任能力,因此撤回的可能性是极小的(关于对我的个人意见的批判及其反驳,参照西原:《团藤古稀》第3卷,第29页以下)。

此外,关于原因上自由行为,与间接正犯的场合一样,切断实行的着手与实行行为的见解也是存在的(平野、西田)。关于不能支持这种见解的理由,请参照上述内容。

四、不作为犯的场合

关于不作为犯是否存在未遂,是有争议的。关于真正不作为犯,由于日本刑法并没有设置未遂处罚的规定,因此当然就没有处罚的可能性,应当认为真正不作为犯是不存在未遂的。这是因为,真正不作为犯均具有继续犯或者状态犯的特征,因此就没有容纳未遂观念的余地。

与此相反,在不真正不作为犯的场合,应当认为未遂是可以存在的。例如,在婴儿即将饿死之时而被人发现的场合,如果可以证明其母亲具有试图通过不喂奶而将其杀死的目的,那么在此就有可能承认杀人未遂的成立。因此,在此就会出现不作为犯的实行着手时间的问题以及实行行为的实质的问题。但是,为了理解这些问题,事先必须明确不作为犯本身的结构。

所谓不作为犯,是指通过不作为来实现犯罪的场合,其内容是违反作为义务。为确定违反作为义务,首先行为人必须具有应当保证使结果不发生的地位(保证者的地位)。例如,养育婴儿的母亲、公司的火灾责任者或护理身体不能动弹的病人的人等即属于这种有保证地位的人。虽然怎样的人是刑法上的保护者是一个很难回答的问题,但是,由于这并非此处的主题,因此在此就省略了(参照西原:《法学研究》第333号,第36页以下)。

什么时候会产生保证义务(作为义务),对此不能一概而论。即使是真正不作为犯,也分为两种类别。首先,在不解散罪、不退去罪等场合,应当认为在有作为要求之时就会产生作为义务。与此相反,在不保护罪等法律上没有明确规定作为义务产生之时间的场合,应当认为作为义务产生于行为人具有保证者地位之时;或者,特别是在如果没有有义务者的作为,就会产生法益侵害的危险之时。

与此相对,在不真正不作为犯的场合,确定作为义务产生的时间是相当困难的。关于不真正不作为犯,也可以分为两种类别。第一,法益侵害的危险已经产生,如果有行为人的作为,就可以避免这种危险的场合,例如,看到受委托的孩子溺水的保姆、看到办公室的某个地方着火的管理员即属于这种场合。在这些场合,应当认为作为义务(保证义务)产生于行为人认识到危险存在之时。第二,如果没有行为人的作为就会产生法益侵害危险的场合,不给婴儿喂奶的母亲即属于这种场合。在这种场合,作为义务在事前已经产生,不过,应当认为,在没有实施构成作为义务之内容的作为之时,就会出现违反作为义务的问题。

为了产生作为义务,行为人必须具有避免结果发生的可能性。即使父母听到孩子溺水的消息,在来不及救助的场合,不产生应当救助的义务。

那么,行为人没有实施上述那样产生作为义务之内容的作为时,就可以认定其违反了作为义务,其不作为就是违法的。如果存在作为义务的违反,那么,是否应当立即认为行为人实施了实行行为呢?对此不能一概而论。从形式上来说,只有在这种作为义务违反的结果——法益侵害的危险迫切的阶段才能认定不作为犯的实行着手时间。如果母亲怀有杀意而不给孩子喂奶,那么,即使一两次不喂奶,也可以认定为违反了作为义务,但是,据此并不能立刻说是实行的着手。如果该母亲继续不喂奶,那么,即使孩子没有立刻死亡,只要到了出现生命危险的阶段,就可以认定为实行的着手。于是,此后的不作为就当然构成了实行行为的实质。

五、罪数与实行行为

在罪数关系中,实行行为这一概念发挥着怎样的机能呢?一直以来,学者们都很少探讨这个问题。虽然关于设定犯罪单复的基准有各种各样的学说,但构成要件标准说暂时被认为是通说。据此,根据一个构成要件受到一次评价时就是一罪,有必要进行两次以上的评价时就是数罪。

如果根据这个标准,实行行为的个数基本上就是决定罪数的有力要因了。但是,这个标准并非无所不包。例如,关于杀人罪和盗窃罪,两者同样是结果犯,在产生几个结果的场合,前者是数罪,后者是一罪。对此,以构成要件充足的单复就无法加以论证。此外,与此相同的是,在所谓接续犯的场合,仅承认成立一罪。因此,实行行为的单复这种基准并不是万能的。

这一点也适用于在罪数论中占有最重要地位的观念的竞合与并合罪之间的区别问题。在规定观念的竞合的刑法第54条第1款前段中提到"一个行为同时触犯数个罪名",尽管预定了通过一个行为实施数个实行行为的情形,但在处断上仍认为是一罪,因此与处断上数罪的并合罪区分开来。换言之,在此,判断是否为处断上一罪的基准仅在于是否与一个行为有关。

但是,尽管如此,通过一个行为来实施数个实行行为这一种见解,如果考虑到实行行为的结构,那么在其他地方是看不到的。因此,关于这一点有必要再进行一点分析。

最高裁判所定义了规定观念的竞合的刑法第54条第1款中所说的"一个行为",即"在脱离了法律评价、舍弃了构成要件的观点的自然观察之下,行为的动态被评价为社会见解上的一个事物的场合。"而且,最高裁判所认为,在醉酒的状态下驾驶汽车而导致人身事故发生的场合,道路交通法上的醉酒驾驶罪与刑法上的业务上过失致死伤罪之间构成并合罪的关系;此外,道路交通法上的无照驾驶与酒后驾驶、无照驾驶与汽车检查证过期后的汽车驾驶之间构成观念的竞合(最判昭49·5·29刑集第28卷第4号第151、

168页)。此外,关于引起了交通事故但却从事故现场逃离的案件,违反道路交通法上的救护义务与违反报告义务构成观念的竞合(最判昭51·9·22刑集第30卷第8号第1640页)。

对于这个判例的见解,我是有不同看法的(西原:《刑法总论》,第377页以下),在此我不想涉及这个问题。这一点暂且不表,如果根据最高裁判所的理解,就等于承认进行了复数的法律评价的自然行为在单一的场合下构成观念的竞合。在这种场合,在各种罪名的实行行为中,当然包含这个自然行为的部分,但是,它们是否有必要全部重合,仍是有争议的问题。认为部分重合即可(伊达,福田,平野),主张着手一体化即可(植松)以及有必要全部重合等见解处于相互争论的状态。

在这种场合,由于从两个罪名的观点来看,自然行为无论如何是事实的世界中发生的单一且同样的行为,因此,各自在法律的评价方面出现差异,这是理所当然的事情。此外,我也不认为刑法第54条要求数个罪名中的自然行为重合到非常细微的程度。从结论上看,应当认为每个实行行为中的自然行为在主要方面重合即可。

第一编

构成要件、行为、危险性

第一章　犯罪论中定型思考的界限

第一节　绪　　论

自 1906 年贝林[1]提出构成要件的理论以来，直至今日，无论是德国刑法学还是日本刑法学，都围绕着构成要件的概念及其机能展开了争论。这一争论在犯罪论体系的整理及其深化这一意义上可以说居功至伟。但是，另一方面，无可否认的是，它削弱了刑法学本来应当面向一般的犯罪现象或者各种犯罪以及犯罪人的势力，使刑法学的关注点出现了向观念的、非实际的方向偏离的倾向。构成要件本来只有独立于违法论才能发挥其固有的机能，可以说贝林的意图也正在于此。但是，纵观德国与日本构成要件论发展的历史，简直就是构成要件论向违法论靠近的历史。它只不过就是原本价值无涉的、客观的描述性构成要件逐渐开始承载价值、逐渐开始包含大量的主观性和规范性这两种要素的历史。在我看来，构成要件论至少在德国已经快到达发展的终点了。如果构成要件论可以取得更大的发展，那么，在此我看到的或许是由于内容过于丰富并且承载了过多的价值，因此反而淹没在价值之中，变得空洞无物并且丧失了其固有机能的构成要件论。而且，如果构成要件的概念本来就背负着这种发展的宿命，那么，构成要件的概念只不过就成了德国和日本刑法学的"悲哀的玩具"。

即使在构成要件论最盛行的时期仍然否定这一理论，并且固

---

[1] 本书人名译法均依王世洲教授译德国刑法学家克劳斯·罗克辛著《德国刑法学　总论》(第 1 卷)(法律出版社 2005 年版)所附"人名一览表"。——译者注

守行为、违法、责任这种犯罪概念的三分法的学者之中有齐藤教授[1]。如后所述,这是因为齐藤教授一方面以客观主义的刑法理论为基调,同时采取了将重点放在行为人的犯意之上这一基本立场。此外,这也是因为齐藤教授的犯罪论体系是为了抽象地、一般地说明"犯罪是什么"而构建的;至于"这种态度是犯罪吗"这一实践的课题则从犯罪论体系之中分离出来,转为由法官来处理。无论如何,在德国的构成要件论极度复杂化的现在,为了探讨这场讨论复杂化的原因何在,并且为无限膨胀的构成要件概念及其机能提供明确的界限,我认为仍有必要重新关注齐藤教授的体系。因此,在以下部分,我想在略微考察一下德国构成要件论的历史之后,以齐藤教授的体系为中心来探讨犯罪论中构成要件的概念应当是怎样的。

第二节　贝林的构成要件论

1. 众所周知,构成要件的历史始于贝林。因此,本来,本文应当从贝林的构成要件论本身开始详细探讨,但是,由于许多学者已经对此进行了详细的研究[2],因此,在此我就无须赘述了。不过,根据本文的目的,为了明确构成要件论的意义,暂且有必要将贝林以前对构成要件概念的理解与贝林独特的构成要件论进行一番对比。此外,为了明确贝林以后构成要件论发展的方向及其必然性,以及潜藏在贝林所带来的构成要件论本身之中的危机,略微涉及贝林的构成要件论也是不可避免的。

众所周知,贝林的犯罪论所具有的意义在于:它将一直以来被

---

[1]　齐藤金作:《刑法总则大意》(昭和十七年),第111页以下;《刑法总论》(昭和二十三年),第77页以下;《刑法总论改订版》(昭和三十年),第69页以下。

[2]　小野清一郎:《犯罪构成要件的理论》(昭和二十八年),特别是第195页以下;《构成要件的理论》(昭和二十七年),载《刑事法讲座》第1卷,第137页以下;下村康正:《贝林的构成要件论》(昭和二十八年),载《刑法杂志》第3卷,第3号,第45页以下;佐伯千仞:《贝林的构成要件理论》(昭和三十一、三十二年),载《立命馆法学》第15号,第1页以下;第18号,第1页以下等。

置于归属性概念〔1〕或者行为概念〔2〕之中的犯罪论的中心课题转移到了构成要件或者构成要件符合性的概念之中。本来,构成要件起源于中世纪意大利宗教审判上的"corpus delicti"(犯罪事实)概念。〔3〕1581年,法里那休斯将所实施的犯罪的外部形迹,以及对于证明行为有用的所有客观事实命名为"corpus delicti"(犯罪事实)。〔4〕这是宗教审判上诉讼的前提条件,法官必须证明行为具有"corpus delicti"(犯罪事实)。此后,据说德国在15、16世纪继受意大利的诉讼程序之时,将这一概念引入了德国的刑事诉讼法之中〔5〕;到18世纪末叶,这一概念已经在德国的刑事诉讼中扎下根来。但是,从18世纪中叶左右开始,在德国,在确定"corpus delicti"(犯罪事实)之时,首先追问的并非是否实施了具体的行为,而是具体发生的事件是否符合抽象的犯罪概念。赋予这种"corpus delicti"(犯罪事实)的抽象化以决定性转变的是克莱因。〔6〕正是通过他的努力,人们才逐渐开始将相当于"corpus delicti"(犯罪事实)的抽象的犯罪概念称之为构成要件(Tatbestand)。他认为:"总括性地决定犯罪的一定的类概念的事实就形成了构成要件。"〔7〕这样一来,他所说的构成要件概念就不是犯罪的一般概念了,而成为犯罪的一定的类概念(例如伤害他人身体、杀人等),它包括随之而来的构成犯罪之时的效果,以及引起这种效果的有意行为。故意、过失等主观性要素在区别每个犯罪的等级的基础上、在必要的限

---

〔1〕 关于归属性,参照平场安治:《刑法中的行为概念研究》(昭和三十六年),第49页以下;此外,Grünhut, Anselm v. Feuerbach und das Problem der strafrechtlichen Zurechnung, 1992; Larenz, Hegels Zurechnungslehre und der Begriff der objektiven Zurechnung, 1927.
〔2〕 Liszt, Lehrbuch des Deutschen Strafrechts, 21/22. Aufl. 1919, S. 110ff.
〔3〕 关于"corpus delicti"(犯罪事实),Hall, Die Lehre vom corpus delikti, 1993 中有详细的历史概况以及解说。
〔4〕 Hall, a. a. O. S. 39f; Schweikert, Die Wandlungen der Tatbestandslehre seit Beling, 1957, S. 7.
〔5〕 Hall, a. a. O. S. 411ff.
〔6〕 Klein, Grundsätze des gemeinen deutschen peinlichen Rechts, 2. Aufl., 1799.
〔7〕 Klein, a. a. O. S. 57.

度内属于构成要件[1]

费尔巴哈也认为,构成要件意味着被抽象化了的每个犯罪(伤害他人身体、杀人等)。也就是说,构成要件是"包含在一定种类的违法行为的法的概念之中的所有特别行为或者事实的总体",外部行为或结果等客观要素当然属于构成要件,一定的目的或者特定犯罪之下的故意那样的主观性要素也属于构成要件[2]。由此可见,费尔巴哈志在通过构成要件概念实现犯罪的个别化。不过,必须注意的是:在贝林以后,M. E. 迈尔、黑格勒、梅茨格尔等才开始意识到的主观性违法要素,在克莱因、费尔巴哈时代就已经被视为构成要件要素了。只要遵从其本来的机能、使构成要件发挥犯罪个别化的作用,这一点实际上就是不言自明的。此外,在此必须注意的是:众所周知,尽管费尔巴哈从心理强制说的立场出发强烈地主张罪刑法定主义,但他并未像贝林那样将构成要件作为保障的构成要件来把握。这反映了当时的刑法学并未将构成要件置于犯罪论的中心,而是试图将之作为诉讼上的问题来处理的一般倾向。

在构成要件论之前的历史上占有重要地位的是斯求贝尔的见解[3]。他认为,构成要件应当是"与刑罚法规所规定的刑罚这一效果联系在一起的所有事实的总和,不过,这一事实仅限于不被包含在责任能力之中的场合。"[4]他的意图与其说在于构建发挥犯罪特殊化机能的构成要件概念,倒不如说在于构建对犯罪的违法内容产生影响的构成要件概念,主观性要素也在这个限度内被纳入到构成要件之中。在这个意义上,可以说他的构成要件概念与现在的构成要件概念是非常接近的。不过,由于当时的犯罪论体系并未像之后的时代那样以行为概念为基础,而是将"归属性"(Zurechnung)的概念放在中心位置,因此可以说构成要件"符合性"这一犯罪要素完全没有发挥其机能的余地。

从斯求贝尔到贝林,关于构成要件的研究,并未按照现在的构

---

[1] Schweikert, a. a. O. S.8.
[2] Feuerbach, Lehrbuch des gemeinen in Deutschland gultigen peinlichen Rechts, 8. Aufl,. 1823, S.82f.
[3] Stübel, Über den Thatbestand der Verbrechen, 1805.
[4] Stübel, a. a. O. S.3.

成要件论发展的方向来进行。在此之间,卢登曾经尝试对构成要件的概念进行深入研究[1],但他的研究不是关于所谓的特别构成要件,而是关于一般构成要件即被抽象化了的、一般犯罪概念的。卢登仍然将构成要件与"归属性"对立起来,将之作为"归属性"的客体来把握,而并未强调构成要件符合性在犯罪论中的意义。这是因为,构成要件符合性的判断与其说是刑法总论的问题,倒不如说是作为诉讼中的法律解释或者法律适用问题来加以论述的。这样,构成要件的历史迎来了赋予其以决定性转变的贝林时代。

2. 在上述构成要件的发展史之后,1906年,贝林开始提出其独特的构成要件理论。在此之后半个世纪以上的时间里,构成要件理论成为德国刑法学上讨论的焦点,这种状况一直延续至今。首先,我想通过构成要件理论初期的文献来简略地考察一下贝林的见解。如前所述,由于学者们对此已经进行了非常详细的研究,因此,在此我想仅仅从对于本文的目的而言有所必要的角度来进行考察。此外,众所周知,贝林前期的构成要件论与后期的构成要件之间是有所变化的。在此,我想首先仅对其前期的见解进行一番考察。

贝林所说的构成要件,意味着犯罪类型的轮廓[2] 也就是说,他将为了明确何种犯罪在类型上成为问题的要素的总和称之为构成要件。当然,如后所述,其内容本身与一直以来的学说中所论述的构成要件是有所不同的。与一直以来的学说相比,贝林的犯罪论的最大特色在于将构成要件符合性作为犯罪概念的独立要素。也就是说,与李斯特一样,他将行为作为犯罪的上位概念,将构成要件符合性定位为与违法性,责任并列的行为的特性。他认为:"所谓犯罪,是指与刑法分则中不计其数的构成要件相一致的行为,即仅限于类型的符合构成要件的行为。作为行为特性的类型性或者构成要件符合性因此成为犯罪的概念要素。它只不过是

---

[1] Luden, Über den Thatbestand des Verbrechens nach gemeinem deutschen Rechte, 1840.
[2] Beling, Die Lehre vom Verbrechen, 1906, S. 110, 112.

犯罪特性的必要条件。"[1]为什么贝林要与一直以来的传统观点分庭抗礼,将构成要件符合性作为独立的要素来构建犯罪概念呢?这是出于众所周知的法治国的考虑。贝林认为:"我想特别强调的是,行为的构成要件符合性决不只是与刑法分则相关的概念——属于刑法分则的,只是单个的构成要件(复数)——毋宁说是一般的犯罪要素这种认识……这种认识特别地意味着使刑法理论在迄今为止仍未得到充分论述的刑法第2条(罪刑法定主义的宣言)的原则之中得以实证化了。"[2]也就是说,这无外乎是通过将构成要件符合性纳入犯罪概念的要素,使法官受到制定法的约束,从而排除其恣意的判断。

但是,贝林的构成要件理论的特色并不仅仅在于将构成要件符合性作为犯罪概念的要素,而且在于他将这一构成要件作为客观的、描述性的概念来把握。首先,贝林的构成要件仅仅包括刑罚法规的客观要素[3]。这里所谓的"客观",是指不考虑行为人的内心状况就可以确定的所有要素;行为人的内心状况与符合构成要件的行为之间的关系属于责任。因此,不仅故意、过失当然地被排除在构成要件之外,而且所有的主观性违法要素——行为人的主观状况均被排除在构成要件之外。其次,贝林的构成要件是作为描述性的概念来把握的。也就是说,它只是描述性地叙述了行为的内容,并不包含任何评价,对于违法性也并不发表任何言论。即使可以肯定存在符合构成要件的行为,但由此只能提出如下问题,即这一行为是否违法,并不能直接得出其具有违法性这一结论。[4]

如上所述,贝林这种试图客观地、描述性地把握构成要件的意图,是为了将构成要件符合性这一新的犯罪要素与以往的违法性这一要素区别开来。但是,首先,我们不能立刻断言贝林完全否定了构成要件符合性与违法性之间的关联。事实上,他认为:"许多

---

[1] Beling, a. a. O. S. 24.
[2] Beling, a. a. O. Vorwort Ⅳ.
[3] Beling, a. a. O. S. 178.
[4] Beling, a. a. O. S. 145ff.

规范在法规中都被烙上了如下这种图表式的烙印,即符合构成要件的行为原则上是被禁止的,在属于它的构成要件存在的场合,只要特别的情况并未明确表示出相反的旨趣,违法性就是存在的。这在刑罚法规没有明文规定违法性要素的场合亦是妥当的。"以关于杀人罪的刑法第211条为例,"虽然并未明确强调以违法性为必要,所谓'可罚的'乃是杀人在原则上是法律所禁止的行为这一规范存在的征表(Indiz)。"[1]我们不妨将这一论述视为承认了构成要件符合性实际上是违法性的征表。不过,由于贝林认为并不存在如下构成要件,即凡是充足该构成要件的行为,在所有情况下都是违法的[2],因此,在此不能认为可以使两者的关系无限接近,以致超过所谓"征表"的程度。

其次,我们不能立刻断言的是:贝林将构成要件作为描述性的内容来把握的结果是完全将现在所谓的规范性要素排除在构成要件之外。贝林认为:"一般认为,犯罪类型与违法要素在法规中以表面看起来内在地混合在一起的形式体现出来,这种状况并不会使上述见解产生混乱。""因此,在任何情况之下,对构成要件符合性的肯定是从违法性的调查中独立出来的;但是,另一方面,毫无疑问的是,存在将违法性的各个要素隐藏在其中的犯罪类型。"[3]而且,如下即为这种要素的适例:违警罪中的"重大的野蛮行为",盗窃罪、损坏器物罪中的"他人的"财物,妨碍公务执行罪中的"合法的"职务,狩猎罪中的"没有进行狩猎的权限",侵入他人住宅罪中的"权利人"的要求,胁迫罪中的实施构成"犯罪"的胁迫等[4]。即使认为这些概念中的大部分是民法或者行政法上的概念,然而,不言而喻的是,它们是刑法上的规范概念。贝林认为,在这些要素成为问题的场合,"类型性的调查同时成为违法性调查的一部分。"[5]但是,既然不得不承认构成要件的一部分包含了违法要素,构成要件符合性的调查同时成为违法性调查的一部分,那么,

---

[1] Beling, a. a. O. S. 162f.
[2] Beling, a. a. O. S. 147.
[3] Beling, a. a. O. S. 156.
[4] Beling, a. a. O. S. 156ff.
[5] Beling, a. a. O. S. 156.

如后所述,就不得不说贝林的根本主张——严格区分构成要件符合性与违法性——的一部分已经崩溃了。不过,上面所列举的规范概念乃是在法秩序的其他部分中已经确定了的概念,在这个意义上,仍然可以说它们是描述性的。但是,不能忘记的是,贝林自己也不得不承认:不属于前述规范性要素的规范性要素,例如轻伤害罪中的"虐待"、侮辱罪中的"侮辱"等也被包含在类型之中。[1]

这种结果源于贝林试图将构成要件作为犯罪类型的轮廓来把握。换言之,原因在于:尽管贝林并不希望其构成要件论发挥犯罪个别化的作用,而是试图专门从人权保障的立场来构建构成要件论,但是,这并不能切断构成要件与本来应当发挥犯罪个别化作用的犯罪类型之间的关联。既然犯罪类型是类型,那么,就不得不将与其他类型的区别要素全部包含于其中,在这个意义上,主观性要素与规范性要素的导入是不可避免的。由于意识到了这一弱点,贝林在晚年改变了这种见解,切断了构成要件与犯罪类型之间的关联,认为构成要件是犯罪类型的指导形象(Leitbild)。[2] 而且,贝林试图据此来保持构成要件客观的、描述性的特征。贝林晚年的这种见解,在回避前期的自我矛盾这个意义上是具有积极意义的。但是,正如学者们所指出的那样[3],切断了与犯罪类型之间关联的构成要件,完全成了内容空虚的抽象观念;于是,构成要件符合性就无法在犯罪概念中起到重要作用了,这无异于自己否定了自身作为犯罪的一般概念要素的地位。

3. 贝林前期的构成要件论不仅隐藏着自我矛盾之处,而且并未指向犯罪的个别化,在这个意义上,贝林前期的构成要件论与此后的构成要件论的发展方向是不同的。因此,在此再度考察贝林的见解,在如下两个意义上:第一,确定对于构成要件论的一个方向的立场这个意义上;第二,反省构成要件概念本来所具有的宿命性这个意义上;并不是毫无益处的。

第一,我想考察的是:贝林的构成要件论志在实现人权保障、

---

[1] Beling, a. a. O. S. 151ff.
[2] Beling, Die Lehre vom Tatbestand 1930, S. 3ff.
[3] 小野:《犯罪构成要件的理论》,第408页。

强调罪刑法定主义,与此相对,他的构成要件论到底起到了怎样的作用呢?如前所述,他之所以将构成要件作为客观的、描述性的概念来把握,乃是为了据此在确定构成要件符合性之时尽可能地排除法官的价值判断。如果说在贝林以前,违法性的确定是在与实定法没有任何关联的情况下任意进行的;那么,贝林这种试图在确定违法性之前,首先将不符合构成要件的情形排除在违法性判断对象之外的见解,我认为是应当听取的。但是,第一,当时,德国刑法学在费尔巴哈以后已经意识到了罪刑法定主义思想,在脱离实定法的情况下恣意地确定违法性的罪刑擅断主义已经被排除了。如果是这样,那么,即使在判断构成要件符合性之时排除了包含有价值判断以及行为人主观方面的判断,由于在进行如下的违法、责任判断之时仍然必须作出这种判断,因此,可以说贝林的构成要件论并不能如其所期待的那样,实质性地发挥人权保障的机能。

第二,如前所述,将构成要件作为描述性的概念来把握,将规范性要素完全排除在外,这是不可能的。贝林自己也不得不承认,在构成要件之中存在规范性要素。但是,不得不说的是,使构成要件之中包含规范性要素,这已经背离了贝林的目的。这是因为,确定是否符合包含着规范性要素的构成要件,已经无外乎就是价值判断了。关于这一点,如前所述,贝林在承认存在违法性的各个要素隐藏在其中的犯罪类型的同时,认为在任何情况下,构成要件符合性的确定都必须从违法性的调查中独立出来,由此展开了与其以后的时代类似的开放的构成要件的思想。但是,如后所述,我们必须认识到的是:等到违法判断之后才确定构成要件符合性,就会导致构成要件符合性的概念形式化,这等于是将构成要件符合性的机能推给了诉讼,会导致其丧失在犯罪论中的实质机能。

第三,暂且将上面的非难放到一边,即使认为贝林贯彻了构成要件符合性与违法性之间的严格区分,但是,为了保障人权,这里的问题是:是否必须像他所说的那样,客观地、描述性地把握构成要件呢?首先,如果在确定构成要件符合性之时不考虑主观性要素,那么,在以不属于故意的所谓主观性违法要素为前提的犯罪的场合,毋宁说会扩张构成要件符合性的范围,构成要件符合性概念本身也未必可以发挥人权保障的机能了。此外,在构成要件要素具有特殊的规范意义的场合,如果在没有确定其规范意义的情况下,仅仅在描述性的意义上解释该构成要件的话,就会明显地扩张构成要件符合性的概念。因此,我们可以说:客观地、描述性地把握构成要件,并不是达到人权保障目的的唯一途径。

综上所述,贝林的客观的、描述性的构成要件不仅无法起到强调罪刑法定主义以及人权保障的重要作用,而且,本来,客观地、描述性地把握构成要件也是不可能的。这一点就连贝林自己也不得不承认。贝林的这一意图——在试图使构成要件符合性在犯罪论体系中具有独立机能的同时,却认为这种构成要件与犯罪类型之间的没有任何关联,而是将之作为独立于违法性判断的概念来把握——可以说已经落空了。构成要件符合性的判断必然会与违法性的判断发生交错,从而必然会涉及犯罪类型,我们甚至在贝林的构成要件概念中就可以洞察到这一事实。在这个意义上,贝林以后犯罪论的历史乃是逐渐深化构成要件符合性与违法性之间关联的历史,就是理所当然的。我认为,追溯贝林以后犯罪论的历史,对于理解构成要件论所具有的宿命性更加有意义。

第三节 德国构成要件论的发展方向

1. 在贝林看来,构成要件论本来应当服务于强调罪刑法定主义以及人权保障,在这个意义上,它具有与违法论相区别的独立机能。但是,如前所述,不包含价值的、纯客观的、描述性的构成要件论,本身在贝林那里就已经归于失败了。因此,对于构成要件,我们不得不选择如下两条道路中的一条:第一,像后期贝林所主张的那样,将构成要件归结为犯罪类型的指导形象这一极其抽象、实质上作用甚少的概念;第二,将构成要件理解为与违法论紧密相关、其本身包含着价值的概念。贝林以后构成要件论的发展正好选择了后一条道路,只要是想保持构成要件概念的实质机能,那么就不得不说这是理所当然的。

首先,从时代上看,我们可以将贝林以后构成要件论的发展方向划分为第二次世界大战前和第二次世界大战后两个阶段来进行考察。第二次世界大战前所关注的问题是:是否可以将所谓的主观性违法要素、规范性要素作为构成要件要素?刑法学界的大趋势是对此持肯定态度,将构成要件作为违法类型来把握。与此相比,第二次世界大战后所关注的问题则更进了一步,可以总结为以下三点:(1)是否可以将故意、过失导入构成要件之中;(2)即使承认规范性构成要件要素的存在,在这种场合成为问题的是:应当如何考虑构成要件符合性与违法性之间的区别呢?(3)是否可以将违法阻却事由作为消极的构成要件要素来把握。

但是,本文的最终目的并不仅仅在于对构成要件论进行历史的考察,也不在于表明对于围绕构成要件论的各种讨论的立场。毋宁说,本文的最终目的在于:从构成要件论的发展历史中挖掘出其所具有的宿命性;如果可能的话,试图确定其发展的趋势。因此,在本章中,我不想按照年代的顺序,而想按照问题的顺序来进行历史考察。第一,主观性要素例如主观性违法要素或者故意逐渐被导入构成要件之中,构成要件逐渐服务于犯罪个别化的过程。第二,以规范性构成要件要素为媒介的构成要件成为充满价值的概念,构成要件符合性逐渐靠近违法性的过程。第三,展开这种讨论——将违法阻却事由作为消极的要素并包括在构成要件之中,甚至将构成要件符合性与违法性完全合为一体——的过程。在区分上述三个过程之后,我想追溯一下构成要件论的发展方向。

2. 首先,我想考察一下构成要件的概念包摄主观性要素的过程。如前所述,贝林将所有的主观性要素排除在构成要件之外,将其作为纯客观的概念来把握,但是,其意图在于:他认为,在将构成要件作为概念上区别于犯罪类型的东西来处理这个限度内,暂时严格地区分构成要件与违法性是可以实现的。但是,如前所述,一方面,学者们意识到,构成要件与违法性之间的关联是不可避免的;另一方面,考虑到在进行违法性判断之时有必要顾及行为人的主观状况,学者们认识到,在构成要件之中存在主观性要素。

明确提出存在所谓的主观"违法"要素的是纳格勒。他一方面认为,"作为客观的构成要件,一般考虑的是独立于所有的责任关系的、刑法命题的前半部分或者客观的犯罪要素的整体";另一方面则认为,"对于客观的违法性来说,主观性要素在某种情况下也可以具有构成的意义。"[1]虽然在菲舍尔[2]以及后述黑格勒等那里也可以看到这样的见解,但是,继他们之后,在犯罪论中确立主观性违法要素论,并且在构成要件论方面亦取得了明显进步的是M. E. 迈尔。众所周知,迈尔从区别文化规范与法规范的法哲学立场出发[3],强调法规范的意义在于国家对文化规范的承认。迈尔从概念上严格区分了构成要件符合性与违法性;与此同时,他认为两者之间的关联是:前者是后者的认识根据和征表[4],这就比贝林更进了一步。而且,在其违法论中,迈尔立足于目的论的考察方法,承认存在将行为当作违法的东西这种主观状况,并将这种主观状况区别于刻上了行为的有责性印记的主观状况,认为这是真正的(主观)违法要素[5]。

但是,在M. E. 迈尔的理论中,主观性要素仍然是主观的"违法"要素,而不是主观的"构成要件"要素。这是因为,在暂时承认构成要件与违法性之间的关联的同时,他认为前者只不过是后者的征表。为了使主观的"违法"要素同时成为主观的"构成要件"要素,必须等到出现了将构成要件作为不法类型来把握的见解。

在黑格勒那里,我们可以看到将构成要件作为不法类型来把握的见解的萌芽。黑格勒深受当时在杜宾根大学盛行的民法学说——利益法学的影响,并将利益法学导入刑法学之中,他以目的论的考察方法作为其思想的基础,从而确立了自己的刑法学[6]。在立足于犯罪是利益侵害这一立场的同时,他顾及了犯罪的主观性要素,并将不属于故意的、决定违法性的主观性要素命名为超过的内心倾向(Überschiessende Innentendenz)。另一方面,从相同的立场出发,他认为构成要件符合性是社会侵害性(违法性)的表现

---

[1] Nagler, Der heutige Stand der Lehre von der Rechtswidrigkeit, Festschrift für Karl Binding, II., 1911, S. 286.
[2] H. A. Fischer, Die Rechtswidrigkeit mit besonderer Berücksichtigung des Privatrechts, 1911, S. 288ff.
[3] M. E. Mayer, Rechtsnormen und Kulturnormen, 1903.
[4] M. E. Mayer, Der allgemeine Teil des deutschen Strafrechts, 1915, S. 52.
[5] M. E. Mayer, a. a. O. S. 185ff.
[6] Schweikert, a. a. O. S. 48.

(Kennzeichen),可以将两者之间的关系比喻为"症状"与"病"之间的关系。于是,从这一观点出发,黑格勒将上述主观性要素导入了构成要件之中。[1] 他认为,构成要件是描述违法性的,它包含着主观性要素,表现了决定违法性的全部要素,这种观点实质上无外乎就已经是在提倡所谓的不法类型论了。

以新康德学派的哲学为基础来构建不法类型论的基础,并且强烈推崇这种理论的是梅茨格尔和绍尔。众所周知,梅茨格尔一方面从区分评价规范与决定规范的立场出发,主张客观违法论;与此同时,另一方面,他认为构成要件是违法性的实在根据,从而确立了符合构成要件的违法行为(不法)的观念[2],在此基础上完成了对主观不法要素的详细研究。[3] 其结果是,梅茨格尔认为,"原则上,法与不法在客观上的区别,并不妨碍在各种场合下作出区别之际,将内心的要素从行为人的人格之中抽出来并将之作为标准"[4],并且探讨了主观不法要素的各种类型。在这个方面,梅茨格尔对学界产生了决定性的影响。绍尔也认为,构成要件符合性原则上就是违法性,两者同时表现了规范违反即与法之间的矛盾,但是,两者的区别在于:违法性直接表现了规范违反,构成要件符合性则是认识实定法所提示的实质不法的标识。[5] 但是,构成要件是在类型上所表现的违法性,在这个意义上,绍尔认为主观性要素属于构成要件。[6] 这样一来,不法类型论逐渐渗透到战前的德国刑法学之中,而且逐渐确立了牢固的基础。对于主观性构成要件要素的存在,已经完全看不到任何异议了。

---

[1] Hegler, Die Merkmale des Verbrechens, 1914, ZStW36, S.19ff,特别是31ff.

[2] Mezger, Strafrecht, ein Lehrbuch, 3. Aufl., 1949, S.162ff.

[3] Mezger, Die subjektiven Unrechtselemente, 1923/24, Gerichtssaal 89, S.207ff.

[4] Mezger, Strafrecht, S.168.

[5] Sauer, Grundlagen des Strafrechts nebst Umriss einer Rerichts-und Sozialphilosophie, 1921, S.211ff., 319. 不过,绍尔所谓的构成要件,并不只是单纯作为不法类型来把握的,必须注意的是,"作为整体的构成要件,是违法性的征表。但是,它同时也包括行为(不作为)与责任(深思熟虑、目的、故意、过失、业务上的过失等)的征表。"(a. a. O. S.212)。在绍尔的这一见解中已经可以看到责任类型思想的萌芽了。

[6] Sauer, a. a. O. S.306.

但是，第二次世界大战之后，争论的焦点从主观性违法要素论转向了故意、过失论。学者们争论的问题是：故意、过失是否可以成为构成要件要素呢？不言而喻，成为这一争论上的转变之契机的是目的行为论。不过，这一倾向在二战前就已经初见端倪。最初，在1935年，韦伯详细分析了在法规中用动词的形式所记载的行为样态，在此之后，行为的目的以及故意在违法性中必须占有一席之地的倾向取得了领先位置。[1] 随后，在1939年，韦尔策尔同样从目的行为概念的立场出发主张这种思想。[2] 直到二战后，布西[3]、尼泽[4]、H.迈尔[5]、毛拉赫[6]等目的行为论者才开始主张这种思想。

目的行为论之所以将故意、过失导入不法论，从而将故意、过失导入构成要件之中，可以说是从如下朴素的思想出发的：本来，正如上述韦伯所认为的那样，在构成要件中以动词的形式列举的各种行为，大多数本身就包含着故意（或者过失乃至不故意）。但是，一方面承认目的的行为概念，另一方面则主张以行为无价值为基础的人的不法概念，并且认为构成要件是不法类型，将之作为服务于犯罪个别化的概念来把握，既然如此，就必须严格区分故意犯的构成要件与过失犯的构成要件。为了达到区分两者的目的，作为其要素，前者就必须包含故意，后者则必须包含过失——至少是不故意。如果从这种观点来看，那么，将故意、过失导入构成要件，就不一定只是目的行为论体系的做法了，可以说，即使不属于目的行为论的所谓构成要件论者也可以支持这一见解。[7]

3. 其次，我想考察一下构成要件概念逐渐承载价值、包含规范性要素的过程。规范性构成要件要素的倡导者是M. E. 迈尔。如

---

[1] Weber, Zum Aufbau des Strafrechtssystems, 1935, S. 8ff.
[2] Welzel, Studien zum System des Strafrechts, 1939, ZStW58, S. 491ff.
[3] Busch, Moderne Wandlungen der Verbrechenslehre, 1949.
[4] Niese, Finalitat, Vorsatz und Fahrlassigkeit, 1951.
[5] H. Mayer, Strafrecht, Allgemeiner Teil, 1953.
[6] Maurach, Deutsches Strafrecht, Allgemeiner Teil, 2. Aufl., 1958.
[7] 日本的小野博士（《犯罪构成要件的理论》，第25页、第232页等）、团藤教授（《刑法纲要总论》[昭和三十二年]，第92页以下）等的主张即为适例。

前所述,他一方面将构成要件符合性与违法性暂时区别开来;另一方面则认为,在构成要件之中,除了外部的客观要素和内部的主观性要素以外,还存在具有决定价值之意义的要素,并将之命名为规范性构成要件要素。[1] 但是,由于他认为构成要件符合性并非一般性地确立违法性之基础的概念,而只不过是对违法性的征表而已,因此,确立违法性之基础的规范性构成要件要素乃是不真正的构成要件要素,而且是真正的违法要素。[2] "规范性构成要件要素"这一名称源于如下事实:在迈尔的见解中残留着贝林的思想,即认为构成要件本来应当是描述性的、客观的概念。从他的下述见解就可以明白上述事实:他认为,这种规范性要素是起草法律条文的"偶然的"产物,是可以消除的。[3]

在 M. E. 迈尔之后,继续主张规范性构成要件的是梅茨格尔和格林胡特。梅茨格尔从前述不法类型论的立场出发,认为在 M. E. 迈尔那里、在确定构成要件符合性之际尚未进行的规范性构成要件要素的判断,可以在构成要件符合性的阶段进行。[4] 格林胡特与梅茨格尔一样,认为在规范性构成要件要素之中存在两种类型:第一种类型是物的他人性、缺乏狩猎权等"与实定规范秩序的思想相关的概念";第二种类型是"在法规要求法官以一般的生活经验、法律以外的评价、世界观的原则为基础进行判断之时","具有一般特征的规范性构成要件要素"[5]。格林胡特认为,这种规范性要素所要求的并非事实的确定,而是法官的价值判断。[6] 我们可以将这种见解视为贝林之后决定性的进步。

此外,梅茨格尔和格林胡特还将规范性要素区别于其他的描述性要素。但是,必须注意的是,对于这一点,存在 E. 沃尔夫的批判。E. 沃尔夫认为,所有构成要件要素都是规范性的,所有构成

---

[1] M. E. Mayer, a. a. O. S. 182.
[2] M. E. Mayer, a. a. O.
[3] M. E. Mayer, a. a. O. S. 185.
[4] Mezger, a. a. O. S. 190f.
[5] Grünhut, Begriffsbildung und Rechtsanwendung im Strafrecht, 1926, S. 6.
[6] Grünhut, a. a. O. S. 5. 此外,参照 Ders., Methodische der heutigen Strafrechtswissenschaft, 1930, Festgabe für Reinhard von Frank, I., S. 1ff.

要件在概念上都具有规范性的特征,暂时否定了规范性要素与描述性要素之间的区别[1]。但是,根据他的见解,"根据规范性构成要件要素,尚未丝毫提及违法性的问题,这是因为存在许多虽然属于构成要件符合性但仍不属于违法性的法律评价"[2],构成要件符合性与违法性仍然并非完全一致的东西。

在以上阶段,以规范性构成要件要素为媒介,构成要件符合性与违法性之间的关系靠近了。在这种情况下,构成要件论迎来了第二次世界大战。与二战之前相比,可以看到的是:在二战以后,两者之间的关系更加密切了。有关这一点,我想立刻进行一番更加详尽的考察。[3]

首先必须考察的是所谓的"社会相当性"(soziale Adäquanz)[4]概念及其对于构成要件符合性和违法性的机能。关

---

[1] E. Wolf, Der Sachbegriff im Strafrecht, 1929, Reichsgerichtspraxis im deutschen Rechtsleben, V., S. 55.

[2] E. Wolf, Typen der Tatbestandsmassigkeit, 1931, S. 11 Nr. 2.

[3] 作为关于规范性构成要件要素的最近的重要文献,有 Engisch, Die normativen Tatbestandselimente im Strafrecht, 1954, Festschrift für Edmund Mezger, S. 127ff.; Kunert, Die normativen Merkmale der strafrechtlichen Tatbestande, 1958.

[4] 关于社会相当性,参照藤木英雄:《社会相当行为杂考》(昭和三十二年),载《警察研究》第 28 卷,第 1 号,第 44 页以下;《论"社会相当行为"理论对劳动刑法的适用》(昭和三十五年),载《警察研究》第 31 卷,第 1 号,第 25 页以下。此外,Schaffstein, Soziale Adäquanz und Tatbestandslehre, 1960, ZStW 72, S. 369ff.; Klug, Soziale Adäquanz im Strafrechtssystem, 1961, Festschrift für Eberhard Schmidt, S. 249ff.; Hirsch, Soziale Adäquanz und Unrechtslehre, 1962. ZStW 74, S. 78ff. 依希尔施之见,社会相当行为是指"在社会生活中历史地形成的正常社会伦理秩序的范围内所进行的活动,即由于与我们的社会生活紧密相关,因此应当被视为完全正常的所有行动"。(a. a. O. S. 79)例如,(1)交通设施上(已经了解的)的自由限制、风俗犯中执拗的言语行动、侮辱罪中(例如在狂欢节之时)的言语行动、少量遗失物的占有;(2)被允许的危险、社会相当的自我危害化的劝服;(3)医生的治疗行为;(4)战争中杀害或伤害敌人、被允许的惩戒、合法地执行公务、职务中对权利的侵害、交通设施上(没有了解的)的自由限制;(5)勒索、恐吓(也包括劳动争议的场合);(6)给邮差的压岁钱、少量赌资的赌博行为、通过关系极为亲密的亲属间的谈话来侮辱局外人、诬告罪中的搜查和告发、虽然有危险但根据指示在职务行为的范围内所实施的财产不利益的附加行为(背任罪、公司犯罪中)、夸大其辞、含糊其辞或者扰乱市场的广告(欺诈罪中)、受所有人的委托而破坏器物的人、通过告诉权人行使允许的手段而使刑罚无效、在电视、电影以及游行中使用刑法第 132 条所保护的制服(a. a. O. S. 87ff.)。此外,关于德国是否赞成这种理论的现状,参照 Hirsch, a. a. O. S. 78 Anm. 5。

于这一点,应当注意的是这一概念的创立者韦尔策尔的见解。韦尔策尔初期的见解采取了如下立场:在具有社会相当性的场合,即使该场合被包含在法律条文表面的构成要件之中,构成要件仍然不充足。[1] 但是,1953 年,德国刑法在第 240 条(强制罪)中设立了第 2 款的规定[2],由于运用以往的学说来解释这一款会产生不妥当的结论,因此韦尔策尔改变了自己的学说,认为在社会相当性的场合,与构成要件符合性无关的违法性要素成为问题。[3] 他认为,"社会相当性是符合构成要件的态度(惯习上的)的合法化事由,它是以社会生活上的社会伦理秩序为基础的。"[4] 在韦尔策尔最近的见解中,已经将社会相当性作为一般的合法性事由来对待了,因此当然认为它是与构成要件的解释无关的东西。

不过,与上述对于社会相当性观念的把握的变化相适应,韦尔策尔的构成要件论本身也发生了变化。韦尔策尔初期的见解认为,构成要件是不法构成要件,它是在概念上赋予罪种以特征的不法要素的总和。在此,韦尔策尔认为构成要件是非常明显地承载了价值的不法类型。[5] 但是,韦尔策尔后期的见解则认为,构成要件符合性是从违法性中分离出来的,它是服务于具体地、对象性地描述刑法上所禁止的是什么,即禁止的素材(Verbotsmaterie)的东西。构成要件符合性意味着规范违反性,与此同时,它构成违法性的征表;但是,构成要件本身并不是违法的,只有等到确定容许命题(Erlaubnissatz)即合法化事由之后,它才具有违法性。[6] 那么,韦尔策尔是如何处理一直以来的规范性构成要件要素的呢?韦尔策尔提出了一个新的概念——"开放的构成要件"(offener Tat-

---

[1] Welzel, a. a. O. S. 514ff.; Ders., Der allgemeine Teil des deutschen Strafrechts in seinen Grundzugen, 3. Aufl., 1944, S.50f.
[2] 该款规定:"在认定为达到目的而使用暴力或者以恶害相威胁应当受到非难之时,行为即为违法。"
[3] Welzel, Das neue Bild des Strafrechtssysyems, 2. Aufl., 1952, S.19f.
[4] Welzel, Das deutsche Strafrecht, 7. Aufl., 1960, S.76.
[5] Welzel, Studien zum System des Strafrechts, S.527.
[6] Welzel, Das deutsche Strafrecht, 7. Aufl., S.47.

bestand)[1],他将包含了规范性构成要件要素的构成要件与单纯的描述性构成要件区分开来,认为前者属于"开放的构成要件"[2]。但是,所谓"开放的",是指对于违法性是开放的,它意味着如果不首先进行违法性判断,就无法确定构成要件符合性。如果将此与韦尔策尔认为构成要件仅仅是对象性地描述禁止的素材的见解合并起来考察,那么两者在逻辑上是一致的。但是,这样一来,就只能赋予构成要件符合性的概念以形式的机能了。暂且不论在诉讼的场合会如何,在犯罪论上,就已经不能再承认构成要件具有独立的实质机能了[3]。暂且不论韦尔策尔最近的主张,"社会相当性"这一概念的发现——正如其自身在初期的体系中所表明的那样——逐渐拉近了构成要件与违法性之间的距离。而且,如后所述,以难以区别社会相当性与一直以来的合法化事由为由,这种倾向与所谓的消极构成要件要素论的展开联系在一起[4],以至于最终使构成要件符合性与违法性完全合为一体了。

4. 再次,我想就构成要件概念将违法阻却事由作为消极的构成要件要素包摄其中的过程进行一番考察。消极的构成要件要素

---

[1] 关于开放的构成要件,宫泽浩一:《开放的构成要件与法义务的标识》(昭和三十五、三十六年),载《法学研究》第33卷,第11号;第34卷,第10、11号中有详细的研究。此外,参照 Roxin, Offene Tatbestande und Rechtspflichtsmerkmale, 1959.
[2] Welzel, a. a. O. S.46f.
[3] 具有相同旨趣的是 Gallas, Zum gegenwartigen Stand der Lehre vom Verbrechen, 1955, ZStW67, S.23. 齐藤金作译:《加拉斯犯罪论的研究》(昭和三十五年),载《早稻田大学比较法研究所纪要》第12号,第35页以下。
[4] 例如,Weber, Negative Tatbestandsmerkmale, 1954, Festschrift fur Edmund Mezger, S.188f. "所有被合法化的符合构成要件的行为,都是社会相当行为",以此作为消极的构成要件要素论的根据之一。

理论[1]本身具有悠久的历史,它的内部和外部均成为德国刑法理论上争论的对象;但是,这一理论显得比较突出,是1913年鲍姆加腾在其教科书中明确采用这种理论之时。根据鲍姆加腾的见解,构成要件的概念是与故意相关的全体犯罪要素,这里不仅包括记载于刑法典分则之中的犯罪要素,而且包括分则中并未规定的违法阻却要素。不过,这里只是不包含客观的处罚条件[2]。其理由是,立法者并不要求客观的处罚条件与故意之间有关系,而所有的违法阻却事由——至少是大部分违法阻却事由——对于犯罪而言都是很重要的[3]。这种见解已经完全将构成要件符合性与违法性融合在一起了。这样一来,就必然会出现如下两种情形中的一种:或者像拉德布鲁赫所说的那样,"违法性作为各种犯罪必要的特质当然留下来了,但它最终不再是与构成要件并列的犯罪的特别要件"[4];或者使构成要件完全消失在违法性之中,使其不再发挥其独自的机能。事实上,如果要说鲍姆加腾本身采取了哪一种做法,那么,我们可以看到是:他一方面将重点放在构成要件符合性之上[5],另一方面则认为犯罪要素是"构成要件符合性以及违法性"[6]。

但是,鲍姆加腾的消极构成要件要素论当时并未得到学界的广泛赞同。这或许是因为:一方面,学者们在对新近产生的构成要件概念表示关注的同时,也重视传统的违法性概念,并且在为保持

---

[1] 关于消极的构成要件理论,中义胜:《消极的构成要件要素理论——其理论史的研究》(昭和三十三、三十四年),载《关西大学法学论集》第8卷、第4号、第5号、第6号;《消极的构成要件要素理论——其预备的研究》(昭和三十六、三十七年),载《关西大学法学论集》第10卷、第6号;第11卷、第1号、第2号、第6号中有详细的研究。此外,Weber, Negative Tatbestandsmerkmale, 1954, Festschrift fur Edmund Mezger, S.183ff.; Arthur Kaufmann, Zur Lehre von den negativen Tatbestandsmerkmalen, 1954, JZ54, S.653ff.; Hirsch, Die Lehre von den negativen Tatbestandsmerkmalen, 1960.

[2] Baumgarten, Der Aufbau der Verbrechenslehre, 1913, S.187f.

[3] Baumgarten, a. a. O. S.210ff.

[4] Radbruch, Zur Systematik der Verbrechenslehre, 1930, Festgabe fur Reinhard von Frank, I., S.165f.

[5] Baumgarten, a. a. O. S.221f.

[6] Baumgarten, a. a. O. S.210ff.

两者独自的机能而努力;另一方面,学者们所关注的是刑法分则所规定的构成要件要素与总则所规定的违法阻却事由之间的异质性。在很长的时间里,学界的趋势是:停留在上述不法类型论的程度之上,拒绝将违法阻却事由纳入构成要件之中。

新的局面的展开是在第二次世界大战之后。二战后,学者们开始讨论消极构成要件要素理论与错误论特别是与违法阻却事由的错误之间的关联,其主要理由如下:一直以来,在德国,虽然将错误分为事实的错误与法律的错误,但是,由于这种称呼与概念的实质不相吻合,因此,二战后,学者们开始广泛使用构成要件的错误与禁止的错误这种名称,并且开始认为:前者即包含了规范性要素的构成要件要素的错误阻却故意,而后者即关于行为的违法性的错误则不阻却故意。但是,另一方面,一直以来,关于违法阻却事由的事实前提的错误,在德国一般被认为是阻却故意的事实的错误,根据上述关于构成要件的错误与禁止的错误的见解,关于违法阻却事由的事实前提的错误当然就不得不属于构成要件的错误了。为此,就必须将违法阻却事由的不存在理解为(消极的)构成要件要素[1]。而且,成为这场争论的直接契机的是:一方面,倡导构成要件的错误与禁止的错误这种称呼的韦尔策尔本身是否定消极构成要件要素理论的。他认为,关于违法阻却事由的事实前提的错误不是构成要件的错误,而是禁止的错误[2];另一方面,德国联邦裁判所则与韦尔策尔的见解相反,认为这种错误是事实的错误[3]。无论如何,消极构成要件要素论妥当与否,正成为当下德国刑法学上激烈争论的对象,这一点从后述德国刑法学界的权威学者相继开始主张这一理论的事实中也可以很容易地推测出来。

首先,应当注意的是朗-欣里希森的见解。朗-欣里希森比一直

---

[1] 中义胜:《消极的构成要件要素理论——其预备的研究》(一),第2页以下。
[2] Welzel,a. a. O. S. 150f.
[3] 德国联邦裁判所1952年3月18日的大法庭决定(BGHSt2-174)以来,在错误论中开始采取责任说。但是,1952年6月6日(BGHSt3-105)、7月1日(BGHSt3-194)等第一刑事部的各个判决,通过将合法性事由的错误解释为构成要件的错误,从而采用了消极构成要件理论。关于其他判例,参照 Arthur Kaufmann,a. a. O. S. 653 Anm. 4.

以来的不法类型论更进了一步,认为构成要件是在违法性的问题上成为标准的所有要素的复合体,并且倡导由构成要件补充要素、行为义务要素和合法化要素(违法阻却事由)所构成的综合构成要件(Gesamttatbestand)这一概念,主张构成要件是违法性的实在根据、违法性与构成要件符合性之间具有特殊与一般的关系。而且,从这一立场出发,朗-欣里希森积极地否定了构成要件所具有的保障机能,认为贝林所强调的保障构成要件(Garantietatbestand)是综合构成要件的下位概念,只不过是综合构成要件的一部分而已。[1]

在克服逐渐根深蒂固的不法类型论这一点上,我们可以看出朗-欣里希森的这种主张的特殊性。根据不法类型论,构成要件仅包括各种犯罪中的类型的要素;但是,根据朗-欣里希森的主张,在决定行为的违法性这个限度内,构成要件不仅包括类型的(即记载于分则之中的)要素,而且包括非类型的(例如规定于总则之中的)要素。换言之,这等于将仅仅在一直以来的不法类型限度内与违法性相关的构成要件论完全吸收到违法论之中,由此可以看到朗-欣里希森理论的时代性。

这种见解受到了相当多权威学者的支持。不过,消极构成要件要素理论原来是从故意的对象是什么这一错误论出发的,在此基础上,它包含了构成要件与违法性甚至责任之间的关系这样非常重大的犯罪体系论上的问题。因此,根据视角的不同,也可以看出各位论者的主张在细微之处有很大的差异。但是,以前述联邦裁判所的判例为契机,可以说德国刑法学大的趋势是暂时倾向于承认消极构成要件要素论的。例如,施罗德采取如下态度,即反法性的问题向逐渐进入构成要件之中这个方向发展是正确的,认为构成要件的要素是明确反法性全体的必备要素[2],在这个意义上,构成要件与不法之间没有实质性的对立。阿图尔·考夫曼明确地区分了犯罪类型与构成要件,认为犯罪类型首先具有法治国的机能,其次具有形式上的诉讼法的意义;而构成要件则包括某一

---

[1] Lang-Hinrichsen, Tatbestandslehre und Verbotsirrtum, 1952, JR52, S. 302ff.
[2] Schröder, Die Irrtumsrechtsprechung des BGH, 1952, ZStW 65, S. 178ff.

犯罪的当罚性内容的全部要素,其中不仅包括各个犯罪的类型的要素,而且包括在刑法的违法性上成为标准的全部要素。只有这种实质的构成要件概念才能与违法性这一形式上没有内容的范畴形成相关关系。[1] 韦伯也认为,决定某种态度的违法性的所有要素均属于构成要件。[2] 沙夫斯泰因虽然并不认为刑法所威慑的积极的行为状况与合法化事由的消极的行为状况之间有本质的差异,但是仍然赞成消极构成要件要素理论。[3] 此外,到了恩吉施,则将构成实质的违法内容的所有(一般的或者特殊的、积极的或者消极的、明示的或者默示的、客观的或者主观的)犯罪要素归入不法构成要件之中;更有甚者,他认为,在确立不法内容的基础这个限度内,客观的处罚条件也属于不法构成要件。[4]

当然,不言而喻的是,对于这种倾向,强调构成要件的类型意义的学者提出了非难。[5] 但是,正如上面所考察的那样,德国刑法学界大的趋势是:以对违法阻却事由的错误的处理为契机,开始欢迎消极构成要件理论。通过这种理论,较之于不法类型论而言,可以说进一步拉近了构成要件与违法性之间的关系。构成要件符合性与违法性已经完全合为一体了。在两者的关系这一方面发展出来的构成要件论,在这个方面暂时到达了发展的终点。

第四节　犯罪概念中构成要件的地位

1. 对于在德国发展起来的构成要件理论,我们应当采取怎样的态度呢？如果从结论上说的话,我认为应当采用行为、违法、责

---

[1] Arthur Kaufmann, a. a. O. S. 653ff.
[2] Weber, a. a. O. S. 188f.
[3] Schaffstein, putative Rechtfertigungsgrunde und finale Handlungslehre, 1951, MDR5, S. 196 ff.
[4] Engisch, Die normativen Tatbestandselemente im Strafrecht, S. 132.
[5] 更为强调作为犯罪类型的构成要件的是Gallas(Gallas, a. a. O 齐藤译)。如果认为构成要件论的历史是犯罪个别化的历史,那么,加拉斯的见解在这个意义上处于发展的终点。此外,关于反对消极构成要件的学者及其根据,中义胜:《消极的构成要件要素理论——其预备的研究》(四),第573页以下有详细说明。

任这种三要素的犯罪论体系,采取并不承认构成要件或者构成要件符合性是独立的犯罪要素的立场。其中,关于为什么犯罪概念的第一要素不是构成要件或者构成要件符合性而是行为,我想留待以后有机会讨论行为概念本身以及行为论所具有的意义之时再详细论述。不过,作为我的思考方向,我认为,特别是有可能从行为的起源即与动机形成相关的生物学、心理学、社会学等各方面进行考察的犯罪论,对于现代刑法学而言是很重要的。为此,成为犯罪概念基底的行为概念,必须是可能从整体上把握从动机形成到犯罪完成这一产生发展过程的行为。因此,我只想论述如下事实:像符合构成要件的行为或者构成要件行为这样的概念,一方面学者们认为它被片段地截成暴行、伤害、杀人之类的各种犯罪;另一方面则认为它并非实行行为和预备行为、正犯与教唆犯、从犯之类被片段地来理解的行为。

因此,在与本文中的构成要件概念的关联上,首先应当讨论的问题是,是否应当将构成要件符合性与违法性理解为各自独立的要素?其次,在对上述问题持否定态度的场合,违法性以及责任这样的犯罪概念的独立要素与构成要件符合性之间具有怎样的关系?在以下部分,我想在讨论这两点的同时表明自己的立场。

2. 将行为作为犯罪论的出发点,同时将构成要件符合性这一要素从违法性中分割出来,作为独立的犯罪要素,这是贝林曾经采用的见解。如前所述,我们无法对这种见解表示赞同。但是,现在,韦尔策尔从与贝林不同的理由出发赞成这样一种体系。在韦尔策尔看来,构成要件客观地描述了什么是刑法所禁止的东西,从而构成禁止的素材(Verbotsmaterie)。因此,构成要件符合性意味着规范(禁止)违反性。但是,另一方面,法秩序不只是由规范所构成的,而且由容许命题(Erlaubnissatz)构成,因此,构成要件符合性并不直接意味着违法性,而是要等到确定了是否符合容许命题即合法化事由之后,它才能成为违法的。[1] 首先,我想从韦尔策尔的基本思想——在概念上将规范违反性与违法性严格区分开来——来进行考察。

---

[1] Welzel, Das deutsche Strafrecht, 7. Aufl., S. 45 ff.

违法性意味着规范违反性,这是宾丁以来的传统思想。但是,在韦尔策尔看来,容许命题是与规范具有不同性质的东西,因此,规范违反性并不一定意味着违法性。这种看法的根据或许在于:虽然"不得杀人"、"如果他人提出了要求,就应当离开他人的住宅"这样的命令或禁止是社会规范,但是,基于正当防卫而杀人或者出于紧急避难而停留在他人的住宅之内的场合下的容许,并不是源于上述那样的一般性规范,而是以容许命题这一法律技术上的作品为基础的。但是,法律到底容许以什么为基础的规范违反行为呢?诚然,即使可以说是法律上的合法化事由,也并非积极地命令"可以杀人"。在这个意义上,应当承认积极的犯罪类型与消极的合法化事由之间存在性质上的不同。自不待言,合法化事由本身在与规范相同的意义上不可能是命令或禁止。但是,违法与合法具有一种相反的关系,因此必须用相同的价值尺度来加以判断。换言之,所谓的违法性与合法化,必须从相同的规范立场来加以确定。

但是,从刑法上的违法性与规范违反性之间的相关关系上看,就会发现两者均处于相同的层面之上。即所谓的刑法上的违法性与一般的规范违反性,在本质上是相同的。不过,刑法上的违法性与一般的规范违反性的不同之处在于两者的范围不同。两者在范围上的不同,首先可以通过刑法各本条中所规定的犯罪类型来加以认识。通奸、同性恋是规范违反行为,但是,在日本刑法上,这些行为不是违法的。这是因为,这些行为并未被增加到犯罪类型之中、被作为刑罚的对象。但是,所谓的刑法上的违法性与规范违反性处于相同的层面,因此也存在其范围相同的场合。在大多数所谓的行政刑罚法规等之中,两者范围的相同性要通过犯罪类型来加以认识。但是,两者范围的相同性不仅只是通过犯罪类型表现出来的,而且可以通过刑法总则中所规定的合法化事由以及超法规的合法化事由表现出来的。即应当认为"不得杀人"这一禁止本身并非被纳入刑法之中的规范,"不得无故杀人"这一禁止成为刑法上的违法性的根据。因此,我们就应当认为:韦尔策尔所谓的容许命题,仍然是规范的一部分,它是与构成要件一道决定作为规范违反性的违法性的法律命题。如果从这种立场来看,我们就无法赞同韦尔策尔的这种体系了。

但是,韦尔策尔之所以将构成要件符合性从违法性中分离出来,还有其他的理由。这一理由是:与贝林、M. E. 迈尔等一样,韦尔策尔认为构成要件本来是描述性的东西,其确定不以违法性的判断为必要。从韦尔策尔的如下论述中可以看出这一点:他认为,"所有的构成要件均不合乎'包罗万象地描述的'或者'封闭的'构成要件这一理想"[1];与此同时,他例外地指出了"开放的"构成要件的存在。如果运用以往的定义的话,那么,可以认为这里所谓的"封闭的构成要件"仅仅是由描述性要素形成的构成要件,而所谓的"开放的构成要件"则含有规范性要素,是有待法官的评价之后才可以确定其符合性的构成要件。但是,这种描述性要素与规范性要素之间的区别当然是很模糊的,特别是在学说上对于描述性要素的含义出现分歧的场合,是否可以一律以其是"描述性的"、因此认为其不以法官的评价为必要,这是存在疑问的。也就是说,在这种场合,无论法官遵从哪一种学说,都无外乎是违法判断。但是,即使无视这一点、暂时认为有可能在描述性要素与规范性要素之间作出区分,由于描述性要素正是描述刑法上的违法性(韦尔策尔所谓的规范违反性)的东西,因此无须等到法官的特殊法律评价之后就可以直接确定其符合性并具有违法性。基于这样的考虑,在这两种构成要件之间作出区分,至少作为犯罪论体系上的问题,是没有什么值得一提的意义的。在这两种构成要件的场合,构成要件符合性无外乎就是违法性本身。

依加拉斯之见,韦尔策尔最近的见解之所以退回到贝林体系的形式性考察之上,其诱因不仅在于"已经不能仅从法益侵害的结果这一点来看待犯罪的不法了,也可能将犯罪的不法解释为在社会伦理上值得非难的举动"这种最近的刑法思维倾向之中,而且在于"为了充分考虑应当适用禁令的错误的场合而限制构成要件错误之领域的努力"之中[2]这种看法指出了韦尔策尔改变学说的上述表面理由背后的真正诱因,因此是值得听取的。但是,日本刑

---

[1] Welzel, a. a. O. S.46.
[2] Gallas, a. a. O. S.24,齐藤译,第37页。

法关于错误的规定并没有德国刑法第59条那样"法定构成要件"的表述,因此,应当说没有必要采用关于故意的范围以及错误的界限的构成要件这一对整个犯罪论体系产生影响的重大概念。即使认为韦尔策尔关于错误的见解是值得肯定的,也没有必要因此立刻遵从这种区分构成要件符合性与违法性的体系。

此外,在此必须考察平场教授的体系。众所周知,平场教授主张目的行为论,将存在论的行为概念作为犯罪论的出发点[1];但是,他也重视构成要件概念在诉讼法上以及犯罪论上的机能,其结果是:除了一方面主张"反映活生生的现实的行为论",另一方面采取"以裁判上的认定为问题的犯罪类型论"以外,"作为两者的媒介",主张"作为可罚的行为类型的构成要件"。也就是说,平场教授一方面主张基于罪刑法定主义的、可以发挥犯罪个别化作用的构成要件(犯罪类型),但另一方面认为构成要件只有在审判之时才可以发挥这种机能[2];作为犯罪论上发挥机能的东西,平场教授主张作为可罚的行为类型的构成要件。作为可罚的行为类型的构成要件,既是被禁止的行为的类型[3],又是社会不相当的行为的类型[4],但它并不构成违法评价的尺度,只是作为其前提,"在选择可罚的对象这个意义上,在刑法中被采用的概念"[5];构成违法评价尺度的乃是犯罪类型。于是,符合作为这种可罚的行为类型的构成要件,作为位于存在论的行为概念之后、违法性之前的第二要素,被纳入犯罪概念之中。

但是,对于平场教授如此复杂的构成要件论,我们首先必须追问的是:为什么不得对赤裸裸的行为进行直接的违法评价呢?关于这一点,平场教授认为,作为可罚的行为类型的构成要件,首要的实质机能在于事先区分刑法上成为问题的行为与刑法上不成为问题的行为,特别是刑事诉讼法第339条第2款中所谓的"即使是起诉书所记载的事实,也不包括应当构成任何犯罪的事实之时"是

---

[1] 平场安治:《刑法总论讲义》(昭和二十七年),第31页以下。
[2] 平场:《刑法中行为概念的研究》(昭和三十六年),第107页以下。
[3] 平场,前揭,第126页。
[4] 平场,前揭,第127页。
[5] 平场,前揭。

指不符合这个意义上的构成要件的场合,在区别于无罪判决的"被告事件不构成犯罪之时"这个方面是很重要的。[1] 但是,是否可以期待作为违法评价尺度的犯罪类型也具有这种机能呢?即使在违法判断的阶段,也有可能确定不符合犯罪类型;在确定符合犯罪类型或者即使符合犯罪类型,但是被合法化,因此不构成犯罪的同时,这并不影响违法判断的结果。所谓实体法上的违法判断与程序法上的实体审理,在范围上是不同的。而且,平场教授认为,可罚的行为类型的积极作用在于划定实行行为的范围。[2] 我也认为,在实行行为与预备、教唆、帮助等各种行为之间,存在应当在法规之前、从社会的角度加以区分的类型差异,但是,仍然应当将这种类型差异视为对犯罪类型的反映,在以犯罪类型作为尺度的违法判断——当然,在与犯罪的表现形态之间的关联上——的阶段,可以充分尊重这一点。

而且,平场教授所主张的作为可罚的行为类型的构成要件,一般认为是社会相当行为的类型,但是,在认为社会相当性的判断仍然是违法判断的一部分之时,就不能承认区分构成要件符合性与违法性的必要性了。此外,站在承认类型化的、顾及了违法判断之前社会活生生的现实的行为,认为它是符合构成要件的行为,并将之作为刑法评价的对象这一立场上之时,仍然会产生一个疑问:这样难道不就等于抹杀了主张将赤裸裸的行为概念作为犯罪第一要素的旨趣吗?考虑到以上各个问题点,对于从平场教授的立场出发所作出的构成要件符合性与违法性之间的区分,我也无法表示赞同。

3. 如前所述,关于犯罪论体系,齐藤教授采用了行为、违法、责任的三分法,在此基础上,他指出,"此外,需要注意的是,本书并未将构成要件或者构成要件符合性作为犯罪的一般成立要件"[3]。这一论述的旨趣在于:犯罪的一般成立要件主要是通过刑法总论来说明的,而犯罪的特别成立要件则主要是通过刑法各论来说明

---

[1] 平场,前揭,第128页以下。
[2] 平场,前揭,第129页。
[3] 齐藤金作:《刑法总论改定版》(昭和三十年),第71页。

的,"通过刑法各论,主要说明的是犯罪的特别成立要件,但是,由于这种场合符合犯罪的一般成立要件,作为理所当然的结论,乃是事先预定的,无须予以特别说明。因此,在刑法总论上,也无须说明符合犯罪的特别成立要件或者构成要件符合性"[1]。但是,如果从齐藤教授在事实的错误论中采取了抽象符合说[2],在不能犯论中采取了抽象危险说[3],以及在共犯论中采取了共同意思主体说[4]来看,那么就会明白:齐藤教授的犯罪论体系是以客观主义为基调,同时将行为人的犯意放在相当重要的位置之上的。这种志向拒绝了具有客观主义性质的构成要件理论,其结果大概是可想而知的。但是,正如上面所探讨的那样,首先,应当将行为作为犯罪论的出发点;其次,无法赞同分离构成要件符合性与违法性的见解。既然如此,关于犯罪论的体系构成,我也赞成齐藤教授的三分法。

问题是:在采用行为、违法、责任这种三分法的场合,在违法论或者责任论的内部,构成要件以及构成要件符合性的概念到底具有怎样的地位呢?关于这一点,齐藤教授在为其违法性概念下定义之时,认为违法性在形式上是违反了法律,在实质上是规范违反、义务违反[5];与此同时,他认为违法性仅仅是指一般的违法性。但是,另一方面,关于其违法性被阻却的场合,齐藤教授指出:"符合犯罪构成要件的行为,可以暂时推定为违法的行为。但是,它并不一定总是在实质上亦违法的行为。例如,出于正当防卫而杀人的场合,形式上符合刑法第199条,但实质上其违法性被阻却了,从而不构成犯罪。"[6]至少,如果从这种表述来看的话,可以明白的是,在齐藤教授的犯罪论中,构成要件以及构成要件符合性的概念是占有一席之地的。那么,这种地位应当是怎样的呢?

---

[1] 齐藤,前揭。
[2] 齐藤,前揭,第194页。
[3] 齐藤,前揭,第221页。
[4] 齐藤,前揭,第227页。此外,齐藤:《共犯理论的研究》(昭和三十年);《共犯判例与共犯立法》(昭和三十四年)。
[5] 齐藤,前揭,第123页。
[6] 齐藤,前揭,第126页。

首先,构成要件必须是刑法各本条所规定的犯罪类型,即特别构成要件。在战后的德国,构成要件概念之所以被赋予了各种各样因人而异的内容,难道不就是因为脱离以实定法为基础的犯罪类型概念,因此丧失了构成要件的明确界限吗？构成要件必须从实定法上牢固的根据出发。因此,构成要件由决定各种犯罪的当罚性内容的所有实定法的要素构成。因此,无论是决定违法性的要素,还是决定责任的要素,只要是实定法所规定的,就都是构成要件的要素。构成要件从整体上划出了可罚性的轮廓,特别是表明了刑法上的规范违反性即违法性的界限,并且具体地设定了此罪与彼罪之间的区别。因此,构成要件无外乎就是犯罪类型。由于对于每个犯罪而言,犯罪类型仅包括特殊的要素,因此它不包括具有一般性质的要素,例如合法化事由等。所谓的社会相当性的观点,也只不过是在表明每个犯罪的特征这一限度内被包摄在犯罪类型之中的。

自不待言,既然构成要件存在,那么就要考虑构成要件符合性的判断。说明每个构成要件的内容、回答"怎样的行为是符合构成要件的行为呢",乃是抽象的一般问题,因此是刑法各论的任务;但是,"这一行为符合构成要件吗"这一判断,乃是与这一行为是违法的吗这一判断完全相同的具体的、个别的问题,因此已经不属于刑法各论的领域了。这个问题是:到底是将这一问题作为实践的问题而委诸法官,还是将之纳入刑法总论的领域之中呢？假设采取后一种做法,那么,不将构成要件符合性作为独立的犯罪要素,而是在犯罪论之中论述构成要件符合性的立场有两个:第一个立场是现在德国日益变得有力的消极构成要件要素理论;第二个立场是传统的违法类型论。

其中,对于消极构成要件理论,我想从如下三个理由来提出不同的意见。第一,消极构成要件要素论兴起的理由在于将关于合法化事由的事实前提的错误作为构成要件的错误来处理。但是,在没有德国刑法第59条那样的规定的日本,将故意的对象整理到"法定构成要件"这一概念中是没有必要的;相反,即使采用这一概念,也不能将关于合法化事由的事实前提的错误作为构成要件的错误(关于事实的错误),而是应当将之作为禁令的错误(关于违法性的错误)来处理。因此,依我个人之见,我认为没有必要从错误论的方向采取消极的构成要件要素论。第二,合法化事由具有一般的性质。因此,我认为合法化事由并不具备可以成为具有个别性、类型性的构成要件要素的资格。构成要件本来是承载着价值的,但这种价值仅限于类型化的价值这一范围,如果将关于可罚性的一般评价也包括在这种价值之中的话,那么,最终的结果是:所谓"犯罪",就是指构成要件以及符合构成要件的行为。这样一来,就变成了仅仅从构成要件这一个方面来定义犯罪概念了,毋宁说,这就背离了应当分析并且细分可罚性条件的刑法学任务。第三,在所谓的社会相当性与合法化事由之间,存在质的差异。对于每个刑法规范的探究,即对于各本条的解释而言不可或缺的社会相当性的观点,是构成要件的问题。例如,为了打招呼而拍别人肩膀的行为,虽然是对身体所实施的有形力,但并不构成刑法第208条的"暴行",这并不是因为打招呼是合法化事由,而是因为这种行为本来就不是刑法规范一般禁止的对象。与此相反,出于正当防卫而伤害他人的行为之所以被认为是合法的,并不是因为这种行为不是社会相当行为即刑法规范一般禁止的对象,而是因为这种行为虽然是刑法规范一般禁止的对象,但它并未充足禁止的个别条件。虽然也可以说正当防卫是社会相当行为,但它与上述狭义上的社会相当行为有着本质的区别。

　　从上述理由来看,我无法赞同消极构成要件要素理论。因此,最后剩下的是德国和日本的学者们所极力主张的违法类型论(或者违法、责任类型论)。这种见解在强调构成要件承载着违法评价、独立于违法评价就无法确定构成要件符合性这一点上,很值得听取的。大多数违法类型论者并未将构成要件符合性作为犯罪的独立要素,而是在违法论内部说明构成要件符合性,在这个意义上也是正确的。但是,在此必须意识到的是,在确定对于构成要件论的立场之后,非常重要的问题就被掩盖了。

　　问题是:犯罪论的课题是偏重于"所谓的犯罪是什么"这一观念上的犯罪本质论,还是将重点放在"这种态度是犯罪吗"这一实践性的犯罪认定论之上呢?齐藤教授之所以否定构成要件论,并停留在所谓的一般违法论的范围之内,可以说体现了试图将犯罪论的任务限定在前者的努力。在立足于这种立场之时，构成要件仅仅具有决定刑法上的违法性的范围的机能，构成要件符合性仅仅具有特殊地表现作为犯罪概念要素的违法性这种形式上的意义。但是，与此相反，如果将犯罪论的任务理解为"这种态度是犯罪吗"这一实践的判断，那么判断的对象仅仅是个别化的，仅仅说明一般的违法性并不充分，必须将特殊的违法性即构成要件符合性作为重要的犯罪要素。构成要件论进一步服务于这种实践的犯罪论，从如下历史事实中已经可以清楚地看到这一点：构成要件论是以新康德学派的认识论——严格区分实然与应然，要求实然符合应然这一实践的认识活动的认识论——作为方法论上的基础而兴起的。

将重点放在这两种关于犯罪论的观点中的哪一个呢？这最终是体系上的问题。论述其是否恰当，是没有什么实际意义的。不过，在观点的选择上，有必要充分意识到的是：在构成要件论的发源地——德国，学者们是如何从多种意义上理解构成要件概念的；以及围绕构成要件概念，学者们又是如何展开混沌的争论的。在说明这些争论的概况的基础上，本文的意图在于从现在的眼光来确立齐藤教授的犯罪论——一个可以避开无用的争论的体系——的基础。

第二章 构成要件的价值性特征

第一节 绪 论

回顾构成要件的发源地——德国学说的发展过程,就会发现:在此所表现出来的并不是构成要件论发展的历史,而是构成要件崩溃的历史。对于这一点,不止我一人,恐怕其他人也会有同感。

本来作为价值无涉的概念来把握的构成要件概念,包含着越来越多的价值,更多地包含着主观性和规范性这两种要素。因此,本来被认为具有独立于违法性之机能的构成要件,与违法性的关系也越来越紧密,最终埋没在违法性之中,在考察这一段历史之时,已经无法看到构成要件光辉繁荣的景象了。使构成要件概念内容丰富起来的,就是从构成要件论的繁荣、发展中所体现出来的;但是,其发展的结果表现出来的是由于内容过于丰富、包含了太多的价值,反而使构成要件埋没在价值中,变得没有什么内容,从而便失去了其本身固有的机能。必须注意的是,构成要件论发展的历史实际上也正是构成要件论崩溃的历史。

在德国留学期间,我追溯了德国构成要件的历史,撰写了题为《犯罪论中定型思考的界限》的论文。[1] 在我看来,构成要件论的这种发展过程实际上来源于构成要件概念本身内在的价值性特征。在这一问题上,我强烈地感到宿命的作用。因此,在本文中,在继续上述研究的基础上,我想以日本现阶段的构成要件论为对象,特别关注构成要件符合性与违法性的关系;与此同时,说明构成要件的价值特征。如果构成要件论的发展就意味着其崩溃的

---

[1] 拙文:《犯罪论中定型思考的界限》(昭和三十八年),载齐藤先生六十寿辰纪念:《现代的共犯理论》,第159页以下。

话,我们就必须重新创建刑法学方法论。本文将通过对现阶段的构成要件论的分析,以获得某种启示。

第二节 构成要件的描述性要素与规范性要素

构成要件一般分为由描述性要素组成的构成要件与由规范性要素组成的构成要件。[1] 就由描述性要素组成的构成要件而言,其符合性固然可以独立于违法性加以确定;但是,对于包含规范性要素的构成要件而言,其符合性如果不借助违法判断的话,就无法确定。[2] 而且,在构成要件论发展的初期,一般认为构成要件完全只是由描述性要素组成,正因为如此,承认构成要件符合性具有独立于违法性而作为固有的犯罪要素的地位,就是理所当然的事情。但是,由于后来人们发现了包含规范性要素的构成要件,构成要件符合性开始趋近于违法性,最终人们认识到包含规范性要素的构成要件不是例外,从而展开了违法类型论。[3]

现在,构成要件包含规范性要素这一点已经得到了普遍承认。虽然对于侵入住宅罪和非法逮捕、监禁等罪中的"无故"、"不法"这些要件的性质仍存在争论,但是,学说上基本一致的看法是,这并不意味着它们是一般的违法阻却事由,而是具有对于社会生活中经常发生的此类行为,从最初就在类型上进行可罚性限定的注意性特征。因此,在侵入住宅罪和非法逮捕、监禁罪的场合,仅仅在外形上有侵入住宅或者逮捕、监禁的行为,构成要件的符合性和违

---

[1] 例如,团藤:《刑法纲要总论》(昭和三十二年);大塚:《刑法概说(总论)》(昭和三十八年),第96页;吉川:《刑法总论》(昭和三十八年),第84页。此外,木村:《刑法总论》(昭和三十四年),第141页分为认识性要素与意思性要素,我认为其旨趣与此相同。

[2] 我认为,韦尔策尔区分为封闭的构成要件(geschlossene Tatbestände)与开放的构成要件(offene Tatbestände)(Welzel, Das deutsche Strafrecht, 8. Aufl., 1963, S. 75.),大致具有与此相同的旨趣。

[3] 关于上面的经过,参照拙文:《犯罪论中定型思考的界限》(昭和三十八年),载齐藤先生六十寿辰纪念:《现代的共犯理论》,第159页以下。

法性均无法确定,只有在"无正当理由"[1]侵入或者非法逮捕、监禁他人的场合,才能够加以确定。但是,自不待言,这里的"无故"、"不法"要素,是在外部不可能决定的评价性要素,即规范性构成要件要素。

此外,从"凌虐"、"贿赂"、"健康"、"不敬"、"猥亵"、"名誉"、"侮辱"、"秘密"、"妨害业务"、"导致危险"等构成要件要素来看,的确,一般可以分别给它们下一定的定义,但是,具体判定某种事实是否符合该种行为,并不是仅仅根据事实认识就能一概决定的。也就是说,在这些情况下,构成要件的符合性必须斟酌四周的情况、被害者的理解方式、行为人的意图等,参照当时一般国民的感情,个别地、具体地决定。换言之,在作出"这一行为大体上是否为刑法所禁止"这种一般的违法性判断以前,大体上是不能确定构成要件符合性的。

那么,就不包含上述规范性要素的构成要件而言,在作出违法性判断以前,就可以确定符合性吗？回答是否定的。诚然,在描述性要素的场合,如果对其解释可以确定的话,那么之后可以通过单纯的事实认识来确定构成要件符合性。在这一点上,还是可以将其与规范性要素进行概念上的区分。但是,实际上,即使对于被认为是描述性要素的构成要件要素,在大多数情况下,也不能够脱离违法判断来确定构成要件符合性。

第一,所谓社会相当行为的场合。例如,现阶段出现了对于死刑执行人执行死刑(杀人)、拳击和相扑(暴力行为)、作为劳动纠纷行为的罢工(强力妨害业务)等场合,否定构成要件符合性的努力。这是因为,过去采用的是虽然符合构成要件但是违法性被阻却这种逻辑过程,相比而言,不如直截了当地认为不具备构成要件符合性,这种观点会更加符合自然的感觉,而且也具有实质的理由。[2] 但是,为了推导出这种结论,构成要件符合性只有经过行为的社会相当性,即违法性的判断来加以确定。但是,由于合法性判断是违

---

[1] 在侵入住宅罪的场合,违反居住权人的意思的场合即属于此,并且仅限于此。

[2] 关于这一点,参照后文。

法性判断的反面,因此,在这种场合,构成要件符合性也必须以违法性判断为前提。

第二,不作为犯的场合。虽然成立不作为犯必须违反特定的作为义务,但是,正如历来所认为的那样,违反作为义务只是违法性的问题,而且它是不作为犯构成要件符合性的前提。在母亲不给孩子喂奶而致使孩子饿死的场合,如果没有预定母亲对孩子基于监护义务的作为义务,就不能确定是否"杀了人"。这样,即使就仅仅由描述性要素构成的犯罪而言,在该犯罪通过不作为来实施的场合,如果不经过违法判断,其构成要件符合性也仍然无法确定。[1]

如上所述,仅仅由描述性要素构成的构成性要件,在社会相当行为以及不作为犯的场合,只有经过违法判断之后方才可以确定构成要件符合性。关于这一点,我想在后文加以详细论述。

但是,即使不考虑这种社会相当行为和不作为犯的场合,关于这一点也仍存在问题。例如,对于颠覆车船罪中的火车、电车等,通常可以解释为描述性要素,那么,是否果真可以将该构成要件所说的火车、电车限定在日常用语的含义之上呢?或者,是否可以将其解释为包括汽油车和缆车呢?或者,是否应当通过限制性列举的方式来描述颠覆车船罪的行为客体呢?或者,首先通过列举的方式来描述,然后将汽油车、缆车也附加到其中呢?在这个问题上,判例认为,第129条的汽车包括汽油车。[2] 这样,汽油车是否包含在"汽车"另当别论,学说在将汽油车视为第129条的行为客体这一点上也是支持判例的。当然,这是一种允许类推解释的立场。[3] 一般而言,仅仅禁止类推解释或者对被告人不利的类推解释,这与仅仅容许扩张解释的见解[4]大体上如出一辙。但是,汽油车只是在动力这一点上与火车、电车的概念不同,就其是在轨道上行驶、一次可以运送很多乘客的厢型运输工具这一点而言,具有

---

[1] 关于这一点,参照后文。
[2] 昭和十五年8月22日大审院第二刑事部判决(大审刑集第19卷第540页)。
[3] 江家:《刑法》(总论)(昭和三十年),第69页;植松:《刑法概论》(昭和三十一年),第8页以下,第84页以下。
[4] 团藤,前揭书,第41页;木村,前揭书,第26页;大塚,前揭书,第58页。

与火车、电车同样的性质,其社会机能也极其相似。因此,在制定刑法之时,如果存在汽油车的话,立法者当然会在第129条中加以规定,可以说,这种观点完全是理所当然的。如果这样考虑的话,描述性构成要件要素也不能由法官通过统一的解释整齐划一地加以确定,而是含有根据社会生活的变迁加以扩张解释的余地。因此,这种场合的"定型",不是从文理来理解的观念形象,而必须将其视为可以根据解释加以扩张,或者将来可以加以扩张的灵活的观念形象。

相反,也存在这样的场合,即对"定型"的解释比文理解释更为缩小的观念形象。例如,《国家公务员法》、《地方公务员法》禁止公务员实施罢工行为、业务懈怠行为(《国家公务员法》第98条第2款、《地方公务员法》第37条第1款),但是缺少与之相应的处罚规定,而只是对共谋的罢工行为、懈怠行为、教唆、煽动,或者企图(教唆、煽动)行为等加以处罚(《国家公务员法》第98条第2款)。假如脱离这些处罚规定可以解释的话,就完全变成了原封不动地适用那些关于构成要件要素的一般刑法学用语了。但是,如果从与宪法和公务员法整体的关系上来考察这些处罚规定的话,很明显这是不被允许的。不过,在公务员和公共企业体职员实施罢工行为、业务懈怠行为的场合,通常是首先在各种职业场所召开集会,然后根据集会的决定召开临时代表大会,根据其决议(多数表决)实施罢工行为。如果按照通常的用语来理解"共谋"、"企图"等概念,尽管这些代表的行动要受到各种集会决议的约束,但是罢工行为、业务懈怠行为的刑事责任大概就应当涉及到全体代表,至少涉及到投赞成票的全部人员。此外,如果按照通常对"煽动"概念的理解[1],通常属于该机关的干部按照机关的决定而实施的指令、传达、劝说、怂恿等行为,就应当全都与之相符合。[2] 这种解释,

---

[1] 关于这一点,具有指导性的判例是昭和37年2月21日最高裁大法庭判决(最高刑集第16卷第2号第107页)。该判决指出:"所谓煽动,是指以实行该条款中任何一项为目的,通过文书、图画或者言语等方式,使他人产生实行该种行为的决意,或者助长了已经产生的决意。"(第113页)

[2] 关于上述情况,参照野村平尔:《工会运动与教唆、煽动、共谋等》(昭和四十年),载《法律时报》第37卷,第2号,第50页。

将公务员的罢工行为、业务懈怠行为排除在处罚之外,因此与公务员法的精神不相符合。在下级审的判决中,有的从正面认为公务员法中的这些处罚规定违宪〔1〕;也有一些下级审的判决虽然认为这些处罚规定大致上是合宪的,但也将其适用限定在狭窄的范围之内。〔2〕正如从这些下级审判例的努力中所明白的那样,公务员法中的"共谋"、"教唆"、"煽动"、"企图"等,至少比不受处罚的罢工行为、业务懈怠行为,在道义违反程度上要高,但是,必须将之限定在诸如"作为罢工行为主体的团体职员以外的人煽动实施罢工行为的场合"、"职员不遵从职员团体的决定或者偏离团体的决定,煽动实施罢工行为的场合"或者"职员实施超过通常伴随着罢工行为所实施之行为的过激的煽动行为的场合"〔3〕。因此,例如,对于是否属于煽动行为这样的构成要件符合性的判断,必须从宪法的精神出发,在与整个法秩序的关联中,判断是否符合公务员法禁止的煽动行为。

如上所述,对于仅仅由描述性要素构成、其构成要件符合性被认为完全可以独立于违法性而加以确定的犯罪而言,意外的是,事情并没有如此发展,最终,在许多场合下,如果不经过该行为是否本来就是刑法所禁止的行为这一违法性判断,就不能决定构成要件符合性。从这一观点来看,虽然可以在概念上区分描述性要素与规范性要素,但是,在判断构成要件符合性这一点上,两者几乎没有差异。在任何情况下,都有必要进行评价性的违法性判断。

第三节 社会相当行为与构成要件符合性

1. 上述问题,通过最近的所谓"社会相当行为"的类型加以说

---

〔1〕 例如,昭和三十九年3月30日大阪地裁第三刑事部判决(载《劳动法律旬报》,第528号增刊)。
〔2〕 例如,昭和三十七年4月18日东京地裁第四刑事部判决(载《判例时报》第304号,第4页);昭和三十八年4月19日东京地裁第二刑事部判决(载《判例时报》第338号,第8页)。
〔3〕 前揭昭和三十七年4月18日东京地裁第四刑事部判决(载《判例时报》第304号,第16页)。

明可以更加明确,即在以前的构成要件论中,一方面从法益的侵害或者威胁中来寻求违法性的本质;另一方面,由于构成要件是作为违法类型来把握的,因此可以认为构成要件的本质就只是侵害法益或者威胁法益的行为类型。[1] 也就是说,所谓结果无价值在赋予违法性以特征的同时,也决定了构成要件的性质特征。与之相反,最近,关于违法性,开始重视所谓的"行为无价值"方面,其结果是,违法性并不只是指法益的侵害或者威胁,毋宁说要从行为本身违反社会伦理这一点上来寻求违法性。[2] 因此,与其说作为违法类型的构成要件是侵害法益或者威胁法益的行为类型,毋宁说是社会伦理所不允许的态度类型。其结果是,即使具有法益侵害或者威胁,从社会伦理的观点来看,刑法上所允许的行为本来就被排除在构成要件符合性之外,从而将之与虽然符合构成要件符合性但其违法性被阻却这样符合一般的违法阻却事由的行为区别开来。这样,即使具有法益的侵害或者威胁,从社会伦理的观点来看是在刑法上所允许的行为,就是"社会相当行为"[3]。

但是,无论如何,即使从以前的观点来看,这样的社会相当行为也不存在违法性。因此,即使像以前那样,认为在暂时承认构成要件符合性的基础上阻却了被推定的违法性,或者像最近的学说

---

[1] 标准的见解,参照 Mezger, Strafrecht, ein Lehrbuch, 3. Aufl., 1948, S.162ff. 在日本,参照泷川幸辰:《改订犯罪论序说》(昭和二十七年),第 80 页。

[2] 标准的见解,参照 Welzel, Das deutsche Strafrecht, 8. 1963, S.54ff. 在日本,不仅主张目的行为论的平场教授、福田教授、木村教授,而且主张构成要件论的团藤教授、大塚教授、藤木副教授也具有同样的倾向。

[3] 社会相当行为,或者说社会相当性的概念是由韦尔策尔倡导的。参照 Welzel, Studien zum System des Strafrecht, ZStW Bd. 58, 1938, S. 517. 详见 Schaffastein, Soziale Adäquanz und Tatbestandslehre, 1960, ZStW 72, S. 369ff.; Klug, Sozialkongruenz und Sozialadäquanz im Strafrechtssystem, 1961, Festschrift für E. Schmidt, S. 249ff; Hirsch, Sozial Adäquanz und Unrechtslehre, 1962, ZStW 74, S.78ff. 关于德国这一理论的现状,参照 Hirsch, a. a. O, S.78 Anm5. 日本的文献,参照藤木:《社会相当行为杂考》(昭和三十二年),载《警察研究》第 28 卷,第 1 号,第 44 页以下;《论"社会相当行为"理论对劳动刑法的适用》(昭和三十五年),载《警察研究》第 31 卷,第 1 号,第 25 页以下;福田:《社会相当性》(昭和三十八年),载《刑法讲座》第 2 卷,第 106 页以下。

所认为的那样,构成要件符合性本身就不存在,可以说结论本身并没有什么变化。因此,乍一看,这种争论可以归结为违法性的本质是结果无价值还是行为无价值的差异,但是,应当看到,这是没有实际意义的争论。但是,这种理论构成——认为例如在拳击中的殴击行为以及打击父亲肩膀的行为符合暴行罪的构成要件,医师的外科手术符合伤害罪的构成要件,移转墓地则符合发掘坟墓罪的构成要件,可以推定其违法性,但由于违法阻却事由而阻却了违法性,如前所述,并不合乎自然的感觉。此外,由于可以承认诸如警察逮捕犯人、搜查证据以及死刑执行人执行死刑这些依法令的合法行为的构成要件符合性,因此可以暂时推定其违法性,但是这在理论上也是无法解释的。更有甚者,劳资纠纷,特别是像罢工这样在宪法上作为权利行为加以保护的行为,只要不超出正当性的范围,自不待言,在刑法上应当是合法的;但是,作为得出这一结论的过程,认为罢工行为符合构成要件,因此推定其具有违法性,但是根据《工会法》第1条第2款和《刑法》第35条,其所推定的违法性被阻却,这种看法仍然是不适当的。这是因为:(1)即使从形式逻辑上来看,宪法所保障的权利行为也不具有刑法上"推定的违法性"的特征;(2)从实质上来看,尽管就罢工行为这种从特殊的社会法原理推导出的现象而言,本来不能与通常市民法原理可能支配的现象一样进行可罚性判断,但是,如果承认上述思维过程的话,就很容易导致以下理论构成,即如果在罢工行为的情况下,存在例如与暴力团妨害业务和侮辱、暴力等程度相同的行为的话,就会被作为超出了正当性范围的行为而被打上违法性的烙印。

2. 正如以上考察的那样,即使存在法益的侵害或者威胁,关于从社会伦理的观点来看在刑法上所容许的行为,在论及违法阻却之前就否定构成要件符合性的见解,不仅在学说史或理论体系上具有意义,而且在某种程度上具有实际意义。在日本首先有意识地提出这一问题的恐怕是江家博士。作为犯罪论体系上的问题,江家博士采取了如下理论结构,即将违法性置于构成要件符合性之前,其结果是,常态的合法行为(今天的社会相当行为)在违法性阶段就已经从犯罪概念中排除出去了,没有讨论构成要件符合性的余地。[1] 但是,将违法性置于构成要件符合性之前的理由,在其学说上并非十分明确,而且其体系结构也让人感到有些唐突,因此当时几乎没有人采纳这一理论。

与以行为无价值为本体的人格违法论相结合的社会相当行为概念登上历史舞台,始于韦尔策尔的目的行为论被介绍到日本。韦尔策尔的早期观点认为,社会相当行为不包含在构成要件之中。[2] 之后[3],他修改了自己的学说,认为社会相当性是习惯法上的正当化事由,社会相当行为符合构成要件,但是不需要一般的违法阻却事由即可以认为其合法。[4]

这样,受韦尔策尔学说的影响,在日本也有学者探讨了社会相当行为的体系地位。第一种立场是平场教授[5]和藤木副教授[6]所承认的构成要件符合性阻却说。但是,藤木副教授预先设定了社会相当行为定型,符合定型的行为被推定为合法性,不发生构成要件符合性的问题,通过这一思维过程得出了这一结论。第二种见解是团藤教授[7]的见解,认为社会相当行为虽然具有构成要件符合性,但是因其社会相当性之故,从而丧失了推定违法性的机能。第三种观点是福田教授承认的观点[8],认为社会相当性既不是一律阻却构成要件符合性,也不属于违法阻却事由,但这种思想是违法阻却的整理原理,同时也具有构成要件解释上的机能。

3. 那么,应当如何考虑社会相当行为呢? 在将构成要件作为违法类型来把握的场合,即使将正当防卫、紧急避险这些几乎是所

---

[1] 江家:《刑法》(总论)(昭和三十年),第94页以下。
[2] Welzel, a. a. O. S. 514ff; Ders., Der allgemeine Teildes deutschen Strafrechts in seinen Grundzügen, 3. Aufl. 1994, S. 50f.
[3] 这种学说上的改变,是通过他对于构成要件概念的理解的变化来实现的。也就是说,他以前认为构成要件是违法类型,之后则转向了将构成要件作为一种行为类型来把握的见解,并将构成要件从违法性中分离出来,将禁止的态度解释为对象地描述的概念。
[4] Welzel, Das deutsche Strafrecht, 4. Aufl., 1954, S. 62; 8. Aulf., 1963, S. 76.
[5] 平场:《刑法总论讲义》(昭和二十七年),第74页。
[6] 藤木,前揭《社会相当行为杂考》(昭和二十七年),第58页。
[7] 团藤:《刑法纲要总论》,第141页。
[8] 福田,前揭书,第114页以下。

有犯罪共通的违法阻却事由排除在构成要件之外是理所当然的,也必须将正是在"定型"上决定每个犯罪的违法性的标志视为全部属于全部构成要件。[1] 关于这一点,可以提供参考的是前面提到的侵入住宅和非法逮捕、监禁的构成要件中的"无故"、"不法"等要素。虽然对于这些要素的性质还存在争论,但是,即使正如通说解释的那样,如前所述,应当认为它仅表示侵入住宅和逮捕、监禁等各自特有的正当化事由,而不包含所有犯罪中共通的违法阻却事由,例如可以构成正当防卫、紧急避险的情形等。应当说这些在分则上是当然的特征。但是,应当认为决定每个犯罪的违法性的特殊正当化事由仅存在于包含"无故"、"不法"等要素的构成要件中,而不存在于其他构成要件中吗?为了使之具有违法"暴行"的特征,即使必须从广义上作出对人的身体进行"有形力"这样的定义,将这种"有形力"全部视为符合构成要件的行为,也是违反自然感情的。例如,敲打老母亲的肩膀,与友人进行相扑的场合,有谁会想到刑法第280条呢?正是将这些行为排除在构成要件之外这一点,将构成要件作为违法类型来把握的见解才在学说史上具有重要意义。一方面将构成要件作为违法类型,另一方面主张将社会相当行为从通常具有违法阻却事由的场合中区分出来,同时将社会相当行为包含在构成要件中,只是不具有违法性推定机能的见解,在这种意义上是不妥当的。应当认为,在社会相当行为从一开始就不包含在构成要件之中这个意义上,它是合法的。

但是,在推导出社会相当行为不具有构成要件符合性的结论时,正如藤木副教授所主张的那样,由于社会相当行为符合一定的行为定型(社会相当行为类型),因此推定其具有合法性,结果丧失

---

[1] 福田教授对于不将社会相当行为包括在构成要件的观点进行了深刻地批判,认为"承认构成要件的保障机能,从罪刑法定主义法治国的立场来看,存在很大的疑问"(前揭书,第114页),最终认为"作为违法行为类型的构成要件不是社会相当行为的行为类型","应当说定型的、社会的相当行为阻却了构成要件符合性"(前揭书,第120页)。这难道不是在实质上对自己批判过的理论构成进行了实质性的肯定吗?我认为,这种迂回一方面在构成要件体系的意义方面采取了与韦尔策尔不同的违法类型论,同时又发展了与韦尔策尔相同的社会相当性的理论构成。

了构成要件符合性——是否有必要经过这样一个思维过程,是有必要加以研究的。就这一点,对藤木说提出的第一个疑问是,所谓的"社会相当行为的行为定型"本来是否存在？首先,如果以社会伦理所允许的一般行为为对象的话,这种定型就必须包括社会生活中所有的合法行为。但是,这种合法行为一般几乎均具有无限相近的种类和样态,应当说未必是类型化的东西。其次,如果它们虽然是侵害法益或者有侵害法益可能的行为,但是属于为社会伦理所容许的类型,那么尽管这种行为的范围是相当有限的,然而进行类型化仍然十分困难。例如,在并非"无故"、"不法"地实施侵入住宅、逮捕和监禁、泄露秘密等行为的场合,虽然可以将这些行为视为社会相当行为,但是,如果考虑一下是否有可能将这些情况全部包罗进来加以定型化的话,上述问题就十分明确了。

第二,即使社会相当行为的类型化完全像违法阻却事由那样是可能的,那么为什么它是构成要件解释问题,即为什么不属于刑法各论的问题,却属于总论体系上的问题呢？这一点并不十分明确。如果将构成要件解释为违法类型,同时将违法性解释为社会非相当性,那么,社会相当行为不包含在构成要件中,本来就是理所当然的,从每个构成要件的解释中就可以明白这一点。而且,这是刑法各论的任务,作为刑法总论的问题,不承认社会相当行为的构成要件符合性,就仅仅具有引起注意的意义,而几乎不具有体系上的意义。何况,如果说几乎所有的社会相当行为都是从通常的感觉而言当然具有违法性,而且毫无疑问具有构成要件符合性的日常行为,那么,"符合社会相当行为定型的行为被推定为具有合法性"的思维,就会逐渐失去体系上的意义。

4. 综上所述,不应当承认所谓社会相当行为的构成要件符合性,因此,也不能将之解释为确定构成要件符合性之后的一种违法阻却事由。此外,也不能认为社会相当行为具有构成要件符合性但丧失了违法推定机能。进而言之,不必经过"因为符合社会相当行为类型所以是合法的"这种体系性逻辑认识过程,仅仅从构成要件的解释就可以否定该行为的符合性。这样的话,构成要件的价值性特征就越来越清晰了。

第四节　不作为犯与构成要件符合性

1. 构成要件符合性与违法性的关系所涉及的另一个问题是不作为犯。在不作为犯的场合，身体运动本身并不被认为是刑法上的违法，而不实施一定的身体运动则被认为是违法。因此，在判定某种态度是否违法时，较之仅仅分析身体运动的状态即为已足的作为犯而言，不作为犯的判断更为困难。

在确定不作为犯的违法性时，首先必须确定行为人是否产生了刑法上的作为义务。在所谓纯正不作为犯的场合，由于该构成要件预定了作为义务，因此是否确定作为义务产生与否是比较简单的。与之相反，在所谓不纯正不作为犯的场合，由于法律对作为义务的内容、范围等完全没有规定，因此，确定行为人是否产生了刑法上的作为义务是很不容易的。通常，这种义务是基于法令法律行为、事务管理、公序良俗而产生的。其中，特别是就基于公序良俗的刑法上的作为义务，过去曾经有学者尝试进行某种程度的类型化[1]，对此暂且不表。无论如何，刑法上的作为义务是道义上的作为义务中具有刑罚强制性的义务，两者在同一水平线上互相重复，只不过其范围不同而已。而且，这种范围上的差异最终不得不委诸于道义的价值判断，即违反义务的人的反道义性是否值得科处刑罚。

这样，刑法上作为义务的产生根据不是唯一的，并且，其产生条件也不是整齐划一的。例如，在父母怀着杀意对溺水的孩子放任不管的场合，即使根据《民法》第820条（亲权人具有应当监护、教育的权利和义务），毫无疑问，该父母产生了"应当救助"的作为义务，但是，在何种条件下产生这种作为义务，仍然是不明确的。关于这一点，应当考虑的第一个条件是，结果发生的危险是否迫切，或者，如果没有行为人的行为，就有发生结果的危险。就前例而言，孩子溺水，如果放任不管就会溺死的危险必须是迫切的。第

---

[1] 例如，江家：《不作为犯》（昭和二十七年），载《刑事法讲座》第1卷，第167页以下。

二个条件是,如果有作为义务人的作为,就可以防止结果发生的危险。就前例而言,如果父母救助的话,必须是可以避免溺死发生的情况。[1] 第三个条件是,对于不作为而言,必须存在反规范的心理态度,即必须有故意或者过失。在这种场合,是否承认过失不作为犯;而且,就故意犯而言,是否超越单纯故意的"利用已经发生之危险的意思"[2]这种主观的违法要素是否必要,对此还存在争议。[3] 总之,只要不作为犯也是犯罪,至少无过失的不作为就可以排除在可罚性之外。

如上所述,为了确定某个特定人是否产生了作为义务,有必要建立双重评价:第一,不是一般道义上的作为义务,而完全是刑法上的作为义务,即是对于是否发生了值得用刑罚加以惩罚这样的重大程度的作为义务的评价;第二,是对于各种场合下的特定人是否产生作为义务的评价。上述两种评价均为刑法上的命令规范是否为针对行为人的评价,即在行为人不实施作为命令之内容的作为的情况下,将其态度视为规范违反的评价,换言之,它无外乎是违法判断。由此也可以看出,作为义务违反是违法性的问题。

2. 当然,像上面那样,"违反作为义务的态度"的实质就是没有实施构成作为义务之内容的作为的"不作为"。但是,过去一般认为这样的作为义务违反是违法性的问题,只有不作为是构成要件符合性的问题。[4] 然而,最近一般认为作为义务违反也是构成要件符合性的问题。[5] 当然,在判断某个不作为是否符合"杀"这

---

[1] 在这种场合,标准就是一般人的能力,行为人个人特殊的无能力,在"尽管可以实施作为,但却没有实施"这个意义上,成为责任的问题。

[2] 例如,关于不作为放火,大正七年12月18日第三刑事部判决(大审刑录第24辑第1558页)要求有"利用已点燃的火力的意思";昭和十三年3月11日第三刑事部判决(大审刑集第17卷第237页)要求有"利用已点燃的危险的意思";昭和三十三年9月9日第三小法庭判决(最高刑集第12卷第13号第2882页)要求有"容认已点燃的火力烧毁上述建筑物的意思"。

[3] 《修改刑法准备草案》第11条规定,对于不作为犯的成立,要求具备"故意"这一要件,进一步明确了需要具备这种主观性违法要素。

[4] Beling, Die Lehre vom Verbrechen, 1906, S.163ff.; M. E. Mayer, Der allgemeine Teil des deutschen Strafrechts, 1923, S.199f.

[5] 参见后文。

样的构成要件时,必须确定其不只是违反了一般道义上的作为义务,而是是否违反了刑法上的作为义务的不作为。毋宁说,如果没有预定作为义务的话,原本就不能决定某一态度是否符合构成要件。这是因为,所谓不作为,是指不符合某种身体运动标准的态度。在刑法上的不作为中,被作为标准的身体运动就是以作为义务为内容的作为。

但是,这种作为义务违反成为构成要件符合性的问题之后,对于过去的构成要件论,即构成要件符合性的判断在逻辑上先行于违法性判断的见解而言,就产生了体系上的不吻合。构成要件论是如何回避这一点的呢?

第一种观点是,将具有作为义务的人视为一种构成要件的身份,首先将作为义务作为应当保证不实现犯罪的义务来把握,认为负有此等义务的人在构成要件上具有保证人的地位。[1] 但是,即使按照这种观点,保证人的地位也并不是绝对明确的,它仍然是应当根据法官的违法评价加以确定的不成文的规范性构成要件要素,这一点并没有发生改变。尽管如此,在不作为犯的场合,在逻辑上使构成要件符合性的判断先行于违法性的判断,大概也是没有意义的。

第二种观点是,仅在不作为犯的场合例外地使违法性的判断先行于构成要件符合性的判断。在日本,团藤教授采取这种观点。[2] 对于不作为犯而言,这种体系虽然确实可以推导出妥当的结论,但是如果详细分析一下的话,不得不说只能限定在不作为犯的场合。如后所述,在过失犯违反注意义务的场合也是如此。进而言之,在所谓社会相当行为的场合,以及在其他规范性构成要件要素成为问题的所有犯罪的场合,可以明确的是,违法性都必须在逻辑上先行于构成要件符合性才能得以确定。因此,承认不作为犯这种例外,并不意味着构成要件符合性、违法性、责任等整个体

---

[1] Nagler, Die Problematik der Begehung durch Unterlassung, Gerichtssaal Bd. 111, 1938, S. 51ff; Welzel, Das deutsche Strafrecht, 8. Aufl., S. 184ff. 在日本,采取这种见解的有木村:《刑法总论》,第196页;大塚:《刑法概说》(总论),第127页以下等。

[2] 团藤:《刑法纲要总论》,第99页。

系构成的破产。

3. 我认为,对于刑法上的行为由作为和不作为构成这一事实,几乎不存在任何异议。[1] 另一方面,各个构成要件描述一定的行为,自不待言,其中包含着作为与不作为两方面。不过,由于存在于构成要件背后的某一规范有禁令与命令之分,因此只会发生构成要件原则上预定的行为样态是作为还是不作为的差异,即使在这种场合,也不能排除以作为方式违反命令、以不作为方式违反禁令的情形。特别是以禁令为内容的构成要件,不仅可以由正面违反禁令的作为来实现,也可以通过违反特定命令而违反该当禁令的不作为来实现。本来,杀人的构成要件不仅预定了用刀子刺杀胸部这种作为,也预定了不给婴儿喂奶这种不作为。

但是,为了承认不作为的构成要件符合性,如前所述,行为人必须产生区别于一般道义上的作为义务的刑法上的作为义务,而且,必须认定行为人有违反义务的事实。在这里,构成要件符合性就是违法性,即使后者在逻辑上和时间上先行于前者,也不能说前者先行于后者。这是因为,也预定了不作为的所有构成要件在这个限度内具有价值的性质,这意味着它们预定了解释者的价值判断。

第五节 过失犯与构成要件符合性

1. 关于构成要件符合性与违法性的关联,最后成为问题的是过失犯。如前所述,在仅仅从结果无价值这一点,即法益侵害或者威胁之中寻求违法性本质的时代,一般认为,对于结果引起的心理态度是责任问题,与违法的判断没有关系。因此,在这一时期,过失犯的构成要件是根据被害法益的种类来划分的,一般认为,构成要件符合性在逻辑上独立于违法性,而且可以在对违法性进行判

---

[1] 从这一点可以看出,行为的概念不只是物理的、因果的东西。根据我个人的见解,两者的区别是行为在社会意义上的区别,这种区别在刑法的价值判断以前就已经存在于社会生活之中了。我关于社会行为概念的观点,容等另外撰文予以展开。

断之前加以确定。

但是,如果彻底贯彻通过构成要件来使犯罪个别化的话,那么过失致死罪的构成要件一方面必须与故意杀人罪,另一方面必须与过失伤害罪区别开来。关于与后者的关系,由于被侵害的法益种类不同,可以认为属于各自不同的构成要件;但在与前者的关系上,由于被侵害的法益是同一的,就必须明确与故意的杀人不同的过失致死的构成要件特征何在。于是,我自己认识到,两者的区别首先在于是因故意导致了死亡结果还是因过失导致了死亡后果,因此就开始强烈地主张故意、过失不是责任的问题,而是应当在构成要件符合性的判断之际就应当加以考虑的问题。

但是,如果故意、过失就这样成为构成要件要素的话,只要将构成要件解释为违法类型,故意、过失就必然会影响到违法性的本质。换言之,即使从形式上进行考察,例如既然故意杀人与过失致死在构成要件上有所不同,不得不说两者就是性质不同的独立的违法行为,因此,作为区分两者之标志的故意、过失,就成为决定违法性的要素。而且,即使对过失犯进行实质性考察,也会得出同样的结论。换言之,所谓过失,过去一般认为由客观的注意义务违反和主观的注意能力构成。其中,主观的注意能力是在"能够预见结果"但是没有预见这个意义上的非难可能性要素,因而可以残留在责任的领域中。但是,由于客观的注意义务违反意味着"应当预见结果"但没有预见这样的无价值判断,这正好与不作为犯中的作为义务违反一样,乃是违法性的问题。这样,可以认为过失是与法益侵害并列的违法性要素。

但是,如果进一步分析的话,那么导致结果的不是行为人的故意、过失这种心理的态度,而是有故意、过失之时行为人的外部态度(行为)。如果说什么是刑法所禁止的东西的话,那就体现在因故意或者过失而引起法益侵害的态度。这样的话,违法性的本质并不只是法益侵害,也不在于法益侵害是由故意或过失所引起的,而在于因故意的态度或者过失的态度而导致的法益侵害。这样的话,即使就过失犯而言,也要重视行为的侧面,除了不应当引起结果却引起了结果这样的结果无价值以外,还包括不应当抱有引起结果的态度却因为疏忽而表现了这种态度这样的行为无价值,必须综合两者来决定违法性的本质。[1]

2. 以上是迄今为止学说发展的状况,当然,并非所有的学说都有这样的主张。但是,事实上,相当多有说服力的见解至少是在判断构成要件符合性以及违法性的时候考虑过失的有无问题的。[2] 从这种学说的现状出发来论述过失犯的构成要件的价值性特征,正是本节的目的。

首先应当探讨的是过失的实质。一直以来,学者们都是用不注意这个概念来说明过失的实质的。现在,一般进而以违反注意义务来把握过失。而且,最近,进一步分析注意义务的内容,区分结果预见义务与结果回避义务[3];或者,此外还区分"以预见为基础,为了回避结果而科处相当的、形成一定的作为或者不作为之动机的义务"[4]等。在这些构成注意义务内容的各种义务中,何者属于违法要素,何者属于责任要素,则存在争议。[5] 暂且不论其妥当与否,本文拟从过失的实质是违反注意义务这一点来加以论证。

第一个问题是,是否可以认为,过失犯中的注意义务违反与不作为犯中的作为义务违反在决定违法性这一点上具有相同的性质?一直以来,一般认为,不作为犯中的作为义务违反均被视为违

---

[1] 关于过失犯发展过程的简要介绍,参照拙文:《过失犯的动向》(昭和三十五年),载《综合法学》第18号,第49页以下。详见井上:《过失犯的构造》(昭和三十三年),特别是第50页以下;藤木:《过失犯的考察》(一)(昭和三十二年),载《法学协会杂志》第74卷,第1号,第1页以下。

[2] 不破:《论刑法上的过失》(昭和十八年),载宫本博士六十寿辰纪念文集:《现代刑法学的诸问题》,第181页以下;井上,前揭书;团藤:《刑法纲要总论》,第250页;木村:《过失犯的构造》(昭和三十年),载泷川先生六十寿辰纪念文集:《现代刑法学的课题》(下),第590页;《刑法总论》,第246页;平野:《关于过失的备忘录》(昭和二十八年),载《警察研究》第24卷,第3号,第27页;藤木,前揭书;大塚:《刑法概说》(总论),第113页以下等。

[3] 参照拙文:《过失犯的动向》(昭和三十五年),载《综合法学》第18号,第49页以下。详见井上:《过失犯的构造》(昭和三十三年),特别是第50页以下;藤木:《过失犯的考察》(一)(昭和三十二年),载《法学协会杂志》第74卷,第1号,第1页以下。

[4] 大塚:《刑法概说》(总论),第163页。

[5] 关于对争议的介绍,参照前揭拙文。

法性的问题,这个问题从违法性是就行为客观的外部侧面所作的无价值判断这一点上可以得到确认。[1] 总之,不作为犯中的作为义务是应当实施一定的身体运动的义务,因此是规制行为的外部侧面的义务。从这一立场出发,过失犯中的注意义务违反就不是违法性的问题,而是责任的问题了。这是因为,过失犯中的注意义务是预见结果发生的义务,因此,它不是规制行为的外部侧面而是规制行为人的内部侧面的义务。

但是,最近,客观的是违法、主观的是责任这种基准已经崩溃了。一般认为,违法性不仅仅是关于行为外部侧面的无价值判断,也包括关于行为人的内部侧面的无价值判断。因此,不仅狭义的主观性违法要素,而且故意和过失也被认为是违法要素。这样一来,违法性就意味着是对具备一定心理态度的情况下所表现出来的外部态度的无价值判断。因此,无论是不作为犯中的作为义务违反,还是过失犯中的注意义务违反,都是违法性的问题。这样,认为违反注意义务中的结果回避义务就是过失犯的违法性的见解就是理所当然的了。自不待言,违反结果预见义务或者违反形成作为或不作为之动机的义务是违法性的问题,这种见解也是妥当的。

作为义务违反与注意义务违反都决定违法性,这意味着,在体系上,在关于违法性的问题上,两者要受到同样的处理。但是,如前所述,团藤教授认为,就不作为犯而言,有必要在判断构成要件符合性之前进行违法性判断,表明作为义务违反的确定对于不作为犯的构成要件而言是理论前提。[2] 依我个人之见,前面提到的这种体系构成并不必要,因为至少从团藤教授的立场出发,对于过失犯也应当采取同样的体系构成。[3]

第二个问题是过失犯中构成要件符合性与违法性的关系。正如前面也曾提到的那样,如果立足于构成要件是违法类型的立场,

---

[1] 参照上文。
[2] 团藤:《刑法纲要总论》,第99页。
[3] 如前所述,实际上,不仅对于过失犯,而且对于构成要件符合性以违法性的判断为必要的所有构成要件,都必须采取这样的理论构成。

必须在构成要件上对故意杀人与过失致死加以区别,因此,作为区别两者之标志的故意和过失必须属于各自的构成要件。但是,另一方面,如前所述,构成过失之实质的注意义务违反是违法性的要素,因此,作为违法类型的构成要件当然要将过失包摄进来作为要素。结果,就得出了过失是构成要件要素,同时也是违法要素的结论。

3. 正如以上考察的那样,过失犯的构成要件完全包括过失即注意义务违反这样的规范性要素,为了确定构成要件符合性,无论是在逻辑上还是在时间上,都必须首先进行是否履行了注意义务这一违法性判断。由此也可以明白构成要件的价值性特征。

第六节 结 语

1. 可以将上述内容简单概括为下面的内容:(1) 通常,构成要件是由描述性要素和规范性要素构成的。对于包括规范性要素的构成要件而言,构成要件的符合性要等到违法性的判断之后才可以确定;但是,对于仅由描述性要素构成的构成要件而言,构成要件独立于并且先行于违法性来加以确定。但是,即使对于描述性要素来说,也常常潜在地存在着应当缩小解释或者扩张解释的要求,在这种场合,与规范性要素完全一样,不经过违法性的判断,就不能确定构成要件符合性。(2) 对于所谓的社会相当行为,因为否定构成要件符合性是妥当的,因此,构成要件符合性的判断是以违法性的判断为前提的。(3) 为了确定不作为犯,特别是不纯正不作为犯的构成要件符合性,有必要判断作为义务违反,即有必要判断违法性。(4) 同样,即使就过失犯而言,为了确定构成要件符合性,注意义务违反的判断即违法性的判断,也是必要的。

从以上考察可以明白的是,大多数构成要件符合性具有价值性特征。为了确定符合性,就有必要判断违法性。那么,在目前日本的构成要件论体系构成中如何评价这一结论呢?

2. 在与行为论对比的意义上,构成要件论的特征在于构成要件符合性是犯罪概念的第一要素[1]。因此,对于构成要件论而言,动摇这一基本体系结构就等同于自杀行为,就必然意味着构成要件理论的崩溃。而且,对于构成要件论而言,构成要件符合性这一犯罪要素,相对于其他犯罪要素而言,能够发挥独自的机能。这是因为,如果构成要件不具有独自的机能的话,较之于其他犯罪要素,特别是与违法性有表里关系的要素而言,在逻辑上,构成要件符合性未必先行于其他犯罪要素,特别是未必先行于违法性,进而言之,构成要件就不能说是犯罪概念的第一要素了。正是因为如此,这一理论的倡导者贝林将构成要件作为纯描述性的、无价值的东西来加以把握,认为其具有与违法性和责任完全独立的机能。M. E. 迈尔也承认构成要件符合性与违法性之间的某种关联,同时,将两者比喻成水与火的关系,前者是后者的认识根据,暂时捍卫了其独立地位。但是,正如从之后德国构成要件论的发展过程中也可以明白的那样[2],而且,正如从本文的分析也可以明白的那样,排除构成要件中的价值性特征是完全不可能的。构成要件符合性是否本来就是以违法性为前提呢? 如果不是这样,那么构成要件与违法性就一定是表里关系。

然而,这一认识恐怕在日本的构成要件论者中也已经得到了彻底贯彻。的确,日本的构成要件论一般可以归结为违法类型论,即将构成要件作为违法类型来把握的见解。我认为,对于构成要件概念的把握本身是正确的。但是,这样的话,难道不存在更应当受到批评的体系构成方法吗?

日本的构成要件论在采取前述违法类型论的同时,将犯罪概念分为构成要件(以及构成要件符合性)、违法性和责任三个要素。一般认为,符合构成要件的行为被推定为具有违法性,在存在特殊的违法阻却事由的场合,推定的违法性被阻却。问题就在于这一体系构成。

---

[1] 根据我个人的见解,这一体系构成本身就存在问题。我坚信,犯罪概念的第一要素必须是"行为"或者"态度"的概念。至于其理由,我想在其他论文中阐述。
[2] 参照拙文,前揭《犯罪论中定型思考的界限》。

3. 只要采取违法类型论,上述犯罪概念的三分说在任何意义上都是不妥当的。

首先,就作为犯罪概念第二要素的违法性而言,不仅要考虑到其消极的侧面(违法阻却事由),也要考虑其积极的侧面。一般认为,历来的构成要件论承认构成要件符合性这一犯罪要素具有独立于违法性的机能,因此,从这种理解来看,采取上面的立场是可能的。但是,正如本文所考察的那样,构成要件大多具有价值性特征,如果没有违法性判断,就无法确认其符合性。毋宁说,构成要件符合性与违法性是同一事物的两个侧面,违法类型论的意义即在于此。[1] 但是,如前所述,团藤教授认为,就不作为犯而言,应当例外地使违法性的判断先行于构成要件符合性的判断。这是因为,作为第二要素的违法性,不仅是消极地阻却违法性的要素,也包含着积极地构成违法性的要素。依我之见,如前所述,团藤教授只是对不作为犯的场合进行单独处理,我相信这意味着体系上的不协调。尽管可以将作为第二要素的违法性作为本来的积极的违法性来加以考虑,然而,使构成要件符合性独立于违法性,并使之在逻辑上先行于违法性,正如本文所详细论述的那样,恐怕不仅不

---

[1] 大塚(《刑法概说》(总论),第104页)在将构成要件作为违法(以及有责)行为的类型来把握的同时,将构成要件符合性限定在违法性以及责任的认识根据上,这与将之理解为实在根据的见解完全相反。构成要件符合性是违法性的认识根据,这表明违法判断回到了原点,从而可以暂时判断构成要件符合性,但是,这不正是否定了构成要件是违法类型的见解了吗?如果构成要件是违法类型,那么就正如梅茨格尔所指出的那样,构成要件符合性(在作出违法阻却事由不存在这种保留的基础上)必须是违法性本身。违法的行为被类型化为构成要件,表明构成要件符合性与违法性之间存在表里关系,但决不意味着可以在独立于违法性,而且在先行于违法性判断的情况下判断构成要件符合性。此外,大塚教授(前揭书,第236页以下)主张,构成要件符合性的判断是抽象的、定型的判断,而违法性的判断则是具体的、非定型的判断。诚然,不言而喻的是,两者之间存在概念上的差异。但是,这种判断——某种杀人行为是符合构成要件的,与这种判断——这种行为是违法,具有表里关系。这是因为,脱离构成要件的违法性是不可能存在。违法性的轻重,是从对于构成要件所描述的规范本身的重要性,以及规范违反之样态的重要性的评价中推导出来的,这并非否定了两者之间的表里关系。但是,尝试对这些问题进行详细分析,是其他文章的课题。

可能,而且与团藤教授的基本立场——违法类型论——也完全不一致。

第二,与上面不同的是,就作为犯罪概念的第二要素的违法性而言,不考虑积极的侧面,而仅考虑消极的侧面即违法性阻却事由。如果不将第二要素的标题设定为"违法性",而是设定为"违法阻却"的话,这一立场就可以暂时避免前面的批评。但是,如果根据这一立场,第一,犯罪是违法的这一性质就从犯罪概念中消去了,这是不妥当的。构成要件符合性当然是以违法判断为前提的,但其本身并不是道义上的无价值判断,而只不过是技术性的适用而已。某一行为之所以具有犯罪的特征,并非因为符合构成要件,而是因为违法。将这种重要的积极的违法性从犯罪概念要素中排除出去的见解,并不值得作为体系论来加以采用。第二,与这一立场相对,还存在下面的不足。也就是说,无论是积极地确立违法性之基础的事由,还是消极地阻却违法性的事由,实际上均发端于同一原理[1],两者都是作为同一违法性的下位分类来加以论述的。只要是采取违法类型论,无论是构成要件符合性还是违法阻却事由符合性,都应当作为违法论的一个领域来加以论述。然而,上面的立场有点过于拘泥将构成要件符合性作为第一要素的见解,这是否疏忽了本来应当采取的体系化呢?

4. 在批判构成要件论之时,还存在着各种各样的重要问题。详细地揭示这些问题是本文以下的文章要探讨的课题。但是,首先我们必须看到,同样具有第二次世界大战战败国的经历、同样受到军国主义立法困扰的日本和德国,在战败以后展示出完全相反的刑法理论上的革新。虽然两者都是以人权保障为目的的,但日本是从实定法本身来寻求这种保障,重视概念法学方法论,从而促

---

[1] 两者均来自刑法规范的本质,根据我个人的见解,刑法上的规范并非单纯的"不得杀人"这样的东西,而是具有"无正当理由不得杀人"这样的复合构造。韦尔策尔认为构成要件就是描述违反规范的行为的东西,因此,符合构成要件的行为就是"违反规范",但是,在特殊的容许命题是妥当的场合,它不是"违法的"(Welzel, Das deutsche Strafrecht, 8. Aufl., 1963, S. 47.)。但是,在上述意义上,这种见解并不妥当。从 Welzel 的主张来看,容许命题存在的理由,以及其为何阻却违法性的理由,就变得不清楚了。

进了构成要件论的繁荣;与此相反,德国出于对实定法的不信任,毋宁说是从自然法中寻求人权保障,从而加速了构成要件的没落,发展出存在论的刑法理论。[1] 当然,回顾两国的类似命运,详细来看,这种历史体验中存在相当的隔阂。我并不主张战后日本的刑法学方法论要像德国那样,但是,至少可以从德国所展示的革新中学到一个道理——构成要件论对于所谓的恶法是无能为力的。在论及构成要件论的意义时,千万不能忘记这一点。

但是,通过表明作为人权保障之手段的实定法这样的临时框架,构成要件论充分反映了战后的时代精神。如果从这种认识出发的话,我个人认为,强调构成要件的价值性特征、将构成要件符合性消解在违法性之中,毋宁是在追求实质的正义[2],从表面上来看,这大概会被认为会导致人权保障的弱化。但是,依我之见,本来,成文法的条文在侵害人权的意图面前就不是那么有力,信任法律条文,其本身也起不到人权保障的作用。毋宁说,对人权的侵害大多是由形式上伪装成罪刑法定主义的恶法以及法的恶用所导致的,倒不如说人权保障的政策应当针对这个方向。前述公务员法中对于罢工参与者的处罚规定就完全说明了这一点。在此,起人权保障作用的既不是成文法的条文,也不是构成要件,而完全是与法秩序整体相关联的实质正义的观点吧。

那么,在软化构成要件论的场合,作为人权保障的措施,可以提供的一个参考是采用判例法主义的各国的做法。日本当然暂时属于成文法主义的国家,具有完备的成文法体系。但是,正如从刑法典的条文数和条文的结构,或者法定刑幅度上可以看到的那样,

---

[1] 例如,Welzel, Naturrecht und materielle Gerehtigkeit, 1951(此外,参照内藤:《目的行为论的法思想史考察(二)》[昭和三十三年],载《刑法杂志》第9卷,第2号,第173页以下);E. Wolf, Das Problem der Naturrechtslehre, Versuch einer Orientierung, 2. Aufl., 1959; Arthur Kaufmann, Gesetz und Recht, in "Existenz und Ordnung", Festschrift für E. Wolf zum 60. Geburtstag, 1962, S.357ff; Ders., Die ontologische Struktur des Rechts.

[2] 在与人权保障的关系之中,很难将法社会学的考察方法导入刑法学方法论之中,但是,从本文这样的立场来看,这是比较容易的。为了进一步将科学实证主义的思想贯彻到刑法学之中,必须反省现在的构成要件理论。

成文法只能提供规范的大框架,下位规范的发现还要大量地委诸于裁判实务。在这里,应当看到,在成文法的大框架内部,判例法主义的原理自然而然地在发挥作用。我认为,应当像成文法主义国家的典范——德国那样,对判例的权威给予特别的关注。在论及作为实体法理论的构成要件论,特别是论及其人权保障机能之时,也应当着眼于这一点。

5. 本文从一个方面对所谓的构成要件论进行了批判。这是为了展开脱离构成要件论的犯罪论而设定的出发点,另一方面也是对刑法学方法论进行思索的基石。在下文中,我想探讨刑法解释学中构成要件概念可以发挥的作用及其界限。

第三章 作为与不作为的概念

第一节 绪　　论

众所周知,目的行为论的倡导者韦尔策尔认为,"由于不作为是行为的不作为,因此不作为本身不可能是行为",他曾经像拉德布鲁赫所倡导的那样[1],主张行为与不作为之间具有 A 与非 A 的关系。[2] 的确,由于不作为是没有实施"某种动作",因此,不言而喻的是,不作为与这里的"某种动作"在概念上具有不相容的关系。就拉德布鲁赫而论,由于当时他彻底承认了所谓的自然主义行为概念,因此,在他看来,行为仅限于人的身体运动,以不实施某种身体运动为内容的不作为无非就是行为的不作为。在自然主义行为概念的场合,可以说这是其逻辑上的必然结论。

但是,从坚决否定自然主义行为概念、主张着眼于行为的存在构造的目的行为论的韦尔策尔处竟然听到与拉德布鲁赫相同的结论,真是咄咄怪事。的确,如果从目的行为论的立场来看,不作为就是不实施"行为"吗?

关于这一点,在日本最先展开目的行为论的平场教授也将不作为排除在行为之外,将之纳入与过失并列的"不行为"的范畴之中。[3] 虽然这或许也受到了德国韦尔策尔等的主张的影响,但是,在日本,几乎可以说这是破天荒的、非常大胆的主张。由于它提出了新颖的问题,因此备受关注。在最初研究刑法学之时,我也

---

[1] Radbruch, Der Handlungsbegriff in seiner Bedeutung für das Strafrechtssystem, 1903, S.131ff. 特别是 S.140.
[2] Welzel, Das Deutsche Strafrecht, 11. Aufl., 1969, S.200.
[3] 平场安治:《刑法总论讲义》(昭和 27 年),第 43 页以下。

遇到了这个问题,而且,至今我仍在反复思索它。但是,遗憾的是,我无法得出与平场教授相同的结论。因此,值此编辑祝贺平场教授花甲论文集的机会,我想明确指出为什么在这个问题上我会得出与平场教授不同的结论,并希望教授多多指正。而且,与此同时,我想指出的一点是:关于作为与不作为、作为犯与不作为犯之间的相互关系,现在仍不一定很清晰。希望各位对我不吝赐教。

第二节 目的行为论中的行为与不作为

1. 目的行为论的特色在于:不是将人的行为单纯地作为自然主义的有意活动,而是作为目的的活动来把握。韦尔策尔认为:"人的社会生活,无论好坏,均建立在人的目的活动的基础之上。在此,社会成员能够在认识到其目的的情况下采取行动——即设定目标,为了达到目标而选择必要的手段,然后能够有目的、有意识地实现这一目标——乃是预定了的事实。这种意思活动称之为行为。"[1]

韦尔策尔的这一叙述,大体上明确了倡导目的行为论的人必须将其作为基础的基本思想,当然,在目的行为论之中,这决非韦尔策尔的一己之见。现在,采取目的行为论的学者虽然在表述上有所不同,但均是以这种行为概念为基础来构建犯罪概念的。

但是,这里存在令人惊讶之处。读到韦尔策尔上面的叙述的任何人均会以为:韦尔策尔将这种行为概念置于犯罪概念的根基,认为犯罪全都是由这种目的行为构成的。这是因为,只有这样理解,才符合作为一种犯罪论体系理论的目的"行为"论。但是,根据韦尔策尔的见解,位于犯罪概念之根基的东西——即可以成为刑法的规范对象的——并非这种"行为",而是"人的态度"(或者根据福田教授的翻译,是"人的行态")。除了行为之外,还存在不作为,两者合为一体,构成"人的态度",刑法的评价正是针对这种"人的态度"的。

这样一来,根据韦尔策尔的见解,如何界定态度、行为与不作

---

[1] Welzel, a. a. O. S. 30.

为三者之间的关系呢？韦尔策尔作出了如下说明："刑法的规范对象是人的'态度'，换言之，是在服从目的意思支配能力的情况下人的身体的动态或者静态。这种态度既包括行为，即目的活动实际上既遂的场合；也包括行为的不作为，即可能的目的活动未遂的场合。"[1]

如果按照这种说明，那么人们就会不理解下面的问题了：为什么韦尔策尔最初不从人的"态度"开始分析犯罪概念，而是从本文开头的叙述中所提到的"行为"出发来分析犯罪概念呢？很明显，韦尔策尔认为，在"目的活动即行为"中应当可以找到与自然现象或动物不同的人的行动的特色。一方面在行为之中寻找人的行动的特色，但另一方面则认为规范的对象不仅限于行为，而是将行为的不作为也包括在其中，这是否意味着规范的对象无须赋予人的行动以存在论的特征亦可呢？或许并非如此吧。因为如果是这样的话，就没有必要专门去解释目的行为概念了。因此，如果不是这样的话，规范的对象亦为赋予人的行动以特征的目的活动，那么就应当从包含作为与不作为的"人的态度"具有目的的构造、两者具有共通的特征开始说明犯罪概念。而且，在这种场合下，韦尔策尔的理论就不是目的行为论，而必须是"目的态度论"了。尽管这一用语暂时还有些难以理解，但是，这样一来，所谓"行为"与"不作为"，就仍然具有能够在刑法评价之前认识到存在这一共通的存在论构造。最终，韦尔策尔所说的"态度"（行态）无非就是原来的"行为"，而他所说的"行为"无非就是原来的"作为"或者"身体运动"。

2. 但是，关于这一点的韦尔策尔的主张之中，隐藏着需要再进一步深入探讨的实质性问题。这个实质性问题是：在韦尔策尔看来，不作为是行为的不作为，因此行为最终是作为身体运动来把握的；但是，暂且不论如果承认自然主义行为概念的话将会如何，既然坚决否定自然主义行为概念、承认目的行为概念，那么，将行为

---

[1] Welzel, a. a. O. S. 31f. 此外，即使在日本，除了前揭平场安治：《刑法总论讲义》以外，福田平：《刑法总论》（昭和五十一年）第 51 页以下、后揭金泽文雄大体上也具有同样的旨趣。

限定在作为物理存在的身体运动,这是恰当的吗? 在这一点上对韦尔策尔产生强烈影响的阿明·考夫曼认为,即使不作为者不存在,也不影响行为的不实施以及结果的发生,因此,无论是与行为的不存在还是与结果之间,不作为者均不具有条件关系,从而就不具有因果关系了。如果没有因果关系,那么目的的操纵也就不可能存在。最终,不作为既不存在因果关系也不存在目的性。[1] 即使在日本,金泽教授也支持这种主张。[2]

但是,暂且不论如果从自然主义行为论的主张者来看的话将会如何,从目的行为论的主张者那里听到这种言论,是一件很奇异的事情。从目的行为论来看,"行为"(通说所说的作为)之所以成为刑法评价的对象,并不只是因为存在外界的物理变动,而是因为存在有目的地因果过程的支配。这是因为,因果过程本身是非人格的、自然的、物理的现象,如果从将活生生的人的目的活动作为刑法的评价基础的目的行为论的立场来看,那么,对于行为来说,它当然不是本质性的要素。根据这种理论,正是在与自己的目的之间的关系上预见并利用因果经过的一种可能性这一点上,才应当承认主体和人格与自然的、物理的现象之间的关系即行为。这样一来,如果认为行为(通说所说的作为)的构造是这样的话,尽管不作为并未变更原来的因果过程,但是,应当认为不作为具有与作为相同的存在论构造。这是因为,在主体对因果过程的支配、利用和操纵这一点上,不存在与基于身体运动的因果过程相异的变更。[3]

这一事实乃是韦尔策尔本来不得不承认的事实,从如下理由

---

[1] Armin Kaufmann, Dogmatik der Unterlassungsdelikte, 1959, S. 57 ff., 66 ff.
[2] 金泽文雄:《不作为的构造》(一),载《广岛大学政经论集》第15卷,第1号,第43页以下,特别是第59页;《不作为的因果关系》,载《广岛大学政经论集》第15卷,第4号,第37页以下;《不真正不作为犯的问题性》,载《佐伯花甲》(上),第224页以下。
[3] 同样采取目的行为论的Weber, Grundriβdes Deutschen Strafrechts, 1948, S. 57 f.; Maurach, Deutsches Strafrecht, Allgemeiner Teil, 4. Aufl., 1971, S. 1579, 577f.;木村龟二:《刑法总论》(昭和三十四年)第168页等将不作为与作为并列,并且将两者包含在行为(韦伯认为是"态度")之中加以理解。

也可以看出这一点:如前所述,韦尔策尔将包括行为与不作为在内的"态度"(行态)作为刑法规范的对象,认为其能够在刑法评价之前认识到存在,从而具有存在论的特征。他原本使用了关于这种"态度"(行态)的"行为"这一用语来论述人的行动的特色,回归到其本来的旨趣,这难道不是正确的吗?在韦尔策尔的教科书的第二版之前,在与通说同样的行为中包含了作为与不作为,而且一直强调这种行为的目的性构造。[1] 受其弟子阿明·考夫曼等的影响,在其教科书第三版以后,韦尔策尔改为采取现在的主张。如前所述,现在韦尔策尔所谓的"行为"与"不作为",由于原本只是不同于自然主义的构造,因此,即使主张包含两者的"态度"(行态)具有存在论的构造,而且具有赋予人的行动以特色的目的性构造,由于在此不仅没有发现任何理论上的矛盾,而且这种主张还被认为是正确的,因此应当将韦尔策尔现在的主张评价为抹煞了本来的目的行为论的旨趣。

第二,关于间接正犯的本质特征,以及间接正犯与共犯特别是教唆犯之间的区别,韦尔策尔采用了"目的的行为支配"这一概念。间接正犯之所以具有与直接正犯相同的法律构造,乃是因为两者利用、支配因果过程的构造是相同的。如果是这样的话,那么,对因果过程的支配,无论是由自己之手实施还是借他人之手来实施皆可。这样一来,通过目的的行为支配概念来表明正犯的特征,正是目的行为论的特色,在此如实地反映了以有目的地利用、支配因果经过为中心的目的行为概念的本质。而且,由此也可以理解如下道理:根据目的行为论,因果过程的样态本身(变更还是置之不理)并不是什么问题,问题在于上述目的活动本身。

第三节　运动与静止、作为与不作为

1. 如前所述,自从德国学者韦尔策尔、日本的平场教授、福田教授、金泽教授等各自从目的行为论的立场主张"不作为就是不实施'行为'"以来,关于作为、不作为的概念,产生了许多混乱。特别

---

[1] Welzel, Das Deutsche Strafrecht in seinen Grundzügen, 2. Aufl., S.20, 89 ff.

是对于作为与不作为、身体运动与静止之间的关系和区别的理解,产生了许多模糊不清的部分。特别是在日本,在战后,构成要件论成为具有支配地位的理论,根据这种立场,刑法学上的行为并不是裸的行为,而是意味着构成要件行为。由于无法独立地说明作为本来的行为样态的作为与不作为之间的区别,而只能将其解消在对于作为违法行为样态的作为犯与不作为犯之间的区别的说明之中,因此进一步促进了上述倾向。[1]

但是,我认为,即使从本来的构成要件论的立场来看,在进行具体的法律评价之前,仍可以对作为与不作为作出区分。这是因为,即使将不作为的概念理解为最接近于违法判断,例如,即使将之定义为不实施构成法律义务之内容的作为,这一定义仍包含着所谓的不作为是指不实施某种作为这样的定义,而且这一定义在不排除法律评价的情况下也是可能的。因此,我们应当明白的是:不能从作为与不作为之间的区别在法律评价之前是否可能这一立场来提出问题,而应当从法律评价之前是否有必要作出这一区别这一立场来提出问题。但是,由于这一问题可以归结为就犯罪概念的构成到底是采取行为论还是主张构成要件论之间的争论,因此,在此就无法从容不迫地返回到这一争论之中进行论证。虽然本文从构成要件的立场出发也是可能的,但是,本文想从行为论的立场出发,在对这一立场增加若干必要条件的前提之下,通过运动与静止之间的关系来重新探讨作为与不作为之间的区别。

2. 首先,毫无疑问的是,人的行动主要是身体运动,即身体在外界产生的物理变动。而且,即使在法律的世界之中,也可以这样说。正如"思想可以免税"这一法谚所表明的那样,由于思想本身或者意思本身并非法律规范的对象,因此,可以成为法律规范之对象的,仅限于人的外部态度,而且,这种态度大多由身体运动构成。我们首先可以将这一点作为没有异议的前提。

但是,无论是在法律的世界之中,还是在法律以前的日常生活之中,人的行动并不一定限于身体运动。从物理的角度上看,与身

――――――――
[1] 例如,在团藤重光:《刑法纲要总论》(增补版)(昭和四十七年),第96页以下虽然使用了作为与不作为的用语,但奇怪的是没有给出其定义。

体运动相对的概念是身体静止。既然这种身体静止可能为人的意志所支配,那么它也不得不成为独立的价值判断的对象,从而就必须将之包括在人的行动之中。例如,休息或者绝对安静的态度在大多数场合是由身体静止构成的,甚至有将之作为其不可或缺的要素的场合。而且,即使在法律的世界之中也是如此,如果法律规范所禁止或者命令的人的行动仅限于身体运动的话,那么,通过规范对利益的保护就会不充分了。必须承认的是,身体静止在例外的情况下也可以成为规范的对象。刑法上的不退去罪、不保护罪、违反大多数行政管制法规中所规定的申报、报告义务罪等的处罚必要性就说明了这一点。

但是,如果以不退去罪为例来考虑的话,那么实行行为并不一定必须是物理上的静止。当然,由于一言不发、一动不动地站着这样一种物理上的静止也可以构成不退去,因此,不得不认为前述身体静止也是规范的对象;但是,在住宅内徘徊走动并且不退去的情形也是不退去。在这种场合,身体在物理上的静止根本不存在。而且,这一点也完全适用于前述不保护罪、违反申报、报告义务罪。这样看来,不退去、不保护、不申报、不报告等实行行为,既有身体运动的场合,也有静止的场合。为了说明这些实行行为的行为样态的特征,运用运动、静止这一对概念就是不充分的。因此出现了另外一对概念,即作为与不作为。

3. 从上面的论述可以明白的是,刑法学创造作为与不作为这一对概念的动机在于:后者即不作为的概念是必要的。作为的概念可以说是作为其反射效果而产生的。但是,无可否认的是,正因为如此,在很多问题上产生了概念上的混乱。

依我个人之见,所谓的"不作为",是指不实施一定的身体运动;而所谓的"作为",是指实施一定的身体运动。由此可以明白的是,如果从物理的角度来看,那么,作为通常是身体运动;与此相对,不作为既有身体运动的场合,也有静止的场合。不过,人们对于这一点的理解未必可以说是一致的。如后所述,例如,由于刑法第 199 条是以"禁止杀人"这一禁令为内容的,因此,人们普遍认为,违反这一禁令的杀人罪的行为样态是"杀"这一作为,从而杀人罪是作为犯。"通过不作为的作为犯"这一用语的产生[1]也是以这种理解为基础的。

虽然后面将要指出这种理解是不恰当的,但是,可以说产生这种想法的根据在于这样一种理解:作为是做了什么,不作为是没有做什么。关于这种理解,首先必须明确的是,不作为并非没有做"什么",而是没有实施"身体运动"。但是,在日常生活中,也可以考虑不实施"身体的安静"这一行动,也有可能将之理解为不作为。例如,虽然绝对安静是必要的,但是,也可能将四处走动这一行动理解为不保持安静这样一种"静止的不作为"。但是,在法律的世界之中,禁止这种性质的行动的场合通常采取的形式是禁止一定状态(行为情况)之下的一定身体运动。这是因为,之所以将不作为作为规范的对象,乃是由于以前述身体运动或者静止中的任何一个作为单位,均会出现在利益保护方面有缺陷的例外场合,因此,在如果禁止身体运动就可以完全地保护利益的"静止的不作为"的场合,将这种身体运动作为实行行为就是符合常理的。

这样一来,如果认为作为规范构造上的实行行为样态的不作为是身体运动的不作为,那么,作为进行了法律评价之前(进入法律的世界之前)的存在论概念的不作为,也应该这样来理解。的确,从日常用语的习惯来看,在不作为中有包含静止的不作为的余地;另一方面,即使在进行违法、有责等法律评价之前就已经可以判断作为与不作为之间的区别,然而,由于此乃特殊的刑法学概念,因此,这样来理解作为行为样态的不作为也是恰当的。这样一来,作为不作为概念的副产品,产生了"本来的作为"这一概念,并与"作为"构成一对概念,因此,作为也不是做了"什么",而必然意味着实施了"身体运动"。

4. 如果说作为意味着实施身体运动,那么,接下来的问题就是:在不作为之中所实施的身体运动是作为,还是单纯的身体运动

---

[1] 阿明·考夫曼认为,对不真正不作为犯使用"通过不作为的作为犯"这样的表述,已经是19世纪后1/3个时代以来的事情了。参照 Armin Kaufmann, a. a. O. S.239.注1之中所列出的参考文献。即使在日本,也有很多学者使用这样的表述。

呢？承认"通过作为的不作为犯"这一概念的见解[1]，就会肯定前一种理解。

但是，例如，虽然有居住权的人提出了退去的要求，但没有退去而是在住宅内徘徊走动的身体运动，如果从"没有退去"这一不作为来看，那么它并非本质性的东西。在此，本质性的东西在于是否实施了"退去"这一成为法律命令之内容的身体运动，实施了这一本质性的身体运动的是作为，没有实施的是不作为。是否有构成这种不作为之样态的身体运动，还是仅限于静止，在此并不重要。这样一来，在真正不作为的场合，如果将成为规范之内容的身体运动作为基准，将与此相一致的态度称之为作为的话；那么，在不作为的过程中所实施的身体运动也可以称之为作为。由于这样会引起用语上的混乱，因此我认为是不恰当的。因为两者存在本质区别。

这种见解也适用于不真正不作为犯。杀人在大部分情况下是通过身体运动来实施的犯罪，但是，许多学说认为，在例外的场合，杀人也可以通过不作为来实施。例如，母亲不给婴儿喂奶而将其饿死的场合、保姆不救助落入水池中的孩子而将其溺死的场合等即为适例。在前者的场合，并不一定要求母亲处于睡着的状态（静止）。毋宁说，在大多数情况下，母亲并不是在睡觉，而是在从事家务、散步之类的身体运动。但是，是否可以将这种场合的身体运动与用刀捅入他人胸口而致人死亡的场合等同视之呢？在后者的场合，如果没有身体运动，可以说死亡结果就不会发生；但是，在前者的场合则未必如此。在前者的场合，构成结果之原因的是不给婴儿喂奶这一不作为，在这一不作为的过程中所实施的运动或静止，从其与不作为的关系上看，并非本质性的东西。无论母亲是否在

---

[1] 在德国，自古以来就有学者在提倡这种见解。关于这一点，参照 Armin Kaufmann, a. a. O. S. 194. Anm. 249. 此外，最近重新认识这一见解的是：Roxin, An der Grenze von Begehung und Unterlassung, Engisch-Festschrift, 1969, S. 380 ff. 对此的批判是：Samson, Begehung und Unterlassung, Welzel-Festschrift, 1974, S. 579 ff. 关于这些最近的争论，参照加藤友朗：《关于通过作为的不作为犯概念的一点考察》，载《早稻田大学大学院法研论集》第 11 号，第 29 页以下。

从事家务,如果其给婴儿喂奶的话,婴儿就不会死亡;由于其没有喂奶,因此才发生了婴儿死亡这一结果。这里的标准是给婴儿喂奶这一身体运动,与此相一致的是作为,不一致的是不作为。除此以外的身体运动,在此并不是作为。[1]

但是,在用刀杀人这一真正作为犯的场合,将身体运动视为作为,表面看起来好像没有任何标准。换言之,一般认为,在此不存在与不作为犯的场合同样的标准:与其相一致的是作为,不一致的是不作为。但是,事实并非如此。这里的标准在于构成人的死亡原因的身体运动,法律所禁止的是"这种身体运动的作为",或者"如果不那样做的话,就会导致人的死亡结果发生这样的身体运动的不作为"。在此,由于后者并不成为问题,因此无须赘言;但是,在前者的场合,标准在于构成死亡原因的身体运动:与此相一致的是作为,不一致的是不作为。可以说这种构造与不作为犯的场合是相同的。只是由于这种场合下的不作为并未违反禁令,因此不构成犯罪,从而刑法学上可以不予理会罢了。

不过,既然有必要在与这种规范构造的关系上限定作为的概念,那么,作为法律评价之前的存在论概念的作为也必须同样如此。在这种场合,如果仅仅像前述那样断言作为就是"实施身体运动",那么就可以将不作为的过程中所实施的身体运动包含在内了,因此是不恰当的。因此,关于这一点,仍然有必要像前述那样作出"一定的身体运动"这种限定。这是因为,作为与不作为在概

---

[1] 关于这一点,例如:(1)对落入水池中的孩子见死不救并"离开"的保姆;(2)需要保护者想要回家,但保护责任者却"关上门"不使其进入;(3)保护责任者拿走第三人放在需要保护者枕头边的食物的行为,由于对于结果的发生构成了独立的因果关系,因此也被认为是作为。但是,这只是表面上的事实,构成结果之原因的仍然是不作为[(1)的场合是不救助,(2)的场合是不作为的遗弃,(3)的场合是不保护],这些例子中的行为,无非是作为不作为样态的身体运动。如果不这样理解的话,例如,在(1)的场合,即使没有作为义务的人,如果实施了这样的行为,也构成通过作为的杀人;但是,没有作为义务的人即使在落水的孩子面前站着一动不动,或者见死不救并且离开,由于在可罚性的价值上是相同的,因此,仅仅处罚一方的结论是不适当的。这样一来,这种见解也适合于作为义务者。没有作为义务的人,即使实施了该身体运动,至少也不得作为特定犯罪的实行者来处罚。

念上的区别要求成为标准的一定的身体运动。

第四节 作为与不作为、作为犯与不作为犯

1. 正如以上说明所明确的那样,所谓的作为与不作为,乃是彻头彻尾的"行为的样态",是在没有构成要件符合性、违法、有责性等刑法评价的情况下就可以进行判断的存在论的概念。与此相对,在刑法学上,存在作为犯与不作为犯这样的概念。这两个概念当然具有构成要件符合性。特别是在后者的场合,由于还必须进行违反作为义务这一违法性判断,因此,没有法律评价就无法确定其存在。不过,由于有责性的评价并不是必要的,因此,可以说作为犯与不作为犯是"违法行为的样态"。这样的话,应当如何看待前述作为与不作为、作为犯与不作为犯之间的关系呢?

2. 首先必须明确的是:通过作为实施的犯罪是作为犯,通过不作为实施的犯罪是不作为犯。如上所述,这种表面上看起来不言自明的见解是存在混乱的,承认存在通过不作为的作为犯或者通过作为的不作为犯的见解就否定了这种见解。

如前所述,上述见解并未将刑法学上的作为与不作为概念解释为身体运动的作为与不作为,而是将之理解为某种事情的作为与不作为,因此是不恰当的。但是,一般认为,这种见解还存在别的根据,即不是将作为犯与不作为犯视为现实的、具体的违法行为的样态(或者犯罪形式),而是将之视为法律规定形式上的、抽象的违法行为的样态。例如,由于杀人罪被描述为"杀人",因此是作为犯;不退去罪被表述为"不退去",因此是不作为犯。如果这样理解的话,那么母亲不给婴儿喂奶而将其饿死的行为就不是(不真正)不作为犯,而是(通过不作为的)作为犯;在住宅内徘徊走动而不退去的行为当然就是(通过作为的)不作为犯了。

但是,这种见解是在两种含义上使用作为与不作为的概念,因此是不恰当的。根据这种见解,在称呼作为犯与不作为犯的时候,作为与不作为被理解为"某种事情"的作为与不作为;与此相反,在"通过不作为的"作为犯与"通过作为的"不作为犯的场合下的作为与不作为,则被理解为"身体运动"的作为与不作为。如果不这样

理解,那么,"通过不作为的作为犯"、"通过作为的不作为犯"这样的用语本来就不可能存在。但是,这种将同一用语在两种含义上加以使用的做法,不仅会使人产生混乱,而且,处罚以不作为的方式犯法律规定形式上的作为犯是违反罪刑法定主义的,因此诱发了如下误解:为了对之进行处罚,总则中必须有一般的处罚规定。[1]

3. 首先,这样的误解混淆了作为法律规定形式上的"作为犯"(例如杀人罪)之内容的作为与"通过不作为"场合下的"作为"和不作为,它产生于以为作为犯是通过身体运动的犯罪这种误解。前面已经说过,两者的意义是不同的。绝对不能将两者混为一谈。但是,如果不是这样,例如,如果这种见解是正确的,即由于杀人罪是法律规定形式上的作为犯,因此它只能是通过作为身体运动的作为来实施的犯罪,那么,无论在总则中是否设有规定,都无法在概念上想象通过不作为的杀人等情形。假设我们想将之作为处罚的对象,那么就必须将"杀人"这一构成要件理解为既包含了通过身体运动的作为的场合,也包含了通过不作为的场合。而且,从一开始就必须考虑到,上述见解将法律规定形式上的杀人罪理解为实施了"某种"作为的犯罪,这种"某种"之中既包含身体运动也包含不作为。由此可见,即使对于上述见解而言,这种理解本来也是可能的。因此,上述见解承认了通过不作为的作为犯的存在,很自然地使用了这种包含着本来与之不相并列的要素的用语。

诚然,就大多数犯罪而言,刑法运用了"杀人"、"偷盗"这样积极的形式来规定实行行为,而且,目前这些行为大多是通过身体运动来实施的。无人可以否定这一事实。但是,"杀人"或者"偷盗"这种用语,只是表明将通过身体运动的实行作为原则,是通过积极的形式来描述杀人罪或盗窃罪,因此,如果认为"杀人"或者"偷盗"是以通过行为积极样态的身体运动的实行为前提的,那么就大错

---

[1]《修改刑法草案》在第12条中设置了"通过不作为的作为犯"这一标题的规定,其理由之一即在于此。参照《法务省、法制审议会修改刑法草案》(附理由书)(昭和四十九年),第106页。此外,参照内藤谦:《刑法修改与犯罪论》(下)(昭和五十一年),第401页以下,特别是第509页以下。

特错了。刑法没有在任何地方作出这样的规定。

认为处罚不真正不作为犯违反了罪刑法定主义的见解的第二个根据是这样一种理解:作为犯是违反禁令的犯罪,而不作为犯是违反命令的犯罪。但是,由于禁令之中并不包含命令,因此,违反命令的不作为犯不符合违反禁令的作为犯的构成要件[1]。这种理解产生于将作为与不作为之间的区别对应于禁令与命令在规范上的区别的做法[2]。但是,将作为与不作为以及行为(或者态度以及行态)理解为具有与刑法评价相分离的存在论构造的学说与这种见解很明显是前后不一致的。在存在论中,只存在一定的身体运动的作为与不作为,它们并不对应于禁令与命令之间的区别。的确,禁令与命令在同一层面上是相互矛盾的,但是,通过违反处于更深层的命令的行为来违反禁令则完全是可能的。如前所述,处于刑法第199条背后的"禁止杀人"这一禁令,并不一定仅仅是以通过身体运动的杀人为内容的,而必须将通过违反了"喂奶"——这意味着违反这一命令的同时也违反了刑法上的禁令——这样一般规范上(条理上)的命令而致人死亡的场合包摄在其内容之中。换言之,这种禁令是以禁止成为人之死亡原因的作为与不作为为内容的。这种理解从"杀人"这一表述来看也是可能的[3],既然它不会侵害一般国民的预测可能性,那么这种解释就不会产生违反罪刑法定主义的问题。我认为,主张不真正不作为犯违反了罪刑法定主义的见解,有必要进一步重新考虑上述运动与静止、作为与不作为、命令与禁令、作为犯与不作为犯之间的相

---

[1] 饭田中雄:《不真正不作为犯的刑事责任的界限》,载《佐伯花甲》(上),第208页以下;金泽文雄:《不真正不作为犯的问题性》,载《佐伯花甲》(上),第224页以下,特别是第234页以下;《关于不真正不作为犯的问题性的重新探讨》,载《广岛大学政经论集》第21卷,第5、6号,第271页以下,特别是第284页以下。

[2] 除了金泽前揭两篇论文以外,参照金泽:《不作为的构造》(Ⅰ),载《广岛大学政经论集》第15卷,第1号,第43页以下,特别是53页以下。

[3] 因此,一般认为,禁令与通过作为来实施犯罪的场合的等值性,对于不真正不作为犯而言是必备要件,自不待言,对此存在法律条文表述上的制约。但是,这决不意味着违反禁令不包含通过"本来"的不作为实现犯罪的场合。两者是不同的问题。

互关系。

4. 如下是我的结论：不作为并非不实施"行为"，而是不实施一定的身体运动。换言之，所谓的作为是实施一定的身体运动；所谓的不作为是不实施一定的身体运动。与此相对，与作为和不作为是现实的行为样态相对应，应当将作为犯与不作为犯理解为现实的违法行为的样态。所谓的法律规定形式上的作为犯与不作为犯是不存在的。正如应当将上述见解中所谓的法律规定形式上的作为犯（例如杀人罪）理解为"以违反禁令为内容的犯罪"那样，应当将法律规定形式上的不作为犯（例如不退去罪）理解为"以违反命令为内容的犯罪"。无论以违反禁令为内容的犯罪是通过作为（实施作为法益侵害、危害之原因的身体运动）还是通过不作为（不实施如果不实施就会有发生法益侵害之虞的——因此刑法命令其实施的——身体运动）来实施的，应当将以违反命令为内容的犯罪解释为只能通过不作为来实施的犯罪。而且，关于前者，尽管关于实行行为的刑法用语在解释上是否排除通过不作为实现犯罪的场合，还有可能存在问题；但是，在解释为并不一定排除这种情形的场合，尽管处罚了通过不作为实现犯罪的场合，也应当认为不会产生违反罪刑法定主义的问题。

第四章 刑法上的危险概念

第一节 绪 论

我想首先以昭和三十七年（1904年）最高裁判所判例中颇有争议的著名的注射空气事件（最判昭37·3·23刑集16卷3号305页）为例来进行考察。一名男子首先给自己智力发育迟缓的侄女购买了高额的生命养老保险，然后为了欺诈这笔保险金而企图杀害自己的侄女。他反复思索杀人的手段，最后想到了运用注射空气的方法。一天，这个男子对在田里干活的侄女说："叔叔给你注射一种对身体很好的药。"于是，他将20 cc的注射器中注入大约5 cc的水，剩余的部分注入空气，随后就给自己侄女的手腕静脉注射了两只这样的制剂。一般认为，如果30至40 cc的空气进入血管的话，由于血管很细，血会流干而致人死亡。但是，这个女孩并没有死亡。于是，事情败露之后，该男子以杀人未遂被起诉了。

辩护律师主张该男子的行为当然属于杀人的不能犯。裁判所想知道科学的事实，于是就委托当时法医学界两个非常著名的法医学家进行鉴定。但是，由于这样大量的注射空气在犯罪史上是史无前例的个案，因此鉴定似乎也非常困难。其结果是，古畑博士认为70 cc以下空气不会致人死亡，而中馆博士则认为300 cc左右必定致人死亡。虽然数值上有非常大的幅度，但是两种鉴定结论并不矛盾。因此，无论采取那一种鉴定结论，注射30至40 cc的空气肯定都不会产生死亡的结果。那么，裁判所是如何作出判决的呢？

最高裁判所驳回了主张不能犯的辩方律师的上告理由，支持主张构成杀人未遂的原判决，理由如下：

"原判决以及其所支持的第一审判决认为,像本案这样,虽然向静脉内注射空气的量在致死量以下,但是,根据被注射者的身体条件以及其他情况,并不能说绝对没有引起死亡结果的危险。根据原判决所列举的各种鉴定书,可以充分肯定上述判决。"

　　下面,我想首先稍稍脱离这个最高裁判所的判例来进行考察。如果站在行为之时,并站在包括犯人在内的一般人的立场上,那么注射行为的意义是什么呢?不用说罪犯,即使对普通人来说,都会认为注射 30 至 40 cc 的空气在可能引起死亡的结果这一点上与注射毒药的意义是相同的。不用说注射行为本身的反道德性,即使从一般人的立场来看,都可以看出注射行为是有危险的行为。如果站在刑法禁止的正是这种行为这一立场上,那么就应当在此寻求危险概念的标准。

　　但是,最高裁判所采取了与此稍有不同的见解。从"根据被注射者的身体条件以及其他情形,并不能说绝对没有引起死亡结果的危险"来看,最高裁判所并不是站在一般人的立场上,无条件地认为注射 30 至 40 cc 的空气是危险的;而是站在科学专家的立场上,认为如果条件具备,那么这种行为就具有引起死亡结果的危险,因此是危险的。

　　与此相对,如果科学专家不是站在行为之时而是站在审判之时进行判断的话,那么结果将会如何呢?如果是这样,那么两位鉴定人就会得出相同的结论:该注射行为没有引起死亡结果的危险。这正是以纯客观的危险概念为基础的结论。但是,如果彻底贯彻这种立场的话,那么未遂犯这一概念就完全不可能存在了,所有的犯罪都将成为不能犯。这是因为,从事后来看,所有事件都是必然的,因此,如果事后站在科学专家的立场上,那么这些事件的过程都是完全可以认识的。

　　这样,从表面上看,危险这一概念好像很明确,但实际上包含着许多解释的可能性。迄今为止,刑法上的危险概念在未遂犯与不能犯的区分标准上仍存在很大的争议。现在,虽然这一争论的状况有所改变,但争议并未绝迹。而且,这种争议并非只是关于犯罪论的一个问题的争论,如果追溯到违法本质论甚至刑法理论的根基的话,它还是一个没有定论的争论。相反,毋宁说,由于以违法本质论为中心的基本刑法理论中出现了新的动向,因此,可以说在不能犯论中的争论呈现出了新的状况。

而且,刑法上这种根深蒂固的危险概念,最近在其他领域也成为了问题。这个问题就是:在包括抽象危险犯、具体危险犯在内的所谓危险犯中,"危险"的含义到底是什么呢? 不能犯论中的危险与危险犯论中的危险,虽然在内容上并不一定相同,但在概念上却是相同的,而且是从同一根源派生出来的。因此,本文试图在思考两者之间的关联的同时,介绍围绕危险概念的争论,对这一问题点进行探讨。

第二节 不能犯论中的危险概念

一、未遂犯与不能犯

刑法第43条规定:"已经着手实行犯罪但尚未既遂者,得减轻其刑。"而且,第44条规定:"处罚未遂犯之场合,依各本条之规定。"因此,在根据第44条所谓的未遂犯处罚规定而被处罚的犯罪的场合,其行为一般被认为是违法的,尽管有可能减轻刑罚,但是仍然要受到处罚。

但是,例如,某人想通过诅咒来杀死他人,于是在深夜用五寸钉将小布人钉在八幡神社内的大杉树上,对之进行诅咒。在这种场合,由于罪犯自以为这样做可以杀人,因此就具备了杀人的故意;而且,假设该行为真的可以将人杀死,由于该行为成了具有杀人危险的行为,因此该罪犯就等于着手实行了杀人的行为。但是,根据当今的科学知识,一般认为是不可能通过诅咒将人杀死的,因此,这种行为从客观上看并非具有杀人危险的行为,进而就不能说是杀人的实行行为。

这样,虽然罪犯打算着手实行犯罪,但由于犯罪结果不可能发生,因此就不可能实现犯意。在学说上,我们将这种情形称之为不能犯,并将之与未遂犯区别开来,不作为处罚的对象。关于这一点,学说之间是没有争议的。

但是,例如,在小偷将手插入他人的口袋之时,钱包并不在插入的口袋中而在另一个口袋中,或者他人根本没有带钱包,尽管从纯客观上看并不具有发生结果的可能性,然而,是否应当将这种场合作为不能犯呢?如果主张"纯客观"这一观点的话,那么,例如,为了杀人而射击,由于子弹发生偏离而没有打中,即使在这种场合,从纯客观上看,从一开始死亡结果的发生也是不可能的。但是,大概没有人会将这种场合作为不能犯。如果将这种场合作为不能犯的话,那么所有的未遂犯就全部成了不能犯。无论根据哪一种见解,这种射击行为都会被认为是未遂。

这样看来,所谓结果发生的不可能并非"纯客观的不可能",就成为一般所赞成的看法。在这一前提的基础上,不可能的标准到底是什么,就成了问题。关于这一点,在学说之间自古以来就存在激烈的对立。

二、一直以来的学说

关于不能犯的学说,首先大致可以划分为事实的不能说、法律的不能说、危险说和主观说等四种学说。

1. 事实的不能说。首先,事实的不能说是指将结果发生的不可能的场合划分为绝对的不能与相对的不能,将前者作为不能犯,而将后者作为未遂犯的学说。因此,例如,在出于杀人的目的而使用硫磺粉末的场合,由于这种方法绝对不可能致人死亡,因此就是不能犯;相反,在小偷将手插入空口袋中的场合,由于如果财物存在的话就有被夺取的可能性,因此就是盗窃未遂犯。古代的学说(大场、胜本)就已经肯定了这种见解,而且,从古至今,这种见解都是判例的基本态度(大判明44·10·12刑录第17辑第1672页、大判大3·7·24刑录第20辑第1546页、大判昭和7·3·25评论21刑法118、大判昭和21·11·27刑集第25卷55页、最判昭23·4·7刑集第2卷第4号第399页、广岛高判昭36·7·10刑集第14卷第5号第310页、最判昭37·3·23刑集第18卷第3号第305页等)。但是,由于绝对的不能与相对的不能之间的区分是不确定的,因此受到了强烈的批判。在学说上,学者们已经抛弃了这种学说。

2. 法律的不能说。法律的不能说是指将结果的不发生乃是由于欠缺符合构成要件的事实的场合作为不能犯,将结果的不发生并非出于这种原因的场合作为未遂犯的学说。也就是说,法律的不能说是以所谓事实的欠缺理论(Lehre vom Mangel am Tatbestand)为根据来区分不能犯与未遂犯的学说。根据这种见解,尽管不存在犯罪的主体(例如刑法第101条中一定的身份)、客体(例如刑法第119条中有生命的人)、手段(例如刑法第246条中的欺罔)、行为状况(例如刑法第114条中的"火灾之际")等不属于构成要件要素中的因果关系部分的要素,但是,在行为人误以为存在这些要素而实施行为的场合,就承认成立不能犯。

但是,即使在依据这种见解的场合,例如小偷想偷他人左边口袋中的钱包,但实际上钱包在右边口袋中的场合,虽然通常承认客体的欠缺,但不能主张成立不能犯(小野)。这一结论是符合上述见解的。这样,将事实的欠缺相对化来考虑问题的方法,已经不再是仅仅以是否存在属于构成要件要素的事实这种形式上的标准来考虑问题了,而是意味着引入了以某种基准来判断结果发生的可能性和危险性的方法。从这一点出发,通说偏向了如下具体的危险说。

3. 危险说。危险说是以一般人从其经验上看是否感到有结果发生的危险为标准,将并未感到有危险的场合作为不能犯,而将感到有危险的场合作为未遂犯的学说。根据以什么作为经验判断的材料,危险说可以进一步划分为如下两种学说。

(1) 具体的危险说。这种学说认为,根据行为当时的客观情况,从具体的角度上看,一般人并未感到结果发生的危险的场合是不能犯,反之则是未遂犯。于是,上述客观情况应当由行为当时一般人能够认识的情况,以及一般人虽然不能认识但行为人特别认识到的情况来决定。

因此,在向多个人投放数量不足以致死的毒药的场合,即使在科学上不存在结果发生的危险,但是,由于从一般人的观点来看会感到结果发生的危险,因此成立杀人未遂;但是,在误将砂糖当作毒药而投放的场合下,由于在通常情况下,即使投放砂糖也不会致人死亡,因此这种行为是不能犯。

在战后很长的时间里,这种见解发挥着作为通说的威力(植松、佐伯、团藤、平场、大塚、福田、中、西原)。但是,需要注意的是,这种学说最近受到了后述客观危险说的批判。

(2) 抽象危险说。这种学说认为,根据行为当时行为人认识到的主观情况,从抽象的角度上看,一般人并未感到结果发生的危险的场合是不能犯,反之则为未遂犯。因此,不用说投放并未达到致死量的毒药的场合,即使误将砂糖当作毒药进行投放的场合,由于从一般人的立场来看,对于行为人所意图的"投放毒药"会感到有结果发生的危险,因此构成杀人未遂犯。

但是,即使在依据这种学说的场合,即使将行为人主观认识到的情况作为现实的事实来考虑,在抽象地来看仍感觉不到任何危险的场合,仍然应当认为成立不能犯,而不能成立未遂犯。例如,在行为人误认为大量投放砂糖可以致人死亡,因此大量投放砂糖的场合,由于从一般人的观点来看感觉不到任何危险,因此这种行为是不能犯。在这一点上,抽象危险说与下述主观说有所不同。

在战前,这种见解是由主观主义刑法理论的主倡者所倡导的(牧野),但是,在客观主义刑法理论之中,最重视行为人意思的学说也支持这种见解(草野、齐藤、下村)。由此可见,这种学说仅仅是从将规范的主观危险化作为违法性之外部界限的刑法理论中派生出来的,在这一点上,它与通说是不相容的。构成通说的具体危险说之基础的刑法理论认为,最终应当从行为本身的、从一般人的立场来看所具有的危险性来划定违法性的外部界限。根据这种见解,例如,在误以为砂糖是毒药而投放的场合,暂且不论一般人也以为那是毒药的场合,由于抽象危险说在一般人看出那是砂糖而不是毒药的场合仍然承认行为的危险性,因此是不可取的。

4. 主观说。最后,主观说是指既然行为人有犯意,而且实施了试图实现犯意的行为,那么在此应当承认成立未遂犯的学说。因此,根据这种学说,即使在误以为砂糖可以致人死亡,因此怀着杀意投放砂糖的场合,也不是不能犯,而是未遂犯。然而,即使根据这种学说,仍然认为基于迷信犯这样重大无知的行为是不能犯。

这种见解,曾经是由立足于主观主义刑法立场的少数学者所主张的(宫本、江家),但是,现在日本已经没有人主张这种见解了。如前所述,这种学说仅仅认为基于重大无知的场合是不能犯,这是向结论的重要性的妥协,因此在理论上缺乏连贯性。作为理论的归结,即使在这样的场合,在犯意已经客观化这个意义上,仍然是可以成立未遂犯的,但是,应当说只能减轻或免除处罚。西德新刑法(第23条第3款)正是采取了这样的态度。但是,对于即使一般人客观上并未感到危险的行为,基于行为人的犯意而仍然承认其违法性,这正是意思刑法。违法性仍然至少必须以一般人感到危险为界限。

三、客观危险说的兴起

1. 对于具体危险说的批判。在以上所见的学说变迁过程之中,学说逐渐脱离了事实的不能说、法律的不能说,也排除了主观说,最后集中到危险说之上。而且,直至今日,即使在危险说之中,抽象危险说的支持者并未增加,具体危险说则成为压倒性的通说。这可以说意味着在战后成为主流的客观主义刑法理论发现了战后论争过程的一种形式,而且一直满足于这种形式。

但是,进入昭和四十年之后,客观主义刑法理论内部开始出现了新的动向,即更加强化刑法的谦抑主义、缩小国家刑罚权发动的空间,在非犯罪化的口号之下,在立法和解释的领域中展开了活跃的主张。在犯罪论的领域,这一动向最强有力地体现在违法本质论之中,尽量地排斥行为无价值并尽量地贯彻结果无价值的倾向越来越显著。在不能犯论中,对作为压倒性通说的具体危险犯所展开的批判,大多可以视为这一动向的一种体现。

对具体危险说的批判认为,对于从事后的、科学的角度上看没有任何结果发生的危险的行为,具体危险说却以行为当时一般人的危惧感、危险感为基础而肯定其具有可罚性。因此,具体危险说并不是以对有害事态即法益侵害的客观危险为可罚性之基础的,而是以行为的反社会性、反伦理性为可罚性之基础的(大谷)。在立足于这一批判的基础之上,展开了客观的危险说。

不过,从具体危险说的角度意识到这个问题点,并对一般人的事前判断这一点进行部分修正的学说也已经出现了。这些学说包括:部分援引事实欠缺的理论,就行为主体、行为状况、法定手段等否定构成要件符合性的方法(佐伯、香川、大沼、内田);不将通常一般人而将科学的一般人作为判断者的方法(平野、藤木、中野);将行为人的主观情况排除在判断材料之外的方法(大沼、内田);以及部分引入事后判断的方法(平野)等。

这些方法均为在立足于具体危险说的同时,通过限定对危险的判断,或多或少扩张不能犯成立空间的努力。而且,在此还可以看出:论者的违法观在具体危险说的范围内表现出来了。但是,依批评者之见,这里还是有界限的。

2. 客观危险说的特征和内容。如前所述,客观危险说对具体危险说的批判是指向如下两点的:第一,具体危险说不是以科学的判断,而是以一般人的判断为基础的;第二,具体危险说仅以行为当时的情况为判断材料,事后查清的情况不在考虑之列。因此,客观危险说就这两点提出了自己独特的见解。

但是,第一,所谓以科学判断为基础的见解,即应当以基于科学因果法则的法益侵害的可能性判断为基础的见解,其实并不是什么新的见解。迄今为止,仍然有人不时地主张这一见解(木村、平野、藤本)。因此,应当认为客观危险说的特征在于第二点:在将事后的情况也增加到判断材料之中的同时进行科学的判断。

因此,从第二个特征来看,客观危险说在将事后发生的所有客观情况增加到判断材料之中这一点上是一致的。迄今为止,包括具体危险说在内的所有学说均立足于以行为当时的情况为基础的"行为时标准说"或者"事前判断说";与此相对,客观危险说的特征在于立足于"审判时标准说"或者"事后判断说"。

两者的差异在于是否将事后所介入的情况增加到判断材料之中。在使他人吞食了未达致死量的毒药并且没有造成他人死亡的场合,事前判断与事后判断之间的差异并不成为问题,问题仅在于判断的基础是一般人还是科学家。与此相反,虽然使他人吞食了足以致死的毒药,但事后被害人偶然服用了解药,因此没有发生死亡结果的场合,到底是事前判断还是事后判断,就具有左右结论的本质差异了。不过,在解药的服用是行为当时可能预见的场合,即使立足于具体危险说,由于这一点应当增加到判断材料之中,因此两者就没有什么差异了。因此,两者的差异仅仅会出现在事后介入的情况是行为当时不可能预见的场合。客观危险说正是将这种情况也增加到判断材料之中、从科学的立场来判断危险性的。

但是,如前所述,如果从事后的以及科学的角度来看,那么所有事情的经过都是必然的,而且结果并未发生也全都是必然的。根据因果法则,使他人吞食毒药但由于他人服用了解药而得救的场合,射击杀人但子弹偏向的场合,或者被害人偶然移动了位置而未被打中的场合等全都是必然的结果,只是行为当时人们未曾预料到而已。在这个意义上,可以说所有的未遂犯都是不能犯。因此,既然是立足于承认存在未遂犯的现行法的立场上,就不允许贯彻科学的、事后的判断。因此,客观危险说的倡导者们也不得不对此进行某些修正了。

大谷教授认为:"如果以科学法则为基准,在与具体结果的关联上,所有的未遂犯都将成为不能犯,那么就没有讨论与可罚未遂之间的界线的意义了。另一方面,即使以科学法则为基准来认定这种行为的危险性,只要是以条件关系为前提,那么这种危险性就有可能被无限地扩大。为此提供界限的正是基于社会通念或经验的常识。"(大谷、中编:《论争刑法》,第141页)虽然大谷教授在此突然再次提到"基于社会通念或经验的常识",让人感到大惑不解,但是,无论如何,这种基准一般不会超出如下判断的范围,即"在综合指向实现结果的意思活动的程度、方法、手段的适当性、客体的性质、具体的行为状况的基础上,如果从行为本身的客观性质到达经验上的这个阶段,法益侵害的可能性就会产生"(大谷:《同志社法学》第30卷第2、3号,第35页)。因此,在与后述具体事例的关联之下明确其与具体危险说的差异这一点上,这种学说仍然需要作进一步的探讨;如果直截了当地说,那么,除了从科学法则的观点出发增加事后判断,根据情况如何来判断是否有结果发生的可能性以外,根据这种学说,似乎应当将所有未遂犯均视为不能犯。

另一方面,山口副教授比大谷教授更为缓和地采取了基于科学法则的判断,他批判了否定事实的抽象化的态度,并且将自己的立场命名为"修正的客观危险说"(山口:《危险犯的研究》,第166页)。山口副教授认为:"除了实际存在的事实,如果还存在什么事实的话,那么我们就应当考虑法益侵害——根据科学的因果法则——的存在具有多大程度的可能性。这里的问题是,我们可以在多大程度上考虑这种现实中并不存在的(假定的)事实是存在的。""在这个意义上,在判断具体的危险之时,应当用假定的事实来替换现实存在的事实,通过追问其存在的可能性来进行具体判断,而且也不得不这样去判断。""这种存在可能性的判断,不得不说具有从所谓一般人的立场来进行之判断的性质(不过,这种判断并非从所谓'普通一般人的立场',而是应当从'科学的一般人'的立场出发,考虑特定的具体情况,尽量根据事实来进行)。在这个意义上,危险的判断是由科学的观点与'一般人'的观点所组成的复杂判断。"(山口,前揭书,第 165 页以下)

那么,在以这样的标准为基础的场合,客观危险说会与具体危险说之间产生怎样的差异呢?

3. **在适用上与具体危险说的差异**。首先,**从客体的欠缺**来看,根据具体危险说,在小偷想偷他人口袋里的钱包但遭受失败的场合,无论钱包在他人别的口袋中还是他人根本没有带钱包,均认为小偷的行为是盗窃未遂;与此相对,根据客观危险说,如果钱包在他人别的口袋中,那么,由于对钱包的客观危险性是存在的,因此小偷的行为是未遂犯;但是,如果他人根本没有带钱包,那么,由于无法承认具有危险性,因此小偷的行为是不能犯。这里否定了"可能存在的钱包"的抽象化。

同样,具体危险说与客观危险说之间的差异也适用于误以为他人正在睡觉而向空床射击的案件。根据具体危险说,只要没有可能认识到他人并未在该床上睡觉的特定情况,通常就可以肯定构成杀人未遂。但是,根据客观危险说,一般将这种案件作为不能犯来处理。不过,在他人睡在旁边的床上,或者睡在隔壁房间的床上的场合,与前述小偷的案件相比,仍然有肯定危险性的余地。这样一来,在他人外出而不在家的场合认为不具有危险性,而在他人离现场很近的场合则认为具有危险性,之所以得出这样的不同结论,其理由并不是像具体危险说那样,将事实抽象到认为只要是床就有可能有人在上面睡觉的程度,而是将"对于有可能睡在被射击的床上的人的危险"(山口,前揭书,第 169 页)是否存在作为问题。

在具体危险说的场合,由于将事实抽象到认为只要是床就有可能有人在上面睡觉的程度,因此就没有区别两种场合的根据了。

关于误认为尸体是活人而射杀的案件,根据客观危险说,就要根据事实上人是否已经死亡这样的一元标准来进行形式上的、纯客观的判断;与此相反,根据具体危险说,只要存在可能误以为是活人的场合,就承认构成杀人未遂。

即使在**方法的不能**的问题上,这两种学说在适用上也会产生差异。关于怀着杀意而给被害人注射30至40 cc空气的案件,最高裁判所从事实的不能说的立场出发,认为根据被害人的身体条件等情况,不能说绝对没有危险,因此肯定被告人构成杀人未遂,这种见解在思考方法上与客观危险说相近。具体危险说则是从普通人通常会误以为注射这一剂量的空气就会致人死亡的立场出发,认为被告人构成杀人未遂的。但是,客观危险说的论者认为,由于最高裁判所的判断基准甚至将被注射者患有极其罕见的疾病的场合也纳入到假定事实之中,因此危险的范围就过分扩张了。至多只应当将完全可能存在的不健康状态作为假定事实,科学地认定在这种场合是否存在致人死亡的危险(山口)。

关于从警察手中夺走手枪并怀着杀意向他人射击,但该枪中并没有装子弹的场合,具体危险说认为当然构成杀人未遂,客观危险说则在结论上存在分歧:一种立场认为,由于完全没有在科学法则上发生结果的危险,因此构成不能犯(大谷);与此相对,另一种立场则认为,与装饰在接待室的来福枪不同,在巡逻执勤过程中携带的手枪一般装有子弹,因此,由于在这种场合下该手枪中完全有可能装有子弹,因此认为存在具体的危险(山口)。这两种结论之间的差异在于是否通过事实的抽象化对事后的、科学的判断进行修正(修正的客观危险说),可以说后者仅仅表明了与具体危险说相近的事实。

主体的欠缺是指将并非构成要件要素的主体误以为是主体的场合,例如,误以为并非公务员的人是公务员而向他行贿的场合。根据客观危险说,由于对这种场合一律进行事后判断,因此被告人均为不能犯。与此相反,在这种场合,具体危险说会得出怎样的结论则并不明确。我个人认为,与行为的客体或方法不同,就主体或行为状况而言,在很多场合下,一般人可以认识到实情,因此,即使根据具体危险说,也应当认为成立不能犯,与客观危险说之间不会产生太大的差异。

4. 客观危险说的问题点。对于客观危险说,有学者从刑法理论的根基对其提出了批判,这就是从刑法既是裁判规范也是行为规范这一点提出的批判,这些批判分别是从以下观点提出的意见:"在将一般人作为对象的行为规范(评价规范)的层面上,一般人的见地以及行为时的情况具有极为重要的意义"(川端:《现代刑法论争Ⅰ》,第288页);"刑法规范首先在实施行为的时刻发挥其评判机能,判断该行为是否违法。在判断该行为违法的场合,就要发挥其命令机能,命令不得实施该行为。因此,行为本身的违法性必须是行为时的事前判断"(野村:《现代刑法讲座》第3卷,第121页)。

对于这些批判,从客观危险说的立场或许会提出如下反驳:刑法是裁判规范,之所以将其视为行为规范,乃是因为刑罚规范被提高到了法规范的高度,发挥着社会规范的机能;而且,即使对于是否违反了行为规范这一问题,也应当从对于法益造成的客观危险这一观点出发,在裁判时进行事后判断。但是,从本质上看,这些争论或许应当归结为刑法理论本身的争论。

不过,对于客观危险说,也可能存有内在的批判。第一,判断客观危险的基准。例如,以向空床射击为例,被害人在什么地方才认为向空床射击的行为具有客观的危险呢?这个问题的判断基准以及理论构成实际上并不像说的那么简单。如果被害人也有睡在该床上的可能性,那么这就与被害人睡在旁边的床上,或者睡在隔壁房间的床上,或者打算外出的场合没有什么差别。如果情况不是这样,而是行为人在仔细打探之后,向并非空床而是有人睡着的床射击,就会推动行为朝着不同于"特定射击行为"的其他射击行为(例如射击处于隔壁房间的被害人)方向抽象化。如果是这样的话,那么就没有对向床上射击这种类型进行限定的必要了,被害人的所在地是在旁边的床上还是在外面就没有什么差别了。相反,如果认为向空床射击的行为通常是不能犯,那么,在被害人睡在同一张床的一侧,由于另一侧隆起而致使行为人向此侧射击的场合,也同样不得不作为不能犯。自不待言,这并非妥当的结论。如果不是这样,如果这种场合下有射击第二发子弹的可能性,那么,在空床的场合,射击第二发子弹的可能性就会扩展到被害人外出的场合,而且还会产生如果手枪里只有一发子弹应当如何处理等复杂问题。

第二,如果否定事前判断,就会提出这样的问题:在实施了表面上看起来危险非常迫切的行为之时,例如,在实施了夺走警察手中没有装子弹的手枪并试图用它来杀人的行为之时,应当如何处理对之实行逮捕或者正当防卫的场合呢(振津、中山)?如果认为这种行为是不能犯,那么它就成为没有违法性的行为,逮捕也就成为误认逮捕,正当防卫也将不成立。为了避免这种欠缺具体妥当性的结论,只能进行如下解释:即使是误认逮捕,但如果误认是相当的,那么就是正当的行为;作为正当防卫成立要件的"不正当侵害",并不限于通说所说的"违法行为",而是意味着从防卫者来看没有理由忍受的侵害。在这种场合,由于"侵害"实际上并不存在将成为难以动摇的事实,误想防卫的成立就在所难免了。

以上就是关于不能犯的争论的最新状况。

第三节 危险犯中的危险概念

一、危险犯的概念和种类

1. 实害犯与危险犯。自古以来,日本刑法学一直在学习德国刑法学,将犯罪分为实质犯与形式犯,再将实质犯分为实害犯与危险犯。所谓**实质犯**,是以对法益的实害或者危险为内容的犯罪;与此相对,所谓**形式犯**,不是以对法益的实害或者危险为内容,而是以单纯违反行政上的义务为内容的犯罪。例如,违反各种行政管制法规中规定的申报义务、报告义务等就属于形式犯。

在实质犯之中,**实害犯**是指实际侵害了特定法律旨在直接予以保护的法益的行为;而**危险犯**则是指对这样的法益产生侵害危险的行为,对于将实质犯分为实害犯与危险犯的分类法,几乎没有异议。

2. 具体危险犯与抽象危险犯。问题在于危险犯的分类。在很长的时间里,日本刑法一直将危险犯分为具体危险犯与抽象危险犯。尽管对于这一分类的基准还存在争议,但是,一般认为,所谓具体危险犯,是指为了成立犯罪,要求具体地法益侵害的危险现实化的犯罪类型。也有学者将具体危险犯理解为法律在条文之中使用了"危险"这一用语的犯罪(冈本)。例如,对自己所有的非现住建筑物放火罪(第109条第2款)、对非建筑物放火罪(第110条)、煤气泄漏危险罪(第118条第1款)、浸害非建筑物罪(第120条第1款)等就属于具体危险犯。

与此相对,所谓抽象危险犯,是指将特定行为本身作为一般而言包含着法益侵害之危险的行为而加以禁止的犯罪类型。对于抽象危险犯而言,并不一定要求具体地法益侵害的危险现实化。例如,违反道路交通法上的最高速度限制(第22条第1款、第118条第1款第2项)的行为,一般而言是作为具有高度的发生人身事故危险性的行为而加以禁止的。既然将之作为禁止的行为,那么,即使在周围没有对面驶来的车辆或者行人的道路上违反这种车速的限制,也是违法的。

此外,一直以来,单纯放火罪(第108条)被奉为抽象危险犯的典型,虽然该罪包含着"烧毁"这一实害犯的方面,但是,为了说明该罪与通常的损坏建筑物相比处刑要重得多以及即便如此也不一定需要发生公共危险这两点,就只能认为其具有抽象危险犯的侧面。不过,既然该罪具有这一侧面,那么也就不能否定其包含着抽象危险犯的问题性了。

二、未遂犯是具体危险犯吗?

对于前述将危险犯分为具体危险犯与抽象危险犯的分类法,几乎没有异议。但是,关于这种分类的基准,以及关于将怎样的犯罪分配到这两种类别之下,仍然存在见解上的差异。虽然可以避开对这一差异的详细内容的介绍,但是,在与危险犯中的危险概念的关系之下,应当注意的是:在是否可以将未遂犯作为具体危险犯来把握这一问题上是存在争议的。特别是在采取具体危险说的场合,理解就成为问题。

日本的学说一般将未遂犯作为具体危险犯来把握,这是因为如下的考虑在起作用:由于在抽象危险犯的场合,即使法益侵害的危险并未现实化,也仍然承认犯罪的成立,因此,在立足于具体危险说的场合,当然就认为不能将未遂犯归入抽象危险犯。但是,与此相对,最近有学者对这种理解提出了强烈批判,认为它混淆了成立具体危险犯的既遂所要求的"具体的危险"与成立未遂犯所要求的"具体的危险",而且软化了本来的具体危险犯的内容(冈本)。

批判的第一点是关于形式逻辑方面的。"如果未遂犯是'具体危险犯',那么具体危险犯或抽象危险犯的未遂犯在逻辑上就不可能存在了。"批判的第二点是关于实质方面的。"本来的'具体危险犯'中的'具体危险',是对于特定犯罪构成要件预定的保护法益造成的危险;与此相对,未遂犯中所谓的'危险',意味着既遂犯构成要件实现的盖然性,并不一定是对法益的直接危险。围绕着未遂犯是否成立的所谓'危险'的判断……是指通过对应于各种犯罪类型来对已经查明的具体情况进行合理的抽象化,从而对既遂犯构成要件实现的盖然性是否存在所作出的判断。"与此相对,"在本来的具体危险犯或抽象危险犯中应当作出的危险判断,是指具有一切专门知识以及最高认识能力的人,以行为当时客观存在的情况为判断基底,基于判断之时所查明的因果要因以及因果法则所作出的关于实害(法益侵害)发生之可能性的判断。这并非一般人的不安感或者印象,也不是一般人进行的危险判断"(冈本:《Law School》第12号,第37页)。

这一指出两种危险判断构造之差异的见解进一步认为:通过将未遂犯包含在具体危险犯之中,本来的具体危险犯中的危险判断就要根据一般人的经验判断来进行了,如果是这样,就不得不说这是一个重大的问题。但是,通说尚未到达承认这一结论而认为未遂犯包含在具体危险犯之中的地步,而只是认为,较之抽象危险犯说而言,具体危险犯说更符合未遂犯的本质。在具体危险犯之中,预设存在各种类型的操作也是可以接受的。

但是,不能否认的是,这种新的问题意识在将其他的问题点也考虑进来的同时,发展了将危险犯概念细分化的尝试。在这一点上,最近出现的倾向是限定性地解释抽象危险犯中的危险概念,从而引导抽象危险犯从形式犯化向实质犯的方向转化的努力。因此,以下就让我们来考察一下这种倾向。

三、抽象危险犯中的危险概念的限定

本来,抽象危险犯是指法律拟制其一般而言包含着法益侵害的危险并对之加以禁止的行为,因此,抽象危险犯并不一定以具体地法益侵害的现实化为必要。在这个意义上,只要以各种行为为例来看,就不能否定:抽象危险犯与法益的关联性非常薄弱,其危险犯的属性不过徒有其表,而且最终近乎于形式犯了。

对于这一点的反省产生于强调刑法的谦抑性、在违法论之中侧重结果无价值论的动向出现之时。平野教授认为,《破坏活动防止法》第38条第2款第2项以及遗弃罪的成立以"某种程度的具体危险"为必要,因此,抽象危险犯与具体危险犯之间的差异,可以归结为被认为是必要的具体危险到底是"某种程度"的还是"迫切"的这一量的差异之上(平野:《刑法总论Ⅰ》,第120页以下)。在这种看法的延长线上,内田教授指出,在对山里独门独户的、没有发生公共危险之可能性的房屋放火的场合,难道可以采取刑法第260条的建筑物损坏罪的思考方向吗(内田:《学习刑法》,第288页)?

沿着这样的动向,从刑事犯的基本构成要件的充足在个别场合下以对于保护法益的侵害或者具体的威胁为必要这一立场出发,对抽象危险犯的问题性进行了详细探讨的冈本副教授也认为,即使在抽象危险犯的场合,亦要求发生"某种程度的具体危险(抽象危险)"。因此,就刑法第108条、第109条第1款的放火罪而言,"例如,在将居住在或者现处在具有火灾侵害之危险的房屋中的所有人完全地排除在火灾的危险之外的前提下而放火的场合;在对虽然作为住宅使用,但现在并没有人在其中而且火灾没有蔓延之可能性的山里独门独户的房屋放火的场合;在虽然向现在有人居住的房屋放火,但是,在行为人的旁边,已经准备好了数台随时待命的消防车,一旦失火马上就可以灭火的场合,应当作出不同处理:在第一个例子的场合,不应当认为符合第108条而应当认为符合第109条第1款;在第二个例子和第三个例子的场合,则应当认为构成建筑物或者器物损坏罪。此外,就遗弃罪而言,将幼儿遗弃在派出所内的警察面前,或者将婴儿遗弃在医院新生婴儿室的

床上的行为,应当认为是缺乏违法性的行为(冈本:《法学》第38卷,第2号,第124页以下)。

这样的动向是否正在得到学界全体的支持,仍然是不甚明了的。但是,在此之中却出现如下尝试:在抽象危险犯之中设置类别的差异,对于危险概念的限定,尽量按照种类的不同进行不同的处理。最后,我们就不得不考察一下这种尝试了。

四、危险犯概念的细分化

西德学者H. 施洛德等明确指出存在所谓"抽象的具体危险犯"(abstrakt-konkrete Gefährdungsdelikte)的概念(H. Schroeder, JZ 1967, S.522ff.)。受到这种见解的启发,在日本,如下问题成为考察的对象:难道不存在应当称之为"具体的抽象危险犯"的犯罪群——虽然本来是抽象危险犯,但是,在特定构成要件的解释上,要求具有达到一定程度之法益侵害的行为或者行为手段——吗?但是,一直以来,这个问题尚不至于到达分割抽象危险犯的地步。

与此相对,明确地表现出将抽象危险犯两分化的态度的是山口副教授。山口副教授认为:"一直以来,在被汇总为抽象危险犯的犯罪之中存在如下见解:虽然法律条文上不要求'危险'的发生,但是,为了认定已经实施了成为处罚对象的、符合构成要件的行为,与某结果事态相关的、某种程度具体的、实质的危险的发生是必要的。这种危险……较之构成通常的抽象危险犯之处罚根据的危险(抽象的危险)而言,更加要求具有'具体的'的内容。我想将这种某种程度上更加具体的抽象危险称之为……'准抽象危险'。这种法律条文所规定的行为本身要求某种程度的具体危险的发生的犯罪,可以称之为以'准抽象的危险'为处罚根据的'准抽象的危险犯'。"(山口,前揭书,第251页以下)于是,作为属于这一类型的犯罪,可以举出遗弃罪、妨害公务执行罪。

与此相对,对于承认存在"具体的抽象危险犯"的理论构成,很早以前就开始研究抽象危险犯的冈本副教授高度评价了其试图将抽象危险的概念实质化并限定抽象危险犯之成立范围的努力。但是,冈本副教授并不赞成像山口说那样将抽象危险犯两分化。这或许是因为对于抽象危险犯的全体均承认这样限定是必要的。此外,必须注意的是,在构成要件的解释方面对行为或行为手段方面进行限定是非常困难的,其理由在于:从构成要件的表述以及规定形式来看,存在这种处理必然有困难或者不充分的抽象危险犯;而且,在构成要件标识的肆意性上,与不当解释相关联的危险性很高(冈本,前揭,第44页)。于是,冈本副教授认为,不应当在构成要件的解释方面,而应当在实质的违法方面进行这样的限定,例如,将婴儿遗弃在医院新生婴儿室的行为,应当认为其虽然符合"遗弃"的特征但实质并不违法。

五、我个人的若干见解

那么,应当如何看待这种最近的动向呢?下面我想表达一点自己的看法。

最根本的问题在于,对于抽象危险犯,是否应当要求"某种程度的具体危险"的发生呢?依我个人之见,这个问题最终应当作为每个构成要件的解释问题来逐一加以解决,过分地在总论上一概而论是有问题的。与抽象危险犯相关的法律条文,在其解释上只是不要求实害的发生或具体危险的发生而已,除此以外,以什么要件为必要,根据各构成要件的不同而有所不同。应当考虑该条文的意图和目的、该条文或者相关条文的表述、设定一定基准的可能性、是否存在以大量处理为必要的场合的不公平,据此来决定这一问题。

但是,对于将包含着程度上的差异的危险概念纳入构成要件的解释之中的做法,存在前述冈本副教授的批判。但是,由于这一点最终可以归结为犯罪论体系构成的问题,而我认为构成要件是违法类型(参照西原:《刑法总论》,第133页以下),因此,我想明确指出的是:在体系上,这种做法是可能的。有学者批判这样的立场,认为它缓和了构成要件的解释,模糊了构成要件的范围;与此相对,我认为,构成要件原本就是可以根据解释的不同而伸缩自如的观念形象,其本身并不能发挥人权保障的机能。发挥人权保障机能的是条文的表述,我只想说:将条文的表述与构成要件混为一谈是不正确的。

这样,根据我的前述见解,将婴儿遗弃在医院的新生婴儿室这样对婴儿的生命、身体、健康完全不存在危险的行为,应当排除在遗弃罪之外;应当将未达到妨害公务执行的暴行、胁迫解释为不构成妨害公务执行罪;即使进行了虚伪陈述,在欠缺与特定事件的关联性的情况下,由于没有任何误判的可能性,因此应当认为不成立伪证罪。

但是,就第108条和第109条第1款的放火罪而言,在与第109条第2款和第110条的关联上,并不要求有公共危险的发生;而且,在火灾的场合,公共危险的范围非常广泛,因此,就放火而言,"某种程度的具体危险"与公共危险几乎是一致的(例如,冈本副教授所列举的那些场合,不仅没有"某种程度的具体危险",而且应当归结为没有公共危险的场合),从而将没有"某种程度的具体危险"的放火排除在放火罪之外,是违反法律条文的意图的。而且,一般认为,第108条的刑罚之所以重,乃是因为其不仅有抽象危险犯的一面,而且有损坏建筑物的手段很重大的一面。考虑到这些因素,我认为应当仅仅根据烧毁的有无来考虑是否成立放火罪。

对于所有的抽象危险犯均要求发生"某种程度的具体危险",这是不合理的。如果以违反道路交通法上的最高速度限制为例来进行考虑,就很容易明白这一事实。虽然也有见解认为这一犯罪的性质是形式犯(平野、山口),但是,如果将之与前述违反申报义务进行比较考察的话,那么就可以理解后者才是形式犯,而前者是抽象危险犯。而且,即使对于这种违反速度限制的场合而言,也确实可以想象欠缺"某种程度的具体危险"的行为。像我这样在高速公路没有速度的限制、即使在一般道路上速度限制也相当宽松的西德进行了充分的高速驾驶训练的人,在日本违反了速度限制的场合下,也想主张这种见解。但是,很明显,在大量处理的过程之中,要求这样的判断是完全不现实的,在实施的场合也会产生不公平。这种行政管制法规中的抽象危险犯,除了与公安条例等表现自由的比较衡量成为问题的领域以外,一般只能定型地适用,而且应当限定在超过时速限制10公里以内不处罚这种运用道路交通法的现状上。

如果这样解释,那么,像山口副教授那样将抽象危险犯两分化的想法也就不难理解了。但是,关于将怎样的犯罪分配到这两种类别之下,有很大的分歧;而且,我想指出的是,由于山口副教授即使对于仅限于本来的(狭义的)抽象危险犯的放火罪、伪证罪,在与实质危险的关系上,也进行了一定程度的限定解释,因此就无法明确其与准抽象危险犯之间的本质区别了。与此相反,我认为,将未遂犯作为准具体危险犯来把握,以此区别于本来的具体危险犯,应当视为学界的一个进步。通过这种构成,不仅可以回避前述来自冈本副教授那样的批判,而且可以避免将未遂犯归入抽象危险犯之中。准抽象危险犯的概念是以与此相匹配的形式而设计出来的,但是,本来就应当将之限定在从构成要件的解释所产生的抽象危险犯中的具体的抽象危险犯这个程度之上。

第二编

原因上自由行为

第一章　过失犯与原因上自由行为

第一节　问题之所在

关于将违反注意义务作为过失犯的成立要件,现在基本上没有争议了。但是,关于这一注意义务的内容是什么,尚未出现一个支配性的见解。对此,各种见解之间存在激烈的对立。本文的目的并不在于一般性地介绍这种学说上的争论,并且对此展开自己的见解。本论文集无处不在进行这样的工作。不过,由于在关于注意义务的争论之中存在与本文直接相关的内容,因此我想首先由此出发。

问题是,注意义务的标准到底是什么？也就是说,注意义务是以一般人的注意能力为标准,还是以该行为人的注意能力为标准,在这一点上一直存在争论。关于这一点的学说可以分为三种,即以一般人的能力为标准的客观说、以行为人的能力为标准的主观说以及折中说。[1] 一般而言,立足于社会责任论立场的人倾向于采取客观说,而主张规范责任论的人则倾向于采取主观说或者折

---

[1] 像本文这样分为客观说、主观说、折中说来加以说明,是一直以来的思考方法。例如,赵欣伯:《刑法过失论》,第309页以下;齐藤金作:《刑法总论》,第179页;团藤重光:《刑法纲要总论》,第254页;大塚仁:《刑法概说》(总论),第164页。与此相反,将主观说与折中说合并在一起,命名为主观说,并将之与客观说对立起来的学者也很多。例如,牧野英一:《重订日本刑法上卷》,第204页;小野清一郎:《新订刑法讲义总论》,第173页;小泉英一:《刑法总论》,第138页。如果从是否考虑行为人的注意能力这一点来看的话,主观说与折中说有共通之处。而且,在日本,明确提出主观说的学者还很少(例如,小泉,前揭书)。从这个意义上看,两分法也许要现实一些。但是,为了说明上的方便,本文想采用三分法。

中说。

的确,如果从形式上考察的话,在主张社会责任论的场合,由于责任的本质是罪犯的危险性,因此,不具备要求一般人所具有的那种程度的注意能力的人,即无法遵守以一般人为标准所制定的注意义务的人,在这一点上就已经是危险的人了,从而就会产生责任。也就是说,在此,赞成客观说是理所当然的。与此相反,在立足于规范责任论的场合,责任的本质是道义上的非难可能性,这种非难可能性并不产生于行为人没有遵守义务的能力。因此,如果将这一公式适用于注意义务的问题之上,当然暂时就会到达主观说或者折中说。但是,如果更加细致地加以探讨的话,那么,这三种学说在结论上是否存在所预想的那样大的差异呢?这种必须搬出刑法学的基本思考方法来进行对抗的差异,实际上到底是否存在呢?

问题是,在由于没有注意能力,或者即使有注意能力但比一般人低,因此无法预见结果的发生,从而被认为没有过失的场合,三种学说所预想的那种程度的对立何在?上述三种学说的区别当然设想了这种场合的绝大多数情形。假设完全不考虑这种场合的话,那么三种学说之间的区别就会丧失实质的意义。本文试图通过对这一问题的探讨,反省一直以来在注意义务与注意能力之间的关系上所展开的争论的意义。而且,为了达成这一目的,本文想将一直以来为通说和判例所赞成的"原因上自由行为"理论作为线索。

第二节　原因上自由行为与注意义务

1. 所谓原因上自由行为(actio libera in causa)的理论,是指即使在没有行为能力或者责任能力的状态下实现了符合构成要件的事实,在事前对于这一事实的实现存在故意或者过失,并且当时不仅具备行为能力而且具备责任能力的场合,自不待言,对于这一事实的实现,应当作为有完全责任能力的情形而承担故意犯或者过失犯的责任。虽然这一理论的沿革并不明确,但是,在17、18世纪德国普通法的时代,已经有学者论述了是否可以承认这一理论的问题,承认这一理论的法律是很有力的。后来,虽然萨维尼否定了这一理论,而且出现过效仿萨维尼之见解的立法,但是,据说自1871年德意志帝国刑法典制定以来,肯定这一理论的见解再度占据支配地位。[1] 即使在今天的德国,赞成这一理论也基本上是一致的意见。[2]

在日本,这种原因上自由行为的理论早在明治时代、在德国刑法学最初被介绍进来之时就已经出现在学说之中了。[3] 而且,关于赞成这一理论这一点,迄今为止,几乎没有反对的学说。与这种学说并行的是,判例也逐渐开始采用这一理论。昭和二年(1927年)10月16日的大审院第三刑事部判决认为,在给婴儿喂奶的同时陷入睡眠状态、在熟睡的情况下将婴儿压死在乳房之下的母亲,构成过失致死罪。[4] 这应当是最早暗中承认原因上自由行为之可罚性的判例。到了战后,围绕着酩酊犯罪,这种判例的态度进一步强化了。昭和二十六年(1951年)1月17日的最高裁判所大法庭的判决认为,具有大量饮酒就会陷入病态的酩酊状态、在心神丧失的状态下会对他人造成危害之危险的人,如果知道自己有这种恶习但仍然饮酒并陷入病态的酩酊状态之下,那么,他就应当为其在心神丧失的状态下所实施的杀害他人的行为承担过失致人死亡罪的责任。[5] 作为针对类似案件的主要判例,这一判决备受人们注目。[6]

这样,原因上自由行为理论是学说和判例均承认的理论,本文也想从这一事实出发。但是,原因上自由行为存在故意的场合与过失的场合,关于在故意的场合下应当在多大程度上承认这一理

---

[1] 根据 v. Bar, Gesetz und Schuld im Strafrecht, Bd. 2, 1907, S. 104 ff.; Liszt-Schmidt, Lehrbuch des Deutschen Strafrechts, 26. Aufl., 1932, S. 242 Anm. 10。

[2] 关于承认原因上自由行为理论的德国文献,参照西原春夫:《德国刑法上的酩酊犯罪》,载《酩酊与刑事责任》(日本刑法学会编),第38页注(2)、(3)。

[3] 例如,小畴传:《修改日本刑法论总则》,第211页以下。

[4] 刑集第6卷第413页。

[5] 刑集第5卷第1号第20页。

[6] 关于其他判例的倾向,参照西原春夫:《原因上自由行为》,载《刑法判例百选》,第166页以下。

论,仍然是值得探讨的问题,由于这一问题偏离了本文的主题,因此在此就不进行论述。此外,正如《修改刑法准备草案》第 16 条所规定的那样,是否不仅对心神丧失的过程中的行为肯定原因上自由行为,而且对于心神耗弱的过程中的行为也肯定原因上自由行为,是存在争议的。虽然这一问题与本文也有一些关系,但由于有学者已经论述过[1],而且,如果对这一问题展开论述,就会使论述复杂化,因此,在此我也想将它省略掉。

那么,这里最成问题的是什么呢？这个问题就是:在原因上自由行为的场合下,注意义务到底是什么？

2. 过失的原因上自由行为,即事前对于无责任能力状态下的结果的发生存在过失的场合,为了对此肯定过失犯的成立,不言而喻的是,必须肯定它违反了与一般过失犯相同的注意义务。而且,这种场合下所科处的注意义务,从根本上说是应当注意不得引起特定结果的义务,即使对于这一点,也是没有异议的。[2] 不过,成为问题的是:对于特定行为人,是否应当将构成这种一般的、抽象的义务内容的具体的、个别的义务视为刑法上进一步科处的义务？如果应当这样来看的话,那么这一义务的内容是什么？

关于这一点,前揭昭和二年大审院的判例认为,"睡在出生不久的婴儿旁边并给婴儿喂奶的人,均负有防止伴随其喂奶行为的、通常可能发生的一切危险的义务",并且判决指出,本案结果的发生正是疏忽了这一义务的结果。此外,前揭昭和二十六年(1951年)最高判例也体现了与此基本相同的思考方法,"应当说,像本案的被告人那样,具有大量饮酒之时就会陷入病态的酩酊状态,从而在心神丧失的状态下给他人造成犯罪危害之危险的人,通常有抑制或限制导致上述心神丧失之原因的饮酒等行为、防止前述危险发生的注意义务",因此,在心神丧失状态下的杀人行为,正是疏忽

---

[1] 西原春夫:《原因上自由行为》,载《修改刑法准备草案》(日本刑法学会编),第 45 页以下。

[2] 这一注意义务的内容到底是结果避免义务(井上、藤木),还是结果预见义务(秋山、平野、木村),或者是基于对结果的预见、为了避免结果发生而应当赋予一定的作为或者不作为以动机的相当义务,在这一点上,仍然存在争议。本文不准备进入这一争论之中。

了这一注意义务的结果。质言之,这两个判例均未直接承认避免(或者预见)杀人结果义务这一最上位的模糊义务,而是进一步设定了在此之前的义务或者构成其内容的、下位的、更加具体的义务,将懈怠了这一义务作为每个案件中不注意的实质。

我们不仅可以在原因上自由行为的场合,而且可以在一般过失犯的场合看到这样的判例的态度。[1] 例如,即使应当注意不得导致他人死亡的义务一般来说是针对所有人而经常科处的,然而,在引起某种致人死亡的结果的场合,对于为这一结果提供原因的人,也不能认为其通常疏忽了这种义务。至少,从当时的具体情况来看,在可以认定即使具有通常人的能力但结果的发生仍不可避免的场合下,当然就不能追究行为人过失致死罪的责任。这样,既然在认定违反注意义务之时有必要斟酌具体情况,那么这就不只是在认定"违反"的有无的场合,而且在决定"注意义务"的内容本身的场合具有意义。也就是说,预先设想的并非针对所有状况下的所有人的一般的、抽象的注意义务,而是针对特定具体情况下的特定行为人的个别的、具体的注意义务,然后考虑是否疏忽了这一注意义务。例如,以在人行横道前不停车而轧死过马路的行人的汽车司机为例,为了认定该司机是否违反了"应当注意不得致他人死亡的义务",最终,预先设想"应当确认在人行横道上是否有行人的义务",然后认定该司机是否疏忽了这一注意义务,就成为认定注意义务的明确方法。[2]

这样一来,我们就可以明白,过失犯的注意义务的内容是:在以抽象的、一般的义务为背景的同时,也尽量将这一义务个别化、具体化,疏忽了这种个别的、具体化的义务就是不注意,即违反注意义务的实质。而且,这样的理论构成不仅适用于一般过失犯,也适用于原因上自由行为的场合。

3. 在此,我想再次回到原因上自由行为的场合下的注意义务

---

[1] 参照井上正治:《判例所体现的过失犯理论》;大塚仁:《汽车事故与业务上过失责任》。

[2] 此外,注意义务是这样具体的义务,这是为学者们所普遍赞同的。例如,井上正治:《过失犯的构造》,第64页以下;大塚仁:《过失犯的注意义务》,载《刑法讲座》第3卷,第14页以下。

的内容上来。总之,在原因上自由行为的场合,由于在引起结果之时或者之前,行为人丧失了行为能力或责任能力,因此,行为人当然就没有履行注意义务的能力。就前例而言,无论是在哪一种场合,在致人死亡之时,行为人当然既不具有预见结果的能力,也不具有避免这一结果的能力。但是,不能就此认为可以免除对行为人的不注意的非难。这是因为,在这种场合下,丧失预见结果和避免结果的能力本身成为引起结果的原因,而且,应当认为行为人具有应当注意避免这种事态发生的义务,并且其具有遵守这种义务的能力。也就是说,这种场合下行为人所违反的注意义务,一般而言,可以说是应当注意不要引起"丧失注意能力"的结果的义务。而且,在这种"丧失注意能力"就是"丧失责任能力"这一点上,正是原因上自由行为的场合与一般过失犯所不同的特色。

可是,在这种过失的原因上自由行为的场合下,注意义务到底是客观的,还是主观的呢?如果过失的原因上自由行为的注意义务——如前所述——是指应当注意不要引起丧失注意能力的结果的话,那么,很明显,在设定这样的注意义务之时,就要考虑到具体的行为人个人,即虽然其在引起结果之时丧失了注意能力,但在丧失这种注意能力之前,他是有注意能力的。这一点的根据在于:如前所述,不仅原因上自由行为的注意义务,而且一般过失犯的注意义务均非一般的、抽象的,而是与现实的具体情况相应的个别的、具体的义务。因此,从这种见解来看,注意义务就是仅仅针对行为人个人的主观义务了。但是,另一方面,从另一种见解来看,以特定具体的行为人个人为目标的义务,并不排斥针对与这一行为人处于同一情况下的所有人。[1] 从这个意义上看,将注意义务解释为针对一般人的客观义务是可能的。

如后所述,依我个人之见,以上理解注意义务的方法,对于所有过失犯都是妥当的,但是,最确切地体现这种理解之必要性的,实际上是原因上自由行为的场合。因此,在下面的部分,我打算在意识到这种原因上自由行为的法理的同时,将考察的重点转移到一般过失犯上来。

---

[1] 参照前述两个判例的表述。

第三节　注意义务与注意能力的关系

1. 正如上面所考察的那样,在原因上自由行为的场合下,即使在引起结果之时或之前丧失了行为能力或责任能力,如果可以在尚未丧失这些能力之前的态度之中认定违反了注意义务,就可以肯定过失犯的成立。不过,如果重新考虑一下的话,那么,在不被认为是原因上自由行为的一般过失犯的场合,难道不是也存在应当适用与此类似的理论构成的案件吗？也就是说,在引起结果之时或者之前欠缺注意能力,因此最终否认了过失的存在的场合之中,难道不是也存在采用与原因上自由行为类似的理论,承认存在过失并认为应当受责难的案件吗？或者,反过来说,如果存在如下场合——即使引起结果之时或之前欠缺注意能力,但是,可以认为在丧失注意能力之前的态度中、在与引起结果的关系上存在注意义务违反——就不可能明确地意识到其中有与原因上自由行为类似的理论在发挥着作用吗？而且,首先解决这样的问题,对于明确与注意义务和注意能力相关的客观说、主观说以及折中说的意义,是不可或缺的。

2. 在此,我想首先从关于违反特定的注意义务与过失之间关系的考察出发。

例如,在道路左侧有行人之时,汽车司机应当负有在此之间留出一定的安全间隔以便行人通过、防止由于撞击等产生的危险的义务。在通常情况下,一般认为,汽车司机是有能力遵守这种义务的。不过,在出于某种偶然原因,没有遵守这种义务的能力的人驾驶汽车、撞倒行人并导致其死亡的场合下,是否可以认为其存在过失责任呢？首先,在立足于客观说的场合,由于这样的义务是一般司机可以遵守的,因此,无论行为人的情况如何,均可以认为存在过失。与此相对,在采用主观说的场合,由于违反注意义务的行为是以行为人的能力为基准来认定的,因此不能说行为人至少违反了这种注意义务,如果是这样,就不能认定存在过失。最后,根据折中说,虽然在与客观说同样的意义上可以认定违反了注意义务,但是,由于这种场合下的行为人没有注意能力,因此最终就会与主观说一样否定过失的责任。

但是,在上述案件的场合下,假设由于行为人是没有达到法定视力的近视眼,而且没有使用夜间眼镜,因此无法认识到行人的存在,从而未能保持与行人之间的安全间隔,结果撞倒行人并致其死亡。在这种场合下,就保持间隔的义务而论,行为人就没有遵守义务的能力了。但是,无论是主观说还是折中说,在这种场合下,在对于致死的结果承认过失的成立这一点上是没有异议的。这是因为,即使行为人没有保持间隔的能力,但是,他有能力认识到自己是近视,并且应当注意使用眼镜等来保证安全驾驶的能力;此外,在这一点上,他是有义务的,而且,很明显的是,他违反了这一义务。

这样,即使没有遵守某种特定的注意义务的能力,但是,在具有遵守先行于这些义务的其他注意义务的能力的场合,对于违反后者的义务承认存在过失是妥当的案件,在道路交通事故犯的场合下大量存在。由于疲劳、醉酒、眩晕、驾驶不熟练等导致的交通事故即为适例。而且,应当说这样的案件不仅仅在交通事故犯之中,而且在一般过失犯之中广泛存在。技术不熟、能力不足的人从事一些需要一定技术和能力的工作,因此侵害法益的场合,在交通事故不像现在这么多的以前,是这种案件的典型。[1] 那么,这样看来,客观说、主观说与折中说之间的间隔实际上是非常狭窄的。

但是,在这三种学说之中,主观说与折中说之间的差异仅仅是关于违反注意义务或注意义务的概念的范围的,在解决特定案件之时,不妨说两者可以得出完全相同的结论。这是因为,在行为人个人没有注意能力的场合,主观说认为,由于注意义务的违反本身就不存在,因此就没有过失;与此相反,折中说认为,虽然有注意义务的违反,但由于没有注意能力,因此没有过失。两种学说的不同之处仅仅在于到达同一结论的逻辑推理过程有所不同而已。问题是客观说与这两种学说之间的距离。本文的考察所应当涉及的就

---

[1] 以往在论述这种问题之时,经常采用的是技术拙劣的医生实施手术、导致患者死亡的案件。参照大场茂马:《刑法总论》(下卷),第760页;宫本英修:《刑法学粹》,第315页以下;牧野,前揭书,第206页。

是在此之间的间隔。

3. 客观说与主观说、折中说之间的差异在于：在过失的认定上，是否考虑行为人的注意能力。客观说完全不考虑行为人的注意能力，而主观说、折中说则以某种形式考虑了行为人的注意能力，在这一点上，两者是有本质不同的。因此，仅仅听到这样的解释，我们就会以为，在具体的过失的认定上，两者会得出互不相容的结论来。事实上，学说一直以来都是围绕着这种形式上的基准来追问赞成与否，并展开不同见解的。〔1〕但是，正如刚才所考察的那样，在即使没有遵守某种注意义务的能力，但有遵守先行于此的其他注意义务的能力的场合下，追究违反后一种注意义务的责任、最终肯定其过失责任是妥当的案件是大量的；这样一来，即使立足于主观说、折中说，以行为人个人的注意能力不足为由而否定过失的场合反倒很少了。越是考虑这样的状况，客观说与主观说、折中说之间的差异就越会缩小。而且，最后两者之间所剩下的差异就仅仅在这一场合了：对于注意能力的欠缺本身存在不注意，一般人虽然能够注意到这一点，但行为人个人却没有注意这一点的能力。

但是，这种场合在现实中也并未成为问题。这是因为，这种场合下的注意义务越是远离结果，行为人个人的注意能力与一般人的注意能力之间的差异就越不明了，特别是在行为人是有责任能力者的场合下，两者最终几乎完全一致。不过，问题是：在注意能力的欠缺源于限定责任能力，特别是并非暂时的精神障碍的场合，在形式上，客观说与主观说、折中说之间的确会产生结论上的差异。但是，关于这一点的最终决定，我仍然想通过对以往的争论的探讨，特别是对客观说所理解的注意义务的探讨来进行（后述）。无论如何，在涉及这种争论的场合，必须常常明确地意识到以上的观点。〔2〕

---

〔1〕 例如，参照后述泷川博士的见解。
〔2〕 指出客观说与主观说（以及折中说）实际上差异很小的是牧野，前揭书，第206页；藤木英雄：《过失犯的考察》（二），载《法学协会杂志》第74卷，第3号，第295页。

4. 最后，以上述考察为前提，我想对客观说、主观说以及折中说提出一些个人的见解。首先，我认为，注意义务并不是仅仅针对行为人个人的，而是针对包括行为人在内的、与行为人处于同一情况下的所有人的。这是因为，即使从形式逻辑上看，针对某种特定情况下的特定人的注意义务，对于处于同一场合下的其他人也必然是妥当的；而且，即使从实质上看，"不注意"这种评价本来就是以对于同一情况下的他人也可以成立这一评价为前提的。出于这一理由，如果主观说将行为人个人的注意能力作为注意义务的基础，认为注意义务是针对行为人个人的话，就无法采用这种见解了。但是，如果说主观说只是在被违反了的注意义务的选择[1]之际考虑了行为人的注意能力，如后所述，它就能够留下与客观说合而为一的余地。

另一方面，我认为，注意义务并不是脱离具体的态度或者结果而抽象地成为问题的，而常常是在与某种特定的态度（与结果之间具有因果关系的态度）是不是不注意的这种评价的关联上成为问题的。而且，行为人抽象地被科处了大量的注意义务，要决定其违反了如此大量的注意义务中的哪一个义务，必须将行为人的注意能力作为问题。这一点在上文中已经考察过了。因此，如果说客观说在注意义务的选择、确定是否违反注意义务之际完全不用考虑这种意义上的注意能力，就无法赞成这种见解了。客观说认为，注意义务并不是仅仅针对特定行为人的，而是针对处于同一情况下的所有一般人的，在这个意义上，必须"客观地"把握注意义务。如果不是这样的话，客观说所谓的注意义务，就不是具体情况下的注意义务，而仅仅是"应当注意不得导致他人死亡的义务"这种抽象的、一般的义务了。而且，如果像我个人那样把握客观说所谓的注意义务，无论怎样从结果的发生出发向前回溯来考察注意义务，也都没有遵守注意义务的能力的情况下，就无法选择、确定应当视

---

[1] 这种用语虽然不明确的，但具有如下旨趣：对于在抽象的观念上时刻都在变化、而且被重叠科处的注意义务，在引起某种结果的场合，到底是由于违反了哪一项注意义务，任何人都不能一概而论。这样，假定在与引起的结果之间的关联下被认为是违反了的注意义务，称之为在此"违反了的注意义务的选择"。

为已经被违反了的具体的注意义务,最终也就无法认定存在过失了,只要是这样,就仍然无法承认其与前述所理解的主观说之间的差异。因此,行为人有责任能力的场合当然不用说了,即使仅具有限定责任能力而欠缺这种结果注意能力的场合,客观说与主观说的结论也应当是相同的。[1]

最后剩下的问题是折中说的理论构成。折中说是日本的通说,虽然最近依然是很有力的,但它并不是没有疑问的。因此,我想在下面的部分单独地评论一下这种学说。

5. 折中说将认定过失的逻辑过程分为两个阶段:首先,注意义务是以一般人的注意能为标准来设定的,但是,注意义务的违反应当以行为人个人的注意能力为标准来判定。[2] 在泷川博士如下的主张中,很明显地体现了这种思想,即"过失之中的注意义务与个人的素质及能力有关,为了确定这种注意义务,还要求行为人能否认识到结果、行为人的智力能否达到对结果的认识等这样一些个人标准。以客观标准,即以通常人为标准之时,就会导致对愚者苛刻、对天才宽大的处理结果。将能力予以客观地规定的做法,在方法论上就已经错了。但在此时,过失之中的注意程度则是以通常人为标准的,即必须是客观地确定的。如果注意的程度不是客观的,即不是针对处于同一具体情况下的每个人来一般性地规定的话,就不能认定过失了。例如,蹬三轮车的人无视交通信号灯,在拥挤的街道上横冲直撞而撞伤行人。看到交通信号灯再通行,这是对于一般人(无论是蹬三轮车的人、汽车司机还是行人)要求的义务,不能因为世上有愚人而免除其这项注意义务。但是,对于虽然看到了信号灯但却不能认识其结果的人(从乡下来的人或者

---

[1] 牧野博士认为,在由于限定责任能力而欠缺注意能力的场合下,也成立过失(牧野,前揭书),这是从社会责任论的立场出发对客观说所作的变更。在责任能力低下而使得注意能力丧失的场合,从本文所理解的客观说来看,是无法选择、确定应当认定为被违反了的具体的注意义务的,最终只能否认过失的存在。

[2] 为了说明折中说,许多学者采用了"注意程度是客观的、注意能力是主观的"这样的用语(例如,泉二新熊:《改订增补日本刑法论》,第429页;齐藤,前揭书),最终与本文的落脚点是一致的。

由于愚钝而不能理解信号灯的人),就不得以其无视交通信号灯为由,使其承担违反注意义务(过失)的责任。认定蹬三轮车的人存在过失,必须有这样的事实:他能理解交通信号灯,也能认识到不遵守交通规则会产生的结果(给行人造成伤害),但是,他竟然胆敢无视交通信号灯并引起了结果"[1]。

此外,如前所述,我是赞成如下见解的:注意义务不是仅针对行为人个人的,而是以与行为人处于同一情况下的所有人为标准的。但是,另一方面,违反注意义务就不用说了,注意义务还常常在与某种特定态度的关联之下成为问题。要决定违反了对某个行为人所科处的大量注意义务中的哪一项注意义务,当然必须考虑行为人的注意能力。也许有人将这样的见解称作折中说。但是,在此至少首先要说明的是:作为过失认定的逻辑过程,首先是不考虑行为人的注意能力的客观的注意义务违反,然后将行为人个人的注意能力作为问题的这种形式的折中说,是不符合我的见解的。而且,它还具有后述那样体系上的缺陷。

不过,这种形式的折中说将过失作为责任的要素或者形式来把握,至少在维持仅在责任论的领域内进行论述的体系论中,或许不会出现很大的缺陷。但是,最近产生了这样一种体系论:一方面将过失作为构成要件要素或者违法要素来把握,另一方面却仍然将之理解为责任要素。折中说在此之中保持着与一直以来不同的形态,难道不能说这如实地反映了一直以来隐藏着的缺陷吗?问题是将客观的注意义务违反归属于违法性问题,将主观的注意能力归属于责任问题的见解。[2] 也就是说,这种见解首先认为注意义务是以一般人的能力为标准所制定的,因此,判定是否违反注意义务就不必考虑行为人的注意能力;与此同时,将这种注意义务的违反作为构成要件符合性或者违法性的问题来把握。其次,在能否就注意义务的违反非难行为人这一责任判断之时,应当以行为人的注意能力为判断的标准。

---

[1] 泷川幸辰:《改订犯罪论序说》,第139页以下。
[2] 例如,大塚仁:《刑法概说》(总论),第164页、第315页;福田平:《刑法总论》,第105页、第154页。团藤,前揭书的体系也会得出同样的结论。

但是,这样的见解在现实认定过失之时,能否如实地执行这一逻辑过程呢?自不待言,构成要件符合性或者违法性的判断,无论是在逻辑上还是在时间上,都是先行于责任判断的。因此,在论述作为构成要件符合性或违法性问题的注意义务违反之时,当然不能考虑作为责任问题的行为人注意能力。但是,即使没有遵守某种注意义务的能力,但是,在有遵守先行于此的注意义务的能力的场合,这种见解到底会变成什么样呢?例如,应当如何考虑前揭近视的汽车司机的案件呢?应当保持与行人之间的间隔的义务,对于司机以外的行为人也是妥当的,因此,根据这种见解,司机明显违反这一注意义务,就符合构成要件而且违法。但是,在这个案件的场合,由于司机没有应当注意保持间隙的能力,因此就可以认定其没有责任,从而认为其是无罪的吗?或者,既然已经涉及责任的判断,由于无罪的结论是不当的,因此就再次寻求其他注意义务的违反,返回到构成要件符合性或违法性上去吗?这两者都不妥当。而且,从必定会导致这种结论这一点上,也可以看出这种见解以及折中说的缺陷。

第二章　责任能力的存在时间

第一节　佐伯教授提出的问题

在日本,首先否定实行行为与责任能力同时存在原则的是佐伯教授。[1]那是15年前的事了。之后,围绕佐伯提出的这个问题,引起了很多论战。但是,直至今日,关于是否可以赞成佐伯教授的见解,仍然没有确定的答案。这是因为,一方面,既然像通说那样坚持同时存在的原则,就必须追溯佐伯教授否认这一原则的原因的各种问题点,而且必须明确的是:这些问题点只不过完全是学问上的杞人忧天而已。但是,我们并未看到从通说的立场所作出的这样的努力。另一方面,为了与佐伯教授一样否认实行行为与责任能力同时存在的原则,作为前提,就必须确定责任能力何时存在即可,何时必须存在这一问题,而且必须将这种思考方法有条不紊地纳入到犯罪论体系之内。但是,我们也没有看到从这种立场所作出的这种努力的痕迹。我曾经对佐伯教授提出的问题抱有强烈的兴趣,之后,在有机会考察原因上自由行为之时,曾经一并讨论过这个问题。而且,我曾经提出过一种中间的见解:至少在原因上自由行为的场合,责任能力在"实行行为"之时不存在也可以,只要在"行为"之时存在就足够了。[2]在认为责任能力与"实行行为"没有必要同时存在这一点上,我与佐伯教授的结论是相同的。但是,我当时的理论并不是十分充分,而且当时仅仅考虑了原因上

---

[1]　佐伯千仞:《原因上自由行为》(昭和二十七年),载《刑事法讲座》第2卷,第295页以下。

[2]　西原:《原因上自由行为》(第16条)(昭和三十六年),载《修改刑法准备草案》(《刑法杂志》第11卷,第1、2号),第45页以下。

自由行为的场合,并未考虑责任能力成为问题的其他场合。因此,最终的探讨只有留待日后了。即使到现在,我当然仍没有到达最终的确信。但是,我想借编辑祝贺佐伯教授六十寿辰的论文集这一机会,再次从正面研究一下佐伯教授提出的这个问题,并展开我个人的见解。

第二节 责任能力与实行行为同时存在的原则

本来,原因上自由行为理论是为了在无责任能力的状态下实行了违法行为的场合,追究行为人作为有完全责任能力的人的责任而设计的理论。因此,在此,事前对于无责任能力状态下实施的违法行为存在故意或过失的事实,以及当时存在完全责任能力的事实就成为前提。尽管这些事实都存在,但仍有理由认为使自己陷入无责任能力状态这一行为本身就具有非难可能性。另一方面,根据构成要件论,犯罪首先表现为作为符合构成要件的行为〔1〕因此,其余的犯罪概念要素,诸如违法性、有责性等,完全就是对这种符合构成要件的行为所进行的评价。责任能力的评价也是如此,它的存在与否,成为问题的是实施符合构成要件行为之时。因此,就某种犯罪而言,为了追究行为人作为有完全责任能力的人的责任,在实施符合这一犯罪的构成要件的行为即实行行为之时,责任能力就必须存在。这样一来,从构成要件论的立场来看,作为其必然的结论,就要求责任能力与"实行行为"同时存在的

---

〔1〕 这里虽说是"符合构成要件的行为",但这只是为了方便说明其与实行行为具有相同的性质才这样说的。实际上,犯罪首先表现为作为"符合构成要件的事实",这是从构成要件论出发的结论。但是,关于这一点,在此无法进行深入的探讨。

原则。[1]

这样，如果要求责任能力与实行行为同时存在的原则，在追究行为人作为有完全责任能力的人的责任的原因上自由行为的场合，实行行为当然必须存在于责任能力存在的时间，即使自己陷入无责任能力的时间。在许多教科书中都引用了企图利用自己的酒癖、在醉酒之后杀人，因而故意饮酒而杀人的案件，在这种案件的场合，就不得不说饮酒行为就是杀人的实行行为。而且，迄今为止，通说正是这样理解的。

对于这样的通说的结论提出疑问的是佐伯教授。佐伯教授批判道：(1)现在的刑法从罪刑法定主义的立场出发，在应当构成犯罪的行为与不应当构成犯罪的行为之间，甚至在应当构成犯罪的行为之间，也要严格地区分预备、阴谋与实行行为、未遂与既遂，而且根据行为的样态进行客观地区分。但是，在原因上自由行为的场合，如果将实行行为追溯到有责任能力的时间，其结果是，上述客观的构成要件的区别就完全主观化、模糊化了。(2)这种具有原因上自由行为的犯罪行为的构造决不是特殊情况，杀人、强奸、放火等激情犯的场合同样如此。在这些场合，由于行为人极度紧张和兴奋，在实行行为的瞬间，大多会丧失责任能力，但通说并未将实行行为追溯到在此之前的阶段并追究行为人作为有完全责任能力人的责任，如果是这样的话，那么，难道不应当作出与原因上自由行为的场合相同的考虑吗？(3)根据通说那样的见解，在吸食毒品中毒者的行为那样产生无责任能力的原因是逐渐累积起来的场合，确定实行着手的时间是非常困难的。(4)在原因上自由行为由不作为犯实施之时，就不得不得出这样一种不合理的理论：实行行为在对于该犯罪而言构成实质的作为义务发生以前就已经

---

[1] "责任能力与实行行为同时存在的原则"这种表达是学者们经常采用的，因此，在此我也援用它。但是，不仅在标语上，而且在理论上，这种表达是很容易招致误解的。这是因为，责任能力成为问题的场合，并不一定仅仅在实施实行行为的场合，在预备、阴谋或者教唆、帮助实行的场合也成为问题。因此，正确地说，必须是"责任能力与符合构成要件的行为同时存在的原则"，而且，必须将这种构成要件解释为不仅包括基本的构成要件，而且包括修正的构成要件或者构成要件的修正形式。

实施并终了了。[1]

诚然,正如佐伯教授所指出的那样,认为原因上自由行为的场合的实行行为在于原因设定行为,从构成要件论的立场来看,就意味着将实行行为的概念主观化、软化了。以前述利用醉酒来杀人的案件为例,饮酒行为是实行行为,在这个阶段就已经有实行的着手了。但是,这样一来,行为人偶尔在醉酒之时没有实施预定的行动而睡着的场合,或者他的朋友事前就将其抬走了的场合,也存在杀人的实行着手,最终要作为杀人未遂来处罚。无论如何,这一结论都有不符合我们的法情感的地方。但是,关于这种结果未发生的场合的评论,有如下三种见解:(1) 既然本来实施了结果发生的危险非常迫切的行为,那么,在此承认实行的着手,并且承认未遂的成立就是妥当的。(2) 相反,有见解认为,本来在故意犯的场合适用原因上自由行为理论的余地就非常小,仅限于无责任能力状态中的违法行为是完全必然的场合,因此,本案的场合作为未遂是不可罚的。(3) 有见解认为,在这样的场合,由于喝酒行为本身是没有危险性的,因此就不能认定为未遂。因此,下面有必要对这些见解进行一番探讨。

首先,对于如下见解,即认为在这种场合也承认未遂的成立,可以提出如下问题:在事前对于实施陷入醉酒状态的违法行为存在故意而饮酒,最终却在尚未陷入无责任能力之前的限定责任能力的状态下实施了违法行为的场合,行为人承担怎样的责任呢?从以上见解来看,这种场合也与通常的原因上自由行为的场合一样,不得不说其在有责任能力的状态下已经有实行的着手了。但是,另一方面,对于限定责任能力过程中的行为,就要与通常犯罪的场合一样来确定实行的着手。因此,从这个方向来看,饮酒行为无论如何都只是预备行为,着手实行现实的引起结果发生的行为之时才是实行的着手。从理论上看,这就等于对一种犯罪设定了两种实行行为。由于一种是有责任能力的实行行为,另一种是评价为限定责任能力的实行行为,因此,这样两种异质的实行行为是

---

[1] 佐伯,前揭,第306页以下。

完全不可能包括在一种实行行为之中的。[1] 大概不得不认为两者成立未遂和既遂两种犯罪，也不得不认为两者处于并合罪的关系。这是一种多么奇妙的结论啊！但是，我们不得不说这是从通常在原因设定行为中寻求原因上自由行为的实行行为的见解出发所不可避免的结论。

其次是第二种见解，即认为由于故意犯的原因上自由行为是很稀有的，因此在本案这样的场合，未遂不成立。对此，必须提出这样一个疑问：如果在与本案相同的场合，结果最终发生了，那么应当怎么办呢？从以上见解来看，既然不承认原因上自由行为，那么也就不能承认作为有责任能力的责任，因而行为人就是无罪的。但是，这是一个不可思议的结论。在意图在醉酒的状态下实施违法行为而陷入醉酒状态，最终实施了预期的违法行为的场合，追究其作为有完全责任能力的人的故意的既遂责任，乃是从法秩序的立场出发的必然要求。这样的话，即使在偶尔未发生结果的场合，对相同的行为也不得不承认实行行为；既然承认了实行的着手，那么，作为未遂来处罚就是妥当的。而且，这一点也适用于第三种见解。对于第三种见解，如下再批判是可能的：实行着手的有无归根到底必须是在无视结果发生的基础上的事前判断，因此只能将实行本身的（抽象的或者具体的）危险性作为标准。第二种见解和第三种见解有一种逃避理论的感觉。

以上，我从自己个人的立场出发，探讨了佐伯教授对于通说的

---

[1] 如果可能包括这两者的话，对于这种限定责任能力状态中的行为，就有可能追究其作为有完全责任能力的人的责任。这等于承认在这样的场合也适用一种原因上自由行为的理论。对于这一结论本身，我也是赞成的，但是，从通说的立场出发，是否可以得出这样的结论，是存在疑问的。假设承认通说可以得出这样的结论，那么就必须从根本上重新审视将原因上自由行为作为与间接正犯类似的犯罪形式来把握的定义。但是，另一方面，认为限定责任能力状态中的违法行为不能适用原因上自由行为的理论的结论是不妥当的。特别是，过去曾经有一旦陷入限定责任能力的状态就容易实施特定种类的违法行为的经历，明知自己有这种经历却不注意，以致陷入限定责任能力的状态，最终实施了这种特定种类的违法行为，在这种场合下，对于这种过失犯，如果不能追究其作为有责任能力的人的责任，是不可思议的。在这一点上，也可以看到通说的缺陷。

批判的是是非非,并且对这种批判进行了补充,最终可以明确的是,我认为是可以支持这种批判的。也就是说,如果在原因上自由行为的场合贯彻责任能力与实行行为同时存在的原则,就不得不在原因设定行为中寻求实行行为了,但是,这并不一定会得到妥当的结论。

第三节　责任能力应当存在的时间

如上所述,如果无法维持责任能力与实行行为同时存在的原则,那么,责任能力何时存在即可,何时必须存在就会成为问题。但是,关于这一点,佐伯教授的见解并不一定是明确的。佐伯教授只是进行了如下说明:"即使对于原因上自由行为,代之以追溯实行行为,难道就没有认为实行行为与责任能力同时存在是没有必要的余地了吗?所谓责任,就是行为的非难可能性,责任能力、故意、过失只不过是这种非难可能性暂时的推定根据而已,它们并不是责任本身。这样的话,一方面认为原因上自由行为的实行行为是无能力之时的举动,同时却仍然根据在此之前有能力之时的行为人的意思态度来追问这种举动的非难可能性的有无,这难道完全是没有任何障碍的吗?"[1]的确,既然否定了责任能力与实行行为同时存在的原则,那么,作为形式,就不得不发表这样的言论了。问题是,佐伯教授所说的"实行行为之前有能力之时的行为人的意思态度"到底是什么含义呢?这种意思态度与实行行为之间具有怎样的关系?如果在存在这种意思态度之时有责任能力的话,为什么对于实行行为也可以追究作为有责任能力的责任呢?如果对于这些问题的解答在犯罪论体系上是可能的话,那么,在此否认责任能力与实行行为同时存在原则首先就具有了权威性。不过,在进入对这个问题的探讨之前,有必要考察的问题是:所谓的责任能力,到底是怎样的能力?它与客观的行动之间具有怎样的关系?

关于责任能力的存在时间,首先必须注意的是:现在占支配地位的规范责任论并不是将刑事责任解释为性格责任或者人格责

---

[1]　佐伯,前揭,第308页。

任,而是将之作为行为责任或者人格形成责任来把握的。对于关于这些责任本质的诸学说,列举各自的根据,从而确定立场,在此是必须予以避免的;但是,在此必须注意的是:作为规范责任论之归结的行为责任或者人格形成责任,最终可以归结为意思责任,而责任非难则被理解为是对于导致每个行为或每个人的人格形成之时的意思决定所进行的非难。这是因为,违法性判断是对于行为的一般评价,既然对此的有责性判断是对于行为人的个别评价,那么,行为与行为人之间的关联就成了问题,而且,这种关联正是以"行为人对于行为的意思决定"为媒介的。这样,将责任判断理解为是从作为意思决定规范的法的立场出发所进行的否定的价值判断,作为规范的责任论的一种归结被推导出来。

既然责任能力也是责任判断的一环,就不能将之排除在意思决定的关联之外。关于责任能力的本质,众说纷纭,但是,在日本,没有争议的是:责任能力是"行为之时"成为问题的能力。自不待言,这一结论是将责任能力解释为犯罪能力或者有责行为能力的立场所承认的结论,但是并不仅限于此,必须注意的是,将责任能力解释为受刑能力或者刑罚适应性的立场也是支持这一结论的。这个统一的结论来自于日本现行刑法的如下规定:对于心神丧失或耗弱者、聋哑人、未成年人的"行为",承认具有不可罚性或刑罚的减轻这种法的效果;而且,这个结论被认为是日本刑法解释论上的绝对要求。但是,虽说这样的责任能力是行为之时成为问题的能力,但仅此并不能立刻认为责任能力是与意思决定有关联的能力。不过,从规范责任论的立场来看,在追问辨别是非的能力或者依辨别来行动的能力方面有意义的是特定行为人作出实施行为的意思决定之时,即行为人将自己的不良动机与良好的反对动机对立起来,并且必须与不良的动机进行抗争,正是在意思决定之时;对于欠缺这种能力的状态之下所作出的意思决定,是不能进行规范的非难的,进而言之,对于基于这种意思决定所实施的行为,当然也不能非难行为人。这样看来,我们可以明白的是:责任能力是行为之时成为问题的能力,在此之中包含着这样的理解,即责任能力至少在作出实施行为的意思决定之时就已经成为问题了。在这种形式之下,责任能力仍然是与意思决定相关联的。

那么,这样一来,责任能力必须一直存在到意思决定以后的行为的哪一个阶段呢？当然,如果这种能力从犯罪行为开始到结束,即从作出某种犯罪的意思决定开始到结果的发生始终存在的话,那么就不会有问题了。但是,责任能力果真必须存在于这种犯罪行为的整个过程之中吗？在此必须想起的是刑法上的"行为"的构造。当从意思决定开始,经过预备以前的行为、预备行为、实行行为,到达引起的结果的人的态度包含着同一个意思之时,我们就将其称之为"行为"。我们必须想起的是,刑法上的行为是以这种意思决定为基础的。换言之,刑法上的行为乃是特定意思的实现过程。由于这当然意味着一个特定的意思贯穿了一个行为,因此,假设没有包含特定意思的行为紧接在先前的行为之后,那么,在此就应当将之视为嫁接在先前行为之后的其他行为。例如,以盗窃的意思侵入他人屋内实施盗窃,突然产生了被发觉的恐慌,为了伪造该房屋失火的假相,因此对该房屋放火的场合,尽管应当将盗窃和放火视为在同一个机会下实施的一个社会事件,但是,从行为这一视角来看,应当将两者视为包含着完全不同的意思的两个行为。

这样,从将行为作为一个意思的实现过程来把握出发,就可以推导出如下两个结论。第一,对于行为的责任能力,只要在作出实施特定行为的最终意思决定之时存在即可。如前所述,行为人将自己的不良动机与良好的反对动机对立起来,并且必须与不良的动机进行抗争,正是在意思决定之时。只要在这种意思决定之时,即在故意犯的场合,最终决定是否实施特定故意的违法行为之时；在过失犯的场合,最终决定是否实施客观上违反了注意义务的某种行为之时,如果存在责任能力的话,那么,对于包含着这种意思决定的整个行为,就很容易承认其存在责任能力了。这是因为,如果一方面将某种行为视为某种意思的实现,另一方面这种意思决定是在有责任能力的状态之下作出的话,即使在行为途中丧失了责任能力,在这种行为包含着自由的意思决定这一点上,它与行为过程的全部均由意思决定来指导的场合完全相同。不过,这里所谓的"意思决定之时"有点欠缺严密性。这是因为,意思即使表动于外界,仍然有可能予以变更或撤销,而且,法并不是将内心的意思本身当作问题的。因此,有必须认为这里所谓的"意思决定之时"是指最终的意思决定之时,即行为开始之时。责任能力存在,而且必须存在于最终的意思决定之时,即行为开始之时。

第二个结论是,对于某种行为的责任能力,并非在这个违法行为本身开始之时,而是在包含着这个违法行为的整个行为开始之时存在即可。诚然,在刑法学上,行为表现为预备行为、实行行为或者教唆行为、帮助行为这种被肢解的形式。但是,实际上,这种被肢解的行为并未如实地反映现实世界,现实世界中所存在的是连贯的意思实现过程。因此,如果对于某种行为的责任能力存在于作出实施特定行为的最终意思决定之时即行为开始之时即可,那么,对于包含着这一行为(例如预备行为、实行行为)的违法行为的责任能力也是如此。除此以外,应当说没有理由要求在行为开始之前责任能力必须一直存在。因此,例如在放火未遂成为问题的情况下,如果对于这种犯罪的责任能力存在于实行着手之时当然很好,但是,并不一定有这个必要,责任能力在试图放火的意思决定表现为外部的行为之时存在即可[1]。不过,在行为人实施了这一外部行为之后取消了犯意,但之后在另外的机会之下、在陷入无责任能力的状态下实施放火的场合,由于不能将该放火行为视为当初有责任能力状态下所决定的意思的实现,因此,不言而喻的是,行为人不应当承担有责任能力之时的责任。这样,如果在行为开始之时有责任能力的话,那么就应当就整个行为过程承担有责任能力的责任。为此,成为问题的违法行为就有必要是包含着当初的意思决定的行为,特别是在故意犯的场合,基本上仅限于陷入无责任能力是犯罪实现之手段的场合。

第四节 原因上自由行为的构造

以上是在暂时不考虑原因上自由行为的基础上,对责任能力

---

[1] 在理论上,责任能力是意思决定之时的问题;但是,在现实中,责任能力之所以成为问题,乃是由于实施了违法行为,即从实施了某种违法行为(预备行为、实行行为等)追溯到包含这个违法行为在内的整个行为开始之时,这个责任能力就成为了问题。也就是说,责任能力是事后的判断。

第二章 责任能力的存在时间

的存在时间所进行的一般性考察。因此,在此我想再次回到原因上自由行为,在与责任能力的关联中探讨原因上自由行为的构造。

首先必须作为探讨的出发点的是:在有责任能力的状态下所预见的行为,是否可以成为在无责任能力的状态下所实施的行为?要说为什么将此作为问题,这是因为,为了将前述关于责任能力的存在时间的原理适用于原因上自由行为的场合,就必须对上述问题作出肯定回答。关于这一点,首先不得不说的是,在有责任能力的状态下所预见的行为在无责任能力的状态下不一定能够得到实现。这是因为,在无责任能力的状态下,既存在丧失以前的记忆的情况,也存在完全体现了其他冲动的情况。因此,通常在原因设定行为上寻求实行着手的见解,乃是在足以作为未遂犯来处罚的危险性并不存在的情况下假设危险性存在的见解,是很难让人赞同的。这是对实行行为概念不当的扩张。但是,另一方面,由于所预见的行为的实现是不确定的,因此从一开始就全面否定故意的原因上自由行为的见解,也是很难让人接受的。这是因为,如果在结果发生之后进行事后的考察,那么无责任能力状态下的行为很明显可以视为事前犯意的实现。特别是过去经验的频率越高,所预见的行为实现的确定性就会增加;而且,如果故意不是确定的而是未必的,那么不得不说实现的可能性就会更高。而且,虽然对于结果犯这样说比较困难,但是,在行政管制法规中大量可以视为举动犯的场合下,一般认为故意的实现是比较容易的。现在,在判例中,虽然很少承认故意的原因上自由行为的成立,但仍然还是可以看到的。[1] 连这种场合都排斥原因上自由行为理论的适用,得出无罪的结论,这明显是不妥当的。在有责任能力的状态下预见到了无责任能力的状态下所实施的行为的场合,只要这种预见从一般人来看并非不合理,那么就应当采取前提是其作为可以实现的行为的理论构成。

---

[1] 例如,昭和二十八年12月24日第一小法庭决定(最高刑集第7卷第13号第264页)、昭和三十一年4月19日名古屋高等裁判所判决(最高刑集第9卷第5号第411页)、昭和三十三年10月20日东京地裁判决(一审刑集第1卷第10号第1669页)。

那么，这样一来，原因上自由行为的构造就很明确了。首先存在的是意思决定，在故意犯的场合，它是指伴随着在无责任能力的状态下实施违法行为的意欲或容认的意思决定；在过失犯的场合，它是指可以在无责任能力状态下引起结果的发生、实施违反注意义务的行为的意思决定。其次，行为人开始了基于这种意思决定的行为。这种行为暂时是所谓的原因设定行为，它大多数只不过是预备行为或者预备之前的行为，是尚未被评价为实行行为的行为。问题是，这种行为要一直继续到哪里呢？实际上，这正是原因上自由行为理论的中心问题。首先要明确的是，至少到原因设定行为终了之时——换言之，到陷入无责任能力之时——都可以说同一个行为一直在继续着。在此之后的阶段，即陷入无责任能力状态之后的行动，是否可以说是前述行为的一环，不能一概而论。如前所述，如果认为行为是意思的实现过程，那么只能将行为人事前所意欲的行动纳入行为之中，事前并未意欲的行动就只能作为基于其他意思决定的行为或者偶然的事件排除在行为之外了。这样看来，本来所谓的原因上自由行为是指事前对于无责任状态下的违法行为存在故意或过失的场合，因此，这些当然都是在有责任能力的状态下所开始的原因设定行为的一环。在受同一个意思支配这一点上，有责任能力的状态下的原因设定行为与无责任能力状态下引起结果的行为是相同的，两者包摄在通过同一个意思来贯穿的一个行为之中。

但是，行为是主体的意思表动于外界的形式，在刑法上，它包括经过预备以前的行为、预备行为、实行行为的产生发展过程，最终到达引起结果的全部过程。因此，接下来成为问题的是：在这样产生发展的行为之中，在什么时间以后的行为才是符合构成要件的行为即实行行为呢？正如从提出的这个问题中也可以明白的那样，本来，这里所追问的就是实行着手的时间。在产生发展的行为之中，只要将实行着手之后的行为作为单纯的实行行为即为已足。但是，一直以来，特别是在构成要件论之中，思考方法则完全相反，它采取了如下思考过程：从这种独特的犯罪论体系的要求出发，首先规定实行行为必须是原因设定行为；其次，在此之中寻求实行的着手。因此，在这种见解之中，就不得不为承认这一思考过程的、关于实行着手的客观说与原因上自由行为的实行着手时间之间的偏离感到烦恼。不得不说这种思考方法是本末颠倒了。在原因上自由行为的场合,也应当根据与确定一般犯罪的实行着手相同的标准来确定实行的着手时间,将这个时间以后的行为作为实行行为,这种努力难道不正是体系性的思考方法吗?

关于实行的着手,我采取的是所谓折中说,认为根据行为人的整个计划(不仅仅是犯意),法益侵害的危险具有必然性或者具有与此相近的盖然性之时,就是实行的着手〔1〕。如果根据这样的标准,那么,原因上自由行为的实行着手的时间就不能一概而论了:在有的场合,实行着手的时间在于原因设定行为之时;在有的场合,实行着手的时间在于无责任能力的状态中直接引起结果的行为之时。但是,作为大体上的倾向,在故意作为犯的场合,正好与通常的犯罪的场合一样,正如为了杀人而准备刀、为了盗窃而接近财物那样,开始直接的引起结果的行为之时就是实行着手之时;在不作为犯的场合,开始原因设定行为之时就是实行的着手之时。

这样,如果原因上自由行为的着手时间并不一定就是原因设定行为之时,也可以是直接引起结果的行为之时,那么,这就产生了如下疑问:到底是否可以将其本身没有主体性的无责任能力状态中的行为视为实行行为?但是,在原因上自由行为的场合,不能在与其本身相割裂的情况下考虑无责任能力状态中的行为,而必须常常意识到它是以有责任能力的状态下伴随着故意、过失的意思决定为基础的。换言之,无责任能力人的手脚运动并不是行为,而是应当将包括这些运动背后的责任能力者自己有意的主体态度在内的全体行为视为行为。本来,所谓行为并不仅仅是指自己身体的运动或静止,而是指超越这种运动或静止、被赋予了社会意义的存在。这一点从不作为犯上就可以明白了。在母亲为了饿死婴儿而不给其喂奶的场合,在此,物理上存在的身体运动(例如洗衣服、打扫等)以及身体静止(例如睡眠等)就不是行为,超越这些身体动静的、有社会意义的"不喂奶"这种态度才是行为。从这样的考虑出发,不作为与因果关系的问题就可以解决了。不过,我们必

---

〔1〕 详细内容,参照西原:《间接正犯的理论》(昭和三十七年),第166页以下。

须注意到的是:虽然原因上自由行为的犯罪样态通常被解释为单纯的作为犯或者不作为犯,但实际上并非如此,而常常是由作为与不作为综合构成的。[1] 例如,具有醉酒就盗窃财物之癖性的某人,在容认盗窃的情况下喝醉了酒,并且在陷入无责任能力状态后盗窃了财物,在这种场合,虽然饮酒行为是作为预备行为的作为,但是,归根到底,应当将之视为转化成了具有这种癖性的人违反了应当终止喝酒行为的作为义务,实行行为应当在这个作为义务的违反之中加以认定。

顺便说一下,在包含利用被害人行动的场合在内的间接正犯之中,也可以看到同样是由作为与不作为综合构成的犯罪形式。例如,在被害人通行的田间小道上放置了装有乙烯基的有毒果汁的这种行为,从其危险性的程度来看,只是一种预备行为,但是,行为人的身体运动除此以外别无其他。因此,如果将这种杀人罪仅仅解释为单纯的作为犯的话,就不得不在该行为人的身体运动之中认定实行行为,那么,即使在被害者的手并未碰到有毒果汁的场合,仍然成立杀人未遂。这明显是不当的。因此,如果将这种场合理解为是由作为与不作为综合构成的犯罪形式,放置果汁的行为是作为的预备行为,接下来是违反了之后应当拿走果汁这一作为义务的不作为的违法行为,在被害者将要喝果汁之时就可以认定为实行的着手,将此后的作为义务违反作为实行行为来考虑的话,实际上可以得出妥当的结论。[2] 而且,一般认为在典型的间接正犯的场合也可以承认这种法理。

---

[1] 指出在原因上自由行为的场合存在作为与不作为这种综合犯罪形式的是泽登佳人:《自己招致的精神障碍》(昭和四十二年),载竹田、植田六十寿辰纪念:《刑法修改的诸问题》,第26页。此外,指出对于通常一般的犯罪而言,具有作为与不作为这种综合犯罪形式的情形很多的是须须木主一:《共犯的成立》(昭和三十九年),载齐藤六十寿辰纪念:《现代的共犯理论》,第51页。

[2] 对于本文所引用的案件,昭和四十年12月9日宇都宫地裁判决(一审刑集第7卷第12号第2189页)承认与本文相同的结论。如果将之理论化的话,那么难道它不是与本文一样的吗?为了将被害人或第三者的行动作为行为人的行为来把握,在此就必须承认行为人的不作为。而且,关于所谓的隔离犯的各个判决(大塚仁:《间接正犯》,《综合判例研究丛书·刑法》(21)(昭和三十八年)也是如此。

我认为，从以上论述中大致可以明白我关于原因上自由行为的构造的见解了。如果将这种见解与前述关于责任能力存在时间的见解结合起来的话，就很容易解答关于原因上自由行为场合的责任能力何时存在即可、何时必须存在这一问题了。

第五节　与犯罪论体系之间的关系

最后，我想简单地谈一下上述见解与犯罪论的体系构成之间的关系。如前所述，如果从将构成要件符合性作为犯罪概念的第一要素的纯粹的构成要件论的立场来看，大概不能想象存在从意思决定到引起结果这一产生发展过程中的行为，在构成要件或者其修正形式的范围内，行为从一开始就被分为实行行为、预备行为、教唆或帮助行为，构成要件符合性以外的犯罪要素都仅仅是在与这样被肢解了的行为之间的关系上成为问题的。作为责任判断之一环的责任能力的判断，也是专门就这一点而提出来的。因此，实行行为与责任能力同时存在就被认为是不可避免的要求了。自不待言，当立足于这种立场上之时，就不能采用上述见解了[1]。

与此相反，当立足于所谓的行为论，将行为作为犯罪概念的第一要素来把握的立场上之时，超越了实行行为、预备行为等范围的"行为"就成为了犯罪概念的根底，因此就有可能采用上述见解。当然，即使一律采用行为论，关于整个犯罪论体系的构成，仍然可能存在种种立场[2]，但是，不管采用哪一种体系构成，都有可能倾向于采用上述见解。当然，是承认刚才所述的纯粹形式上的构成要件论，还是采用行为论等这些重大问题，在最终解决犯罪论某一

---

[1]　由于重视构成要件的佐伯教授在这个意义上也表现为行为论的主张者（佐伯：《刑法总论》[昭和二十八年]，第48页以下），因此否定了责任能力与实行行为同时存在的原则。

[2]　从构成要件论的立场出发，如果不将构成要件符合性作为犯罪概念的第一要素的话，就可能会产生构成要件的保障机能减弱了的感觉，这是错误的。从行为论的立场出发，重视构成要件的体系构成也是可能的，这是整个犯罪论的问题，不是行为论的问题。关于这一点，我想在其他论文中予以详细论述。

方面的问题之时,是必须避开的。但是,这里必须注意的是佐伯教授所指出的见解:关于责任能力存在时间的问题,不仅仅是在典型的原因上自由行为的场合,在激情犯的场合或者大多数初犯的场合那样至少可以认为在实行行为的瞬间丧失了责任能力或责任能力减弱的犯罪行为的场合也会发生。在这种场合下,如果事前对于实施特定的实行行为存在故意或过失,而且甚至当时有责任能力的话,对于追究行为人作为有完全责任能力的人的责任,应当是毅然决然的。在实务上,不可能对这种场合下实行行为瞬间的心理状态逐一进行调查;而且,即使可以进行调查,由于精神医学、心理学的观点与法学的观点是有所不同的,也可以不考虑这种调查的结果。因此,在这种场合,承认非难的可能性,也就没有疑问了。我认为,这种态度是正确的。但是,之所以采取这样的态度而不感到有疑问,乃是因为它实际上意味着暗中否定了实行行为与责任能力同时存在的原则,这正是对于构成要件论的自我否定。这样看来,可以明白的是,原因上自由行为的法理不只是犯罪论某一方面的问题,还是关于可罚性认定的正面的问题,应当从整个犯罪论体系的构成来加以论述。

作为以上所有问题的结论,我认为,应当承认的不是责任能力与"实行行为"同时存在而是责任能力与"行为"同时存在的原则,而且,应当如以上说明那样来理解这一原则的含义。

第三章　再论原因上自由行为

第一节　绪　　论

关于原因上自由行为的构造,通说承认"实行行为与责任能力同时存在的原则",因此认为实行行为存在于能够承认其具有完全责任能力的原因设定行为之时。但是,例如,认为企图在酩酊的状态下杀人而饮酒的行为、注射毒品的行为本身是杀人的实行行为,并且承认这样的时刻是实行的着手,就等于在危险还不太迫切的时刻承认了实行的着手,这不仅违反了关于实行着手的一般基准,而且扩大了实行行为的概念,软化了构成要件。从这样的考虑出发,在维持原因上自由行为的可罚性的同时,为了在现实的危险迫切的时刻,即陷入无责任能力之后的现实的引起结果的行为之中寻求实行的着手时间,在日本,首先否定责任能力与实行行为同时存在原则的是佐伯博士。[1]

在研究与原因上自由行为具有类似构造的间接正犯之时,我曾经对于主张间接正犯实行着手的时间在于利用者的行为开始之时的通说抱有疑问,不赞成当时压倒性的学说,并且提出了这样的见解,即认为也可以在被利用者的行为之中寻求间接正犯实行着手的时间。[2] 与此相关联,我也基本上赞成上述佐伯博士关于原因上自由行为的见解。为了支持佐伯博士的学说,我感觉有必要

---

[1] 佐伯千仞:《原因上自由行为》,载《刑事法讲座》第 2 卷(昭和二十七年),第 295 页以下。
[2] 西原:《间接正犯的实行行为》,载《刑法杂志》(昭和三十六年)第 12 卷,第 1 号,第 73 页以下(后收录于《间接正犯的理论》[昭和三十七年],第 149 页以下)。

将研究更进一步,确定责任能力何时存在即可、何时必须存在,并且将这样的思考方法有条不紊地纳入犯罪论体系内。于是,我最终提出了如下见解:在原因上自由行为的场合,责任能力在"实行行为"之时不存在亦可,只要在包含实行行为在内的"行为"之时及其开始之时,换言之,在"最终意思决定的时间",责任能力存在即可。[1]

这一见解有幸被团藤博士所看到。[2] 很遗憾的是,我的见解无法得到团藤博士的赞同,毋宁说,团藤博士从不同的立场给予了我有益的启示。因此,之后,我也曾以团藤博士的见解为中心探讨过自己的学说,但是,即使到现在,我仍然觉得没有必要改变我自己的学说。因此,这次借策划祝贺团藤博士古稀论文集的机会,我想明确对于反对说——它也包含着迄今为止对我的学说的批判——的探讨的结果,从而进一步充实我自己的学说。

第二节 责任能力的"意思主义的"理解

1. 我的见解的要点是:既然可以将行为开始之时的最终意思决定贯穿到结果发生的整个行为,那么,只要在最终意思决定之时有责任能力,即使现实的实行行为,即引起结果的行为之时丧失了责任能力,也可以追究其作为有责任能力的人的责任。于是,为了得出这样的结论,就要以如下对于责任能力的理解为前提。这一理解是:根据现在占支配地位的规范责任论,责任非难是这样来把握的,即责任非难是对于导致各个行为之时的意思决定所进行的非难,因此,追问责任能力即辨别是非的能力以及根据辨别来行动的能力的意义,出现在特定行为人作出实施行为的意思决定之时。

2. 对此,将这种思考方法作为责任能力的"意思主义的理解"

---

[1] 西原:《原因上自由行为》,载《修改刑法准备草案》(《刑法杂志》第11卷,第1、2号)(昭和三十六年),第45页以下。详细展开这一见解的是西原:《责任能力的存在时间》,载佐伯先生六十寿辰纪念:《犯罪和刑罚》(上)(昭和四十三年),第404页以下。

[2] 团藤重光:《自己引起的精神障碍》,载植松先生六十寿辰纪念:《刑法与科学·法律篇》(昭和四十六年),第227页以下,特别是第241页以下。

来批判的是团藤博士。团藤博士指出:"从我的立场来看,不得不认为这样的见解过分片面地强调了关于责任能力的意思决定这一个方面。在考虑责任能力的控制行动的能力这一个方面之时,在实行行为本身之时欠缺责任能力,当然具有重要的意义。西原博士对实行行为与责任能力同时存在的原则的否定,从根本上应当说源于责任能力的意思主义的理解。"〔1〕

从表面上看,这种批判认为责任能力除了包含根据对是非的辨别作出意思决定的能力之外,还包含行动控制能力,但它会使人们产生我仅仅将前者作为责任能力的本质而忽略后者这种误解。现在出现了将我的这种见解描述为"意思主义的理解"的论文〔2〕,由此也可以看到团藤博士的影响。

但是,这里所说的行动控制能力到底是指什么呢?自不待言,它当然不意味着自己手脚的运动或者操纵这一因果过程的能力,而无非就是指行为能力。既然将行动控制能力作为责任能力的要素来考虑,那么它就意味着以对是非的辨别为基准并据此行动的能力。但是,这种行动最终也是以意思决定为基础来实施的。即使在不根据辨别而实施行动的场合,既然认为这不是行为能力而是责任能力欠缺的问题,那么,这样的行动也是以意思决定为基础来实施的。如果这样考虑的话,即使在将责任能力理解为本质上是根据对是非的辨别来控制行动能力的场合,也完全有可能将责任能力说成是根据对是非的辨别来决定意思的能力。如果行动控制能力绝非与意思决定能力并列的责任能力要素的话,那么也就不会与意思决定能力相矛盾了。

但是,团藤博士的批判仅仅是在文字上引起了这样的误解,其本意也许是针对如下这一点的,即由于我认为责任能力只要在包含着实行行为的行为开始之时存在即可,因此,忽视了在本来应当包含在责任能力之中的、实行行为的实现过程中的所有时刻将要中止行为的能力。对于这一点,如前所述,根据对是非的辨别来控

---

〔1〕 团藤,前揭,第242页。
〔2〕 例如,平川宗信:《原因上自由行为》,载《现代刑法讲座》(昭和五十四年)第2卷,第277页以下,特别是第283页。

制每个行动,最终要基于停止行动这种意思决定来进行。因此,在此我想首先说明的是,我的见解之所以忽视实行行为阶段的控制,并不是因为我的见解中对责任能力的理解是"意思主义的理解",其理由在后文之中。

问题实际上并不在于这一点,准确地说,问题应当在于是在"事前"考虑责任能力的存在时间,还是"同时"考虑责任能力的存在时间这一点上。在这个意义上,作为对问题点的把握,平川教授对我的见解的批判是比较确切的。平川教授指出:"责任能力不是事前控制行为的问题,而是同时控制行为的问题。不能将只不过存在控制意思决定的场合与存在同时控制的场合完全等同起来。"[1]

3. 但是,这里所说的"同时控制"到底是指什么呢?的确,根据对是非的辨别来控制,在实行着手后也是可能的。正因为如此,在有责任能力的状态下作出中止的意思决定而中断实行行为的场合(着手中止),或者在虽然实行行为已经终了,但通过真挚的努力而防止了结果发生的场合(实行中止),就可以承认中止犯的成立。这一点是毋庸置疑的。

但是,要求同时控制的论者对于在实行着手后陷入无责任能力的状态会作出怎样的评价呢?如果同时控制的可能性是责任的基础,那么,只要有中止的可能性,就不可能实现这一可能性,因此就不能承担完全的责任。从逻辑上看,有责任能力的责任就不能构成既遂的责任了。即使结果产生于该实行行为这一点是明确的,作为有责任能力的情形,充其量也只能承认其未遂的责任了。

在实行行为的中途陷入无责任能力的场合,这样的构成并非那么不自然。但是,在实行行为终了的场合承认这样的结论是不现实的。不过,严格要求同时控制的论者,即使在实行行为终了的场合,只要留有通过自己的意思遮断因果关系的可能性,对于既遂,就仍然无法追究有完全责任能力的责任。在有责任能力的状态下完成了实行行为,在这一行为通过因果关系而导致结果发生的场合,之所以只能追究其未遂的责任,乃是因为存在实现实行中

---

[1] 平川,前揭,第283页。

止的可能性这种稀有的例外,这无疑违背了植根于大多数案件之中的原则,恐怕在实务上也无法对此表示赞同。[1]

这样,如果认为责任能力的观点本来就应当忽视实行中止的可能性的话,既然对于着手中止而言,两者也可以包括在中止犯这一共通的法构造之中,那么,对两者的处理就必须相同。这样的话,就可以明确如下事实了:虽说是"同时控制",也只不过是责任能力在始终存在的积极场合、在事实上能够承认的东西;在缺乏这一要件的积极场合,并不能说其具有以此为根据来否定责任这样的法律性质。

4. 从以上所述可以推测出,如果有必要提出作为行动控制能力的责任能力的话,那么它仅限于采取在实行着手后丧失责任能力的场合否定作为有责任能力的人的既遂责任的见解的场合。假设是在没有采用这一结论的场合,那么,在这一点的范围内,就与我的见解没有差别,在这个意义上,认为我的见解轻视行动控制能力,或者无视同时控制机能的批判就是不恰当的。我想首先明确这一点。

这样理解之时,在论者与我的见解之间依然残存的根本差异,就仅仅在于是否要求责任能力至少在"实行的着手时间"存在这一点了。也就是说,我们之间的对立仅仅在于对于责任能力的存在时间的见解。[2] 因此,我想在下面的部分对这一点加以探讨。

第三节 对"最终意思决定时"的理解

1. 我的见解的出发点是:通过否定实行行为与责任能力同时存在的原则,一方面维持原因上自由行为的可罚性;另一方面,试

---

[1] 正如后文所探讨的那样,一方面与我的见解相同,认为责任能力的存在时间在于最终意思决定之时;另一方面与我的见解不同,认为责任能力的存在时间在于实行着手之时的田中(圭)副教授,对于本文的问题,也得出了与我相同的结论(田中圭二:《酩酊犯罪对策的立法上的试案》,载《刑法杂志》第24卷,第3、4号[昭和五十七年],第399页)。

[2] 因此,前揭将与我的见解的对立集中在这一问题的田中(圭)论文,在这一点上是正中要害的。

图在与一般犯罪相同的、有迫切的发生结果之危险的时刻寻求实行的着手时间。但是,另一方面,由于责任主义是近代刑法学上的一大原则,因此,必须针对产生结果的特定行为承认责任能力。因此,虽然责任能力在实行行为之时不存在亦可,但是,至少在作出实施包含着实行行为的行为的最终意思决定之时,至迟在这一行为开始之时,责任能力必须存在。

2. 从承认实行行为与责任能力同时存在原则的通说来看,这一见解当然是要受到批判的。首先,团藤博士批判说:"如果在行为开始之时有责任能力,无论此后责任能力被排除、削弱的原因是什么,都认为要承担责任,这显然就太过分了。在最小的限度内,精神障碍的引起,必须是能够归责于行为人本人的,甚至可以说,如何对此进行限定,乃是立法的焦点之所在。另一方面,如果甚至能够在最后一点中作出充分的论证,那么,在此基础上,要求以行为开始之时存在责任能力为要件,我认为就是过分的要求了。"[1]

而且,平川教授也指出:"将最终意思决定之时视为'行为'的开始时间,这也是有疑问的。意思并非静止不动的实体。即使在按照最初的意思实施行为的场合,最初的心理状态也不会像电脑程序那样保存下来、随后据此产生行为。产生行为的意思正是行为瞬间的意思,也正是此时的意思决定了行为。无责任能力人也有行为能力,能够作出意思决定。不过,这只不过不是在正常的人格控制之下的意思决定而已。在原因上自由行为的场合,也只能将最终意思决定视为是在结果行为之时、在无责任能力的状态下所作出的。"[2] 丸山副教授也支持这种批判:"即使在从'行为'到'实行行为'均贯彻同一个意思的场合,由于一般认为实行行为着手的时间在于作出决不翻悔这种最终意思决定之时,因此,如果将这一原理适用于'原因上自由行为'的场合,那么最终就会应验前述的批判。"[3]

---

[1] 团藤,前揭,第424页。
[2] 平川,前揭,第283页以下。
[3] 丸山治:《关于"原因上自由行为"的一考察》(一),载《北海学园大学法学研究》第18卷,第1号(昭和五十七年),第16页。

此外，关于这一点，运用最详细的理论构成来反驳的田中（圭）副教授也指出："对于'自制能力'的有无、程度的评价而言，重要的精神状态是试图实施行动的欲望与试图抑制这一欲望的作用之间的冲突。我们将这种冲突称为心理紧张……即使就是否实行该犯罪行为的心理紧张而言，在该实行着手时的心理紧张与实行着手之前的阶段（例如预备行为之时）的心理紧张，其质或程度也是有所不同的。实行着手时的心理紧张是与该犯罪行为直接联系在一起的具体的心理紧张，这种紧张度在很多场合下都达到了最高潮。在与该犯罪行为的关联方面，实行着手之前的心理紧张无论如何都只能是间接的、抽象的。如果从针对该行为来考虑责任能力的立场出发的话，'自制能力'当然就必须是关于这个犯罪行为的。对于这种'自制能力'的有无、程度的评价而言，重要的是在实行着手之时，与该犯罪行为直接联系在一起的具体的心理紧张的质或程度是怎样的。由此我们可以明白，如果从针对该行为来考虑责任能力的立场出发的话，'自制能力'的评价应当是针对实行着手时的精神状态的，由于着手前的心理紧张并未与该犯罪行为直接联系在一起，而且也不是具体的，因此，对于这个时候的精神状态，就不能进行该犯罪行为的'自制能力'的评价了。要言之，上面的论述就是：关于该犯罪行为的责任能力，必须在与实行着手时的精神状态之间的关联下进行考虑。"[1]

3. 应当怎样来看待这样的批判呢？首先是团藤博士的批判。诚然，正如博士所说的那样："如果在行为开始之时有责任能力，无论此后责任能力被排除、削弱的原因是什么，都认为要承担责任，这显然就太过分了。"这一见解的确是有道理的。但是，我并未展开扩大到如此程度的理论。我的见解只是将原因上自由行为中责任能力的存在时间作为问题，在事后——至少在实行着手之前——由于并非自己引起的精神障碍而陷入无责任能力的状态的情况下，在无责任能力的状态中引起结果的行为，就不能视为最初有责任能力时的意思的实现。因此，这里应当承认无责任能力。例如，在已经准备了很明显试图伤害他人的凶器之时，喝下了他人

---

[1] 田中，前揭，第 398 页以下。

佯称为药物而实际上是酒精的饮料之后、因而陷入酩酊状态,在无责任能力的状态下用该凶器伤害了他人,在这种场合下,虽然单纯的伤害故意已经实现了,但是,"试图陷入无责任能力的状态之后再伤害他人"的意思则尚未实现。在这个案件中,事前的意思决定的确对于引起结果的行为产生了影响,但是,事前的意思并没有贯穿到包含着实行行为的整个行为之中。

在陈述我的见解之时,我本来也打算在与故意、过失的关系上明确说明这一点。如下所述:"这样,如果在行为开始之时有责任能力的话,那么就应当就整个行为过程承担有责任能力的责任。为此,成为问题的违法行为就有必要是包含着最初的意思决定的行为,特别是在故意犯的场合,基本上仅限于陷入无责任能力是犯罪实现之手段的场合。"[1]"首先存在的是意思决定,在故意犯的场合,它是指伴随着在无责任能力的状态下实施违法行为的意欲或容认的意思决定;在过失犯的场合,它是指可以在无责任能力的状态下引起结果的发生、实施违反注意义务的行为的意思决定。"[2]由此可见,团藤博士的批判是针对与我的见解不同的见解的批判。

不过,这样,由于我的见解将"在无责任能力的状态下实施违法行为的意欲或容认"包含在意思决定之中,因此,有人会提出如下"疑问":"如果反过来说的话,那么,在一般故意犯的场合,就可以作出伴随着在无责任能力的状态下实行违法行为的意欲或容认的意思决定了,但是,在这种场合下,应当如何理解意思决定、故意、责任能力之间的关系才好呢?"[3]

关于这一点,虽然故意本来是指犯罪事实的表象以及实现犯罪事实的意欲或容认,但是,应当说,在这个犯罪事实之中也包含着某种程度的犯罪手段或因果经过。从如下事实也可以明白这一点,即在超过一定限度的场合,可以将因果关系的错误解释为"阻却故意"。这样考虑的话,"在陷入无责任能力的状态之后实现犯

---

[1] 西原,前揭,第413页以下。
[2] 西原,前揭,第415页以下。
[3] 丸山,前揭,第16页。

罪事实"也是一种犯罪手段,应当将之解释为包含在故意的对象之中。不过,无责任能力是法的概念,一般人不知道其确切的内容,因此,不言而喻的是,成为故意的对象只要达到"陷入前后没有区别的状态后"这一程度即可。这样,虽然在故意犯的场合,意思和故意是一致的,但是,原因上自由行为不仅要考虑故意犯,而且还要考虑过失犯,因此,在与责任能力的存在时间的关系上,就采用了故意犯与过失犯共通的"最终意思决定之时"。即使在一般故意犯的场合下,在观念上,在无责任能力的状态下实施违法行为的意欲或容认也构成故意的内容,但是,除了在责任能力方面有问题的例外场合以外,实质上就不会成为问题了,因此,就将之排除在通常的说明之外了。

4. 其次是平川教授、丸山副教授的批判。在此,首先,似乎他们忽视了这一点:我的见解中所谓的意思决定并非一般性质的意思决定,而是在与责任能力的关联之下的意思决定。的确,正如他们所指出的那样,不用说在限定责任能力的状态下,即使在无责任能力的状态下,意思决定也是有可能的,在这个意义上,作出实施该实行行为的最终意思决定之时可以说是实行着手之时。我不打算争论这一点。但是,在此,提出这样事实的意思决定,具有怎样的意义呢?从可能性上看,即使丧失了辨别是非的能力,也有可能出于别的动机而放弃违法行为。但是,自不待言,之所以将对是非的辨别作为问题,乃是因为对于试图实施犯罪的意欲,为了将之与规范对立起来并抑制这一欲望,就必须有辨别是非的能力。因此,如果丧失了这种辨别是非的能力,那么,如下推定就是成立的:对于最初的犯罪行为的意欲并未被抑制,而是最终被实现了。这正是一个符合逻辑的结论。

不过,自不待言,仅仅将这样的推定作为处罚的依据是不正确的。但是,在此,按照最初的目的,在无责任能力的状态中实施实行着手的场合就成为了问题,将虽然丧失了辨别是非的能力但仍可以避免违法行为的稀有例外作为前提,并且将当时的意思决定作为问题,我认为,在考虑其与责任能力之间的关系的场合,这是不恰当的。应当将最终意思决定之时解释为:在与责任能力之间的关系上,在陷入无责任能力的状态下,仍企图实施违法行为的意思最终被决定之时。

而且,平川教授认为:"行为按照最初的意思来实施的场合,最初的心理状态也不会像电脑程序那样保存下来、随后据此产生行为。"的确,即使运用现代科学,也无法彻底说明行为人内心的全貌,因此就无法证明最初的心理状态是否像电脑程序那样保存下来。但是,只要不能证明例外地有其他动机起了作用,那么证明最初的心理状态没有保存下来也是不可能的。我认为,问题是,立足于一般人立场的法官能否判断最初的意思决定被实现了。在能够作出判断的场合,就允许对这个意思决定科处作为非难的责任,而且这也是必要的。在此,我想重申的是:原因上自由行为法理的适用,只要是从无责任能力的状态之中寻求实行的着手,那么它就是事后判断的问题。

5. 最后是田中(圭)副教授的批判。田中(圭)助教授认为,试图实施行动的欲求与试图抑制这种欲求的作用之间的冲突,即他所说的心理紧张,在实行着手之时达到最高潮;在此之前的心理紧张是不能与之相提并论的。但是,这只是通常的犯罪的场合,在原因上自由行为的场合,特别是像我的见解所预定的那样,事前计划使自己陷入无责任能力的状态并实施违法行为的场合,能否这样说,是存在疑问的。

正如我再三论述的那样,原因上自由行为的法理,如果从我的立场——在无责任能力的状态中认定实行的着手时间——来看的话,只有在实施了现实的实行行为即引起结果的行为之后,才能讨论是否可以适用的问题。因此,进行这种判断——是否可以认为最初的故意实现在引起结果的行为之中——的余地是存在的,这种判断实际上必须存在可能的实际形态。本来,在陷入无责任能力的状态下、现实地实施所预想的引起结果的行为是常有的事,特别是就结果犯而言,在很多场合下,以前就已经积累了这样的经验是必要的。如果以这样的案件为前提来考虑的话,那么,心理紧张达到最高潮,毋宁说是在产生是否实施使自己陷入无责任能力状态的行为这一冲突的时刻。在着手现实的引起结果的行为的时刻,是否实施这一行为的冲突,不得不说由于丧失了辨别是非的能力而变得非常微弱了。

而且,如果以酒后驾驶这样特别法上的举动犯为例来考虑的话,就很容易明白这一点了。长途货车司机在货物运输途中的街道旁的休息点停车后饮酒,在陷入限定责任能力的状态下再开车,在这样的场合下[1],如果这是其最初以来的意图的话,那么,在限定责任状态下再开车,就基本上不存在心理紧张了。毋宁说,我们会很自然地认为:借着醉酒的气势飞快行驶,心理紧张在开始饮酒的时刻就达到了最高潮[2] 此外,根据通说,在这样的场合,认为作为行为人的司机具有限定责任能力,从而减轻其刑罚,但是,一

---

[1] 作为关于这种案件的判例,参照最决昭和四十三年2月27日刑集第22卷第2号第67页、东京高判昭和四十六年7月14日刑裁月报第3卷第7号第845页等。此外,在事前不能认定有开车的意思的场合,认为可以适用刑法第39条的判例,详见高松高判昭和四十四年11月27日高刑集第22卷第6号第901页、东京高判昭和四十七年9月20日刑裁月报第4卷第9号第1525页。我关于这种判例动向的见解,参照西原:《酩酊驾驶与刑事责任》,载植松先生六十寿辰纪念:《刑法与科学·法律篇》(昭和四十六年),第261页以下。

[2] 丸山副教授之所以将醉酒驾驶排除在刑法第39条的适用范围之外,并不是由于承认了原因上自由行为的旨趣,而是认为应当解释为由于是特殊犯罪因此处罚是可能(前揭,第21页以下)。的确,在醉酒驾驶行为这种犯罪类型本身之中,包含着减弱或丧失责任能力的醉酒这一要素,因此,在构造上也有不同于其他犯罪的方面。但是,即使有醉酒驾驶的故意而开始饮酒,但这一行为本身并不能说是违法行为,而必须有开车的行为。不得不说实行行为仍然是开车行为。如果是这样的话,那么饮酒行为归根到底只是预备行为,如果不采用原因上自由行为的法理的话,就不能追究对于醉酒"驾驶"行为有责任能力的责任。这样,法律并不是禁止醉酒,而只是禁止醉酒驾驶,因此,根据田中副教授的见解,心理紧张在陷入限定责任能力的状态时达到最高潮,此时才被认为是最终意思决定之时。但是,正如本文所论述的那样,这种见解与实际情况是不相吻合的。不过,关于这一心理紧张的论述,也可以提出这样的反驳:应当以醉酒驾驶的场合与其他犯罪的场合之间在性质上的不同为前提。但是,醉酒"驾驶"违反了规范,这一点是不可动摇的事实,因此,如果说对于其他犯罪而言,在实行着手之时,心理紧张达到了最高潮,那么,应当说这种场合也完全一样。丸山副教授论述了两者的不同:在醉酒驾驶的场合,醉酒是朝着构成犯罪的方向作用的;与此相对,其他犯罪的场合则是朝着阻却犯罪的方向作用的。但是,暂且不论一般的犯罪,在原因上自由行为的场合,重点不在于丧失责任能力而阻却了犯罪的成立这一方面,毋宁说在设定容易实现最初的故意那样的状况方面是有意义的。如果这样考虑的话,只要涉及心理紧张的问题,就不能承认两者之间的本质差异了。

般国民会满意这样的结论吗？

田中副教授认为,最终意思决定之时是实行着手的时间,但是,由于在与平川教授的批判之间的关系上已经叙述了这一点,因此在此就不再重复了。

第四节 解释论与立法论

1. 以上,我不仅尝试着对批判我的见解进行了反驳,而且消除了误解。但是,即使所有这些都得到了学者们的赞同,在此仍然会残留一种意见,即认为我个人这样的见解超越了作为解释论的界限。团藤博士的批判正是以此为重点的。

不过,团藤论文本身的重点并不在于对我的见解的内容的批判,而是针对如下提案的:将这一结论运用于立法论,设立"包含原因上自由行为,但比它更广泛"[1]的自己引起精神障碍的规定。因此,必须注意的是,我与团藤博士之间的对立并不是关于处罚范围的结论本身的。团藤博士自身甚至也认为:"佐伯博士和西原博士认为通过打破实行行为与责任能力同时存在的原则就可以解决问题,我认为,这一结论从实质上来看是相当妥当的。"[2]

事实上,团藤博士作为立法论而展开的理论,与我的见解之间没有太大的差别。如前所述,团藤博士从承认责任能力与实行行为同时存在原则的立场出发,批判了佐伯博士的见解和我的见解,但是,这只是在"解释论"的领域之中,在"立法论"的领域之中,这个原则反倒成了例外。如下所述:

"但是,这样的论述,作为责任主义的要求,并不意味着责任能力与实行行为同时存在的原则是绝不允许例外的、本质的东西,因此,在一定要件的基础上,法律也并不含有不允许规定这一原则的例外的旨趣。相反,法律设置这样的例外规定,甚至可以说是责任主义的要求。如果存在与在实行行为之时有责任能力基本上可以等同视之的事态,或者存在以此为标准来考虑的事态的话,这个行

---

[1] 团藤,前揭,第228页。
[2] 团藤,前揭,第285页。

为本来就具备应当视为有责的性质,应当说,在法律上对此作出规定,不仅合乎政策方面的见地,而且符合责任主义的见地。"[1]而且,团藤博士基本上支持设置像《修改刑法草案》第17条那样自己引起精神障碍的规定。

2. 不过,如果假定制定了这种规定,那么迄今为止的立法论就会转化为解释论,为该规定确立基础的理论构成就必须整合到在包罗了其他所有规定的基础上所构建的既存的解释论体系之中。团藤博士关于草案第17条的理论构成亦是如此,这与既存的博士的立论之间的关系就成为问题了。

关于这一点,博士指出:"关于自己引起精神障碍的意思或过失,包含了符合该故意犯或过失犯的特别构成要件的事实,反过来说,既然对于该构成要件的故意或过失包含了与符合这一构成要件事实的实现相关的、自己引起的精神障碍,那么,在这个自己引起行为存在之时责任能力存在,对于基于故意、过失的一连串行为——也包含在没有完全责任能力的状态下所实施的实行行为——就仅仅具有事前的控制了。虽然在欠缺与实行行为同时的控制这一点上较弱,但是,可以说,由于有事前的控制,因此可以确立与有同时控制的场合相近的非难可能性的基础。"[2]

读者或许已经觉察到了,这个说明与我的见解非常接近。首先,值得注意的是,这里放弃了通说的工具理论——它认为原因上自由行为具有与间接正犯类似的构造。在此,实行行为不是原因设定行为,而在于欠缺完全责任能力的引起结果的行为之中。或许其旨趣是:在不存在自己引起精神障碍的规定的现行法中,必须坚持责任能力与实行行为同时存在的原则,因此,如果非得在一定限度内承认原因上自由行为的可罚性的话,就不得不将原因设定行为作为实行行为。但是,在设置了这种立法的场合,由于不妨承认同时存在原则是例外,因此,实行行为应当存在于本来的引起结果的行为之中。无论如何,在这一点上,团藤博士的见解与我的见解在结论上都是一致的。

---

[1] 团藤,前揭,第243页。
[2] 团藤,前揭,第253页。

其次，需要注意的是，"基于故意、过失的一连串行为——也包含在没有完全责任能力的状态下实施的实行行为"的构成与我的见解是完全相同的。既然承认责任能力与实行行为同时存在的原则有例外，那么就必须明确责任能力什么时候必须存在。在责任主义的基础上，如果要试图做到这一点，无论如何，可以说只有如下解决方法，即承认上述那样的"包含实行行为的一连串行为"的观念，并要求在该时刻存在责任能力。这正是我的根本思想。[1]

但是，博士作为立法论而展开的理论构成，除了将我的见解评价为"责任能力的意思主义的理解"以外别无他物。这是因为，它是明显放弃了"同时的控制"，而仅仅将"事前的控制"作为责任能力的存在根据的理论构成。而且，至少在制定了草案第17条那样的规定的场合，作为解释论，这一见解就会变得一般化，并且包含在对于责任能力的本质理解的范围内。

3. 这样，团藤博士作为立法论而展开的理论与我的见解并没

---

[1] 不过，由于我的见解是以犯罪论中的所谓行为论为前提的（西原:《刑法总论》[昭和五十二年]，第67页以下），因此就容易形成"包含实行行为"的观念，并且将其作为责任能力的判断对象也没有问题。但是，团藤博士则是所谓定型说的主张者，由于处于严格批判行为论的立场，就很难将这样的观念作为前提。关于这一点，团藤博士的主张如下：将刑法判断的"对象"与"资料"严格区分开来，在责任判断的场合，成为对象的是符合构成要件的违法事实，但责任判断的资料还涉及上述事实以外的事实（前揭，第238页）；与此同时，"在实行行为以前有责任能力的时刻，存在基于故意、过失的自己引起精神障碍的行为这一事实，它超出了符合构成要件事实的范围，但是，如前所述，本来，成为刑法评价资料的事实就是成为其对象的事实，即跨越符合构成要件事实的范围内外的事实。因此，在这样的场合，以在实行行为之时有完全责任能力的场合为准，大致上可以视为与此具有相同的有责性。这虽然要求立法的措施，但这个立法的措施并非单纯的政策考虑，从责任主义的见解来看，也可以得到充分证明。"（前揭，第254页）。但是，在自己引起精神障碍的案件的场合，如果说作为以实行行为为对象的责任判断的资料，本来就包含着实行行为范围以外的事实的话，那么，在实行行为之时有完全责任能力的场合，与即使在行为之时没有完全责任能力，但对于博士所说的"包含实行行为的一连串行为"存在完全责任能力的场合，在法律上应当等同视之。何况，正如博士所说的那样，如果认为这可以从责任主义的见解来加以证明的话，就更加可以这么说了。立法措施的必要性并不是由此产生的。

有太大的差异,以此为前提,下面,我想探讨一下本来的问题,即我这样的见解是否像团藤博士所说的那样超越了解释论的界限呢?

问题的焦点是:像团藤博士所说的那样,只要承认责任能力与实行行为同时存在的原则,就不一定有立法的必要;但是,在承认这个原则的例外的场合,立法就是必要的。这种见解果真具有完全的合理性吗?为了避免误解,首先申明的是,我并不认为草案第17条那样的规定是不必要的。自不待言,在实定法上尽量明确可罚性范围当然最好,因此,从现在的《修改刑法准备草案》以来,我一直赞成将这种规定立法化。[1]

但是,我之所以赞成这种规定,与团藤博士的思想正好相反,乃是因为我认为这种规定是立足于关于责任能力的存在时间本来应有的原理之上的。因此,直到今天,我仍然采用如下思考方法:即使作为解释论,我的见解也是十分妥当的,只是如果为了明确可罚性的原理和范围而进行立法的话,就不会超越这一解释论。

这样,我认为我的见解作为解释论也是妥当的实质根据,在批判其他学说的过程中就已经很明确了。只要像我的见解那样维持责任能力与行为同时存在的原则,就不会违背作为现行法之基本原理的责任主义了,而且,甚至可以认为,在原因上自由行为的场合,责任主义的贯彻也是可能的。问题是我的见解作为解释论也是妥当的形式根据何在。不言而喻,构成这一形式根据的出发点就是刑法第39条的表述。

刑法第39条规定:"心神丧失人的行为,不处罚(第1款)。心神衰弱人的行为,减轻处罚(第2款)。"众所周知,关于这一规定的本质,存在有责任能力说与刑罚适用性说之间的争论;在前者的内部,还存在是否承认部分责任能力的对立。与团藤博士一样,我将责任能力解释为对于特定行为的有责行为能力。[2] 而且,如果进一步贯彻这一见解的话,由于这一规定并未预定如下场合:即使在

---

[1] 西原:《修改刑法准备草案与原因上自由行为》,载日本刑法学会编:《修改刑法准备草案》(《刑法杂志》第11卷,第1、2号)(昭和三十六年),第45页以下(后收录于西原:《刑事法研究》[第2卷][昭和四十二年],第20页以下)。

[2] 参照西原:《刑法总论》,第402页以下。

实行行为之时心神丧失或心神耗弱,但是,如果从整个行为来看,即从试图实施这一行为的最终意思决定之时来看,也可以认为有完全责任能力;因此,我认为,这种场合是排除在本条所说的"心神丧失人、心神耗弱人的行为"之外的。如果回到作为第39条之渊源的责任主义来考虑的话,这种解释是当然可以得出的逻辑解释,决不能说它违反了罪刑法定主义。

而且,既然这种解释本来承认原因上自由行为,那么,在坚持责任能力与实行行为同时存在原则的场合,也不得不采取这种解释。因此,上述那种见解——认为只要承认同时存在原则,立法就是不必要的;但是,在承认同时存在原则的例外的场合,立法就是必要的——在这个范围内应当说是没有说服力的。虽然如此,不言而喻的是,当然不容许无限地扩大解释的范围。这个范围仅限于迄今为止已经再三说明过的限度,它或许与团藤博士作为立法论展开的可罚性的范围是一致的。而且,它仅限于从团藤博士的见解来看也被认为是责任主义的要求这个限度内。

作为祝贺团藤博士古稀的论文集,表达这样的再批判意见是很失礼的。但是,我认为,报告真诚地回应博士的批判的结果,是作为接受他的教导的研究者的职责。因此,我顾不得失礼就写下了本文。自从我踏上研究者的道路以来,无论是赞同还是批判,对于构筑了应当时刻放在心头的稳固体系、引导战后日本刑法学的团藤博士的这些功绩,都由衷地表示敬意。与此同时,我祝愿团藤博士今后身体健康,就此搁笔。

第四章　酩酊驾驶与刑事责任

第一节　问题之所在

道路交通法虽然禁止了所谓的"带着酒气驾驶"(《道路交通法》第65条)[1],但并不是将所有带着酒气驾驶的行为都作为犯罪,只是对其中的"醉酒驾驶",即由于受酒精影响而有无法正常驾驶之虞的状态之下的驾驶行为,规定处以刑罚(《道路交通法》第117条第1、2款)。

不过,在这里所谓的"由于受酒精影响而有无法正常驾驶车辆之虞的状态"之中,事实上也包含"无法正常驾驶的状态",从而也包含刑法上无责任能力的场合和限定责任能力的场合,对此目前不存在异议。因此,在酩酊的程度很高、无责任能力或者限定责任能力的状态下驾驶车辆等,也被认为符合该条的构成要件,构成违法行为。对此,人们的见解也是一致的。但是,如果是这样的话,只要不提出特殊的理论构成,通过刑法第8条,该条也适用于刑法第39条,因此,对无责任能力的不予处罚,对限定责任能力的减轻刑罚。

但是,有人对最后一点提出了异议,其理由在后文中再予以说

---

[1] 以往《道路交通法》第65条所谓的"带着酒气驾驶",是指身体中所含的酒精超出如下限度:每毫升血液所含酒精超过0.5毫克,或者每升呼气所含酒精超过0.5毫克(《道路交通法施行令》第26条之2)。但是,根据昭和四十五年5月21日的修改,这一限定被取消了,凡是身体中含有酒精而驾驶车辆的情况全部包含在内。关于这一点,植松教授早在昭和三十五年道路交通法的立案之时就建议过这一制度(植松正:《关于酩酊驾驶的问题》[昭和四十二年],载《警察研究》第38卷,第12号,第9页以下)。施行10年的经验证明教授的主张是正确的。

明,从结论上看,这种异议的见解如下:由于认为通过刑法第8条的但书,可以将道路交通法上的酩酊驾驶的处罚规定排除在刑法第39条的适用范围之外,因此,即使在酩酊的结果是陷入无责任能力或限定责任能力的场合,也应当原封不动地适用道路交通法第117条规定的刑罚。许多学说对这种见解表示反对,这些学说认为,暂且不论能够适用原因上自由行为法理的场合,即使在不适用原因上自由行为法理的场合,即在陷入无责任能力或限定责任能力之后才产生驾驶的决意的场合,仍然应当认为是符合刑法第39条的。有关酩酊驾驶的处罚规定,必须首先将这一点作为问题。

第二,假如采取关于上述问题的大多数学说的见解,即原封不动地适用道路交通法第117条规定的刑罚仅限于原因上自由行为的场合,那么就会产生如下问题:排除刑法第39条的适用,到底是仅限于在无责任能力的状态下驾驶车辆的场合,还是也包括在限定责任能力的状态下驾驶车辆的场合呢?这里的问题是:原因上自由行为的法理对于在事前对限定责任能力的状态下所实施的违法行为存在故意的场合,是否也是妥当的呢?

第三,无论采用以上哪一种见解,在酩酊驾驶的过程中引起死伤结果的场合,必须探讨的是刑法上的业务过失致死伤罪与道路交通法上的酩酊驾驶罪之间具有怎样的关系。具体而言,两者的罪数关系成为问题。

如此一来,关于现行酩酊驾驶的处罚规定,必须从刑法理论的观点来加以分析的问题很多。而且,与此相应,一直以来,许多学者和专家尝试着探讨了一些问题点,也部分地展开了关于刑法基本理念的争论。作为刑法学者而参与策划现行道路交通法立案的植松教授,积极地针对这些问题点发表言论[1],成为争论中的关键人物。我也是一直以来暗地里对教授的结论表示赞同的一分子。但是,由于教授只是表明结论,而我则尝试提出自己的理论,因此,借此编辑祝贺教授六十寿辰论文集的机会,我想紧随教授之后,就现行酩酊驾驶制度发表一些自己的见解。

---

[1] 植松正:《酒后驾车与刑法第39条的适用》(昭和四十三年),载《研修》第237号,第3页以下。

第二节　酗酒驾驶与刑法第 39 条

1. 首先必须探讨的一个问题是：对于酗酒驾驶处罚的规定，是否不适用刑法第 39 条的规定？具体而言，这里的问题是：在通说认为不适用原因上自由行为理论的场合，即在无责任能力或限定责任能力的状态下驾驶车辆，而且该驾驶的决意也是在此种状态产生之后作出的场合，是否仍然认为要原封不动地适用酗酒驾驶处罚规定的法定刑呢？肯定这一点的沼尻法官的立论如下：（1）在酗酒驾驶的场合，违法性的实质在于责任能力低下这一点，因此，将作为违法性要素的酗酒状态同时作为责任能力的要素来发挥作用，这是有悖常理的。（2）但是，从酗酒驾驶的实际情况来看，即使在未达到可以认定为酗酒程度的客观标准的场合，认为心神耗弱亦可的场合是存在的。（3）而且，在酗酒驾驶的场合，认定心神耗弱的标准并不是像一般犯罪那样——是否能够判断是非善恶，并能够据此采取行动——而是必须探讨其精神状态能否保证准确且安全的汽车驾驶。因此，在酗酒驾驶的场合，心神耗弱的范围比通常的犯罪要广。因此，酗酒驾驶处罚规定中所谓的"有无法正常驾驶之虞的状态"，在很大程度上包含了心神耗弱。（4）但是，如果运用以往的原因上自由行为的法理，那么，心神耗弱的场合并不适用这一法理。虽然可以减轻刑罚，但是，其结论是：不仅无法与将责任能力的减弱作为违法性实质的酗酒驾驶的处罚规定相容，而且，在处罚上，会产生与之在行为的样态上极为相似的心神丧失的场合之间的不均衡。（5）因此，从其犯罪的特殊性来看，应当解释为排除了关于限定责任能力的刑法总则的适用。[1]

针对这一见解，首先提出反对意见的是植松教授。植松教授特别地将焦点集中在上述立论的第一点上。他认为，包括酗酒在内，凡是基于精神障碍的违法行为，如果其障碍程度较轻的话，刑法上未必会予以宽大处理；相反，虽然由于其行为的异常性而可以

---

[1] 沼尻芳孝：《酗酒驾驶汽车罪与精神障碍》（昭和四十年），载《法学家》第 315 号，第 53 页以下。

视为性质恶劣的行为,但是,如果障碍程度比较严重的话,反而可以获得宽大处理。这是从违法性与责任这两个不同的原理出发所得出的必然结论,它是符合法秩序和社会感情的。而且,在引用与沼尻法官的见解一样、在酩酊驾驶的场合排斥刑法第39条第2款的适用的判决,即认为刑法第8条但书中所谓的"特别规定"并不限于明文的规定,"从特定法令的旨趣以及特定行为的罪责来看,在完全可以看出不适用刑法总则的某一条款的场合,也应当将之解释为属于存在特别规定的场合"的判决之后,植松教授批判道:这是对刑法第8条的错误解释,而且,这种态度倒退到了曾经将行政上的管制罚则解释为具有处罚过失的旨趣的时代。此外,植松教授自身认为,原因上自由行为的理论也可以适用于限定责任能力的场合,而且主张应当进一步灵活地将未必故意的理论运用到对于这种场合的处理之中。[1]

2. 那么,这样,可以将这两种学说区分开来的一个基本问题点或许就在于两种学说所孜孜以求的酩酊驾驶处罚规定的本质吧。很明显,这一规定是着眼于酩酊驾驶的危险性,并将这种危险性置于违法内容的中心的。而且,我认为,无可争议的是,这种危险性是随着酩酊程度的不断提高而逐渐增大的。这样一来,可以这样理解:酩酊越是减弱责任能力,该规定所包含的危险性就越会增大,违法性也就越严重。至此,两种学说之间是没有意见分歧的。问题是,这样来理解该规定中的违法性的实质,同时就会导致主张对该条排斥刑法第39条的适用的旨趣,是否可以将刑法第8条规定的"本法总则也适用于其他法令规定的犯罪,但其他法令有特别规定的,不在此限"中的"特别规定"理解为正好就是指该条呢?关于这一点,植松教授认为,"由于违法性与责任是两种不同的原理……因此,在两个原理共同起作用的场合,即使一方被加重而另一方被减轻,也并非不可思议的"[2],这最终是从消极方面来理解上述问题的,对此我深表赞同。植松教授是以有精神病倾向的人,例如对分裂性气质的人与精神分裂病的人的不同处理为例来对此加

---

[1] 植松,前揭《酒后驾车与刑法第39条的适用》。
[2] 植松,前揭《酒后驾车与刑法第39条的适用》,第5页。

以说明的,关于这一点,似乎没有必要再增加其他理论了。

而且,我认为,一般而言,既然适用刑罚,那么作为非难可能性的规范责任就应当成为不可避免的前提。即使有明文的规定,排斥刑法第 39 条的适用尚且是不妥当的,何况不得通过解释认为存在刑法第 8 条但书的特别规定。因此,即使从这一点来看,也不能支持沼尻法官的见解。

但是,可以推测到的是,沼尻的学说主张这样不太自然的解释是没有什么实际根据的。所谓其实际根据,乃是指一种担忧,即如果不这样解释的话,许多值得处罚的情形就会逍遥法外了。对于这一点,沼尻法官一方面指出,在道路交通法的酩酊驾驶中,包含许多属于限定责任能力的人;另一方面认为,虽然原因上自由行为的理论也可以适用于无责任能力的行动,但却不适用于限定责任能力的行动。于是,在这种场合,根据刑法第 39 条第 2 款,就可以减轻处罚,因此就产生了与行为样态与之极其类似的无责任能力的场合之间的不平衡。[1] 沼尻法官的这一认识并没有其他什么特别之处,毋宁说属于通说的立场。根据通说,由于将原因上自由行为理解为利用自我的间接正犯,因此,犯罪之时的自我必须是能够受决意之时的自我操纵和支配的,从而这一自我必须是完全陷入无责任能力的自我。从通说的立场来看,这一见解是一种当然的逻辑结论。因此,即使沼尻法官在解释酩酊驾驶处罚规定之时以这一见解为基础,也没有什么奇怪之处。但是,如果反过来考虑的话,不得不承认的是,在道路交通法规定的酩酊驾驶中,不仅明确地包含了限定责任能力状态的场合,而且,其中大量包含着酩酊之前事先预定在这种状态下驾驶的场合。而且,在这种场合,在事前可以预见自己的违法行为这一点上,并不能说完全没有非难可能性。如果任由其逍遥法外,不仅为法感情所不容,而且违反了道路交通法。但是,既然站在通说的立场上,就不能将此作为原因上自由行为来处理。因此,为了在依据通说的同时认为这种场合应当受到处罚,只有像沼尻法官那样,对于道路交通法的酩酊驾驶处罚规定,排斥刑法第 39 条第 2 款的适用。我认为沼尻学说的实际

---

[1] 沼尻,前揭,第 55 页以下。

根据就在于这一点。

因此,关于这一点,沼尻法官的立论前提——通说关于原因上自由行为的立场,即原因上自由行为仅适用于无责任能力场合下的行为,并不适用于限定责任能力场合下的行为——仍然有深入探讨的必要。

第三节　限定责任能力与原因上自由行为

1. 主张原因上自由行为理论不仅适用于无责任能力状态下的行为,而且适用于限定责任能力状态下的行为,并首先与通说分道扬镳的是小野博士。[1] 而且,这种见解之所以一举成名,乃是因为昭和三十五年公布了《修改刑法准备草案》(未定稿)。该草案第15条对于因精神障碍而造成的无责任能力和限定责任能力的处理作出了规定。随后,草案第16条规定:"以犯罪的意思,自己招致精神障碍并导致应当构成犯罪之事实的人,不适用前条的规定(第1款)。因过失自己招致精神障碍并使结果得以发生的人,与前款相同(第2款)。"[2] 根据该草案第15条,可以认为在第16条所谓的"精神障碍"中,不仅包含造成无责任能力的精神障碍,而且包含造成限定责任能力的精神障碍。因此,对于限定责任能力状态中的行为,第16条是赞成适用原因上自由行为理论的。

对于《修改刑法准备草案》第16条的见解,在其公布之后的未定稿时代,我就已经表明了赞成之意[3],后来我仍维持着同样的见解。[4]我想随后说明赞成这一条款的理由。无论如何,不管是

---

[1] 小野清一郎:《原因上自由行为——特别是关于酩酊犯罪》(昭和三十三年),载《综合法学创刊号》第14页以下,特别是第21页。

[2] 昭和三十六年《修改刑法准备草案确定稿》第2款被修改为:"对于因过失自己招致精神障碍而产生应当构成犯罪之事实的人,在适用过失犯规定的场合,与前款同。"

[3] 西原:《原因上自由行为》(昭和三十五年),载《法律时报临时增刊·修改刑法草案的综合探讨》,第93页以下。

[4] 西原:《原因上自由行为》(昭和三十六年),载《刑法修正草案》第45页以下;《刑法总论》(昭和四十三年)第183页以下;《责任能力的存在时间》(昭和四十三年),载佐伯博士六十寿辰纪念:《犯罪与刑罚》(上),第404页以下。

否可以促成这一准备草案的新规定,事实上,最近已经出现了从这一立场出发的判例,学说中对此表示支持的见解也在逐渐增多。首先,关于这一点,可以举出如下几个判例:昭和四十年(1965年)6月14日东京高裁判决(高裁刑集第18卷第4号第370页)、昭和四十二年6月23日东京高裁判决(东京高裁判决时报第18卷第6号第195页),以及有权威性地确定下级审判例倾向的昭和四十三年2月27日最高裁判所第三小法庭决定(最高刑集第22卷第2号第67页)。[1] 出现在最后这个最高裁判所决定中的案件是:被告人将车停靠在途中的一家酒吧边,尽管其认识到醉酒后还要开车,但仍在3、4个小时内喝了大约20瓶啤酒。喝完以后,被告体内含有0.5‰以上的酒精,在有受其影响而无法正常驾驶之虞的状态下,仍开车前行了大约3公里的路程。对于这一案件,第一审东京地方裁判所八王子分部认定被告在犯罪之时处于心神耗弱的状态,主张适用刑法第39条第2款(昭和四十一年10月15日判决);但是,第二审东京高等裁判所撤销了原判决的这一部分,否定了刑法第39条第2款的适用,其判决指出:"由于被告人在心神正常之时具有醉酒驾驶的意思,并据此实施了醉酒驾驶的行为,因此,无论其驾车时是否处于心神耗弱的状态,也不适用刑法第39条第2款。"(前揭东京高裁昭和四十二年6月23日判决)。由于不服这一判决,被告提出上告。但是,最高裁判所第三小法庭驳回了被告的上告,而且在附带意见中指出:"像本案这样,尽管在醉酒驾驶之时由于酩酊而陷入心神耗弱的状态,但是,对于可以认定在饮酒之时具有醉酒驾驶的意思的场合,将之解释为不应当适用刑法第39条第2款减轻处罚的规定是妥当的。"

对于这种判例的动向,学说上的反应并不一定相同。毋宁说,如上所述,由于通说认为只有完全无责任能力状态下的行为才适用原因上自由行为的理论,因此,应当说,从这一立场出发,对这种

---

[1] 作为这一最高裁决定之后类似的下级裁判例,昭和四十三年9月6日大阪地裁判决(载《判例时报》第229号,第324页)、昭和四十三年11月5日长崎地裁判决(载《判例时报》第232号,第231页)等。此外,昭和四十四年11月27日高松高裁法院判决(载《判例时报》第595号,第100页),在理论上也具有相同的旨趣。

判例的动向提出批判是理所当然的。[1] 但是,与通说相反,肯定这种判例的见解的学说也在逐渐增加。植松教授就是其中一人,他支持上述最高裁判所控诉审的判决,认为"对于利用自己的限定责任能力状态的行为,或者因自己的过失所招致的限定责任能力状态下的行为,虽然也有见解在适用这一理论方面犹豫不决,但是,只要是在这种场合下,就没有必须排除适用这一理论的理由。"[2]

不过,为这种判例的新见解提供理论基础并非易事。特别是由于这种见解完全否定了通说一贯坚持的"实行行为与责任能力同时存在的原则",因此,就必须为责任能力何时存在即可、何时必须存在这一问题提供新的基准。此外,还必须说明这种场合的实行行为处于哪一个阶段。然而,关于这些问题点的理论根据,在最近的学说中几乎看不到。在提出上述主张之后,植松教授也只是认为:"如果对于利用自己的无责任能力状态的人不免责是理所当然的;那么,对于利用自己的限定责任能力状态的人不应当减轻刑罚,也应当是当然的法理。"因此,正是因为关于这些问题点的理论根据不太充分,才使得上述沼尻的学说依然可以大行其道。

2. 我曾经在评论《修改刑法准备草案》第 16 条之时,并且最近在研究责任能力的存在时间之际,提出过这样一种见解:责任能力并不一定必须存在于实行行为之时,只要在包含实行行为在内的行为开始之时存在即可。[3] 不过,自不待言,这里所谓的行为,是

---

[1] 例如,石川才显:《原因上自由行为》(昭和四十三年),载《交通事故判例百选》,第 150 页以下。
[2] 植松,前揭,第 8 页。
[3] 西原,前揭《责任能力的存在时间》。顺便提一下,对于因自己引起的酩酊而陷入限定责任能力状态下的行动,最近,在德国也出现了认为不应当减轻刑罚的学说和判例。Maurach, Fragen der action libera in causa, 1961, Juristische Schulung, H. 12, S. 373; Floegel-Hartung, StraBenverkehrsrecht, 16. Aufl., 1966, S. 1922 f.; Müller, StraBenverkehrsrecht, Bd. 1, 22. Aufl., 1969, S. 644 f.; Schönke-Schröder, Strafgesetzbuch, 14. Aufl., 1969, S. 428; 1955 年 10 月 4 日哈姆高裁判决(OLG Hamm VRS 10-459)、1956 年 12 月 7 日哈姆高裁判决(OLG Hamm VRS 12-434)、1961 年 8 月 11 日联邦裁判所判决(BGH VRS 21-263)等。此外,也参照了 1959 年 6 月 22 日哈姆高裁判决(OLG Hamm DAR 1959-324)。不过,这些判决体系性的理论证据并不是很明确。

指贯穿一个意思决定的东西,即必须是一个意思决定的实现过程。如果说这个过程有时仅仅由实行行为构成的话,那么,这个过程也可以是预备之前的行为——预备行为——实行行为这样一个为了实现犯罪而产生发展的过程。既有无缘无故突然发生的场合,也有从其他行为中分化出来的场合。无论如何,这是包含着单一意思的外部意思的实现过程。在这个过程中,我们将根据一般的标准可以判断为实行着手的时刻以后的部分称为实行行为。而且,只要立足于现在占支配地位的意思责任主义的立场,那么,对于这种实行行为,应当判断责任有无的时间就在于最终意思决定之时,即行为开始之时;如果在这个时候具备了责任能力的话,那么就能对包含实行行为在内的整个行为追究责任。实行行为之时是否有责任能力,或者责任能力是否有所减弱,完全不成为问题。[1]

那么,可以看出的是,我的见解的第一个特色在于:使限定责任能力状态中的行为有可能适用原因上自由行为理论。如前所述,虽然小野博士、植松教授以及相当多的判例已经表明了这一结论,但并未在理论上论证这一结论的根据,只是作出了如下说明:既然事前预见到酗酒驾驶,那么,即使这一驾驶是在限定责任能力的状态下进行的,当然仍然必须承担完全的责任。我认为,我的见解正是为这一点提供了暂时的体系上的根据。而且,另一方面,如前所述,一部分判例和沼尻法官试图将道路交通法上的酗酒驾驶罪排除在刑法第 39 条的适用范围之外,其实质根据在于:根据通说,如果在这种场合下适用刑法第 39 条第 2 款,就要减轻刑罚,因此是不合理的。如果是这样的话,那么,我的见解就提供了一条既无须采用上述见解又可以避免这种不合理的途径,即无须像沼尻法官那样牺牲刑法的重要原则——责任主义,而是表明仍然可以维持符合实务的直观结论。

我的见解的第二个特色在于:并不像通说那样在过早的时间认定原因上自由行为的实行着手时间,而是根据与通常场合相同的标准来进行认定。通说一方面将原因上自由行为理解为利用自己陷入无责任能力的状态,另一方面坚持实行行为与责任能力同

---

[1] 详细内容,参照西原,前揭《责任能力的存在时间》。

时存在的原则,因此就不得不认为实行行为存在于尚未丧失责任能力之时即原因设定行为之中,从而也就不得不认为实行着手的时间在于实施这一行为的时刻。其结果是,实行行为成为脱离了客观上的类型行为,不得不在非常早的时间承认未遂的成立。我认为,我的见解可以避免这一不合理的结论。

第四节　酩酊驾驶与业务上过失致死伤罪之间的关系

1. 在上述那样解释道路交通法上的酩酊驾驶罪的责任的场合,如何把握其与刑法上的业务上过失致死伤罪之间的关系成为下一个问题。换言之,这里的问题是:在受酒精影响而有无法正常驾驶之虞的场合下驾驶车辆,在此期间导致他人死伤的场合,道路交通法上的酩酊驾驶的责任,与刑法上致人死伤的责任之间构成一种怎样的关系呢？关于这一点,正如一再介绍那样[1],至少仅仅从结论上看,一直以来,判例就呈现出两种不同的流派。第一种是昭和三十八年11月12日最高裁判所第三小法庭的判决(最高刑集第17卷第11号第239页)那样主张并合罪的流派[2];第二种是昭和二十九年11月9日札幌高等裁判所的判决(高裁刑集第7

---

[1] 例如,本宫高彦:《鲁莽操作与业务上过失致死伤罪之间的罪数关系》(昭和三十五年),载《判例评论》第33号,第4页以下;藤木英雄:《酩酊驾驶罪与业务上过失致死伤罪的关系》(昭和三十七年),载《法律广场》第15卷,第9号,第16页以下;藤木英雄:《酩酊驾驶行为与业务上过失伤害行为》(昭和三十九年),载《法律广场》第17卷,第2号,第15页以下;石丸俊彦:《酩酊鲁莽操作罪与业务上过失伤害罪是并合罪》(昭和三十九年),《法学家》第291号,第17页以下;伊达秋雄:《酩酊驾驶与业务上过失致死伤罪的关系》(昭和四十一年),载日冲博士六十寿辰纪念:《过失犯》(2),第213页以下;田宫裕:《观念的竞合与并合罪》(昭和四十二年),载《刑法判例》第147页以下;田中久智:《饮酒驾驶与业务上过失伤害罪》(昭和四十三年),载《交通事故判例百选》第202页以下等。

[2] 此外,例如昭和二十七年9月29日札幌高裁函馆分部判决(最高刑集第5卷第10号第1727页)、昭和三十年7月25日东京高裁判决(高裁刑事裁判特报第2卷第830页)、昭和三十五年8月29日东京高裁判决(最高刑集第13卷第6号第513页)。而且,下一个注解中提到的几个判决的原审,也都采取了并合罪说。

卷第10号第1565页)那样认为构成观念的竞合的流派。[1]

那么,到底应当如何来评价判例的这种态度才比较妥当呢?首先必须明确的是,至少从概念上来看,道路交通法上的酗酒驾驶与刑法上的业务上过失致死伤罪之间的关系,并不一定必须是并合罪与观念的竞合之中的某一种,而是要根据案件的具体情况具体分析。不仅在酗酒驾驶的场合下是如此,在其他违反道路交通法的行为与业务上过失致死伤罪之间的关系上也是如此。如果违反道路交通法的行为构成了刑法上的过失,由于一个行为触犯了数个罪名,因此构成观念的竞合;如果没有构成刑法上的过失,由于别的行为触犯了别的罪名,因此构成并合罪。不过,与一般的违反道路交通法的行为相比,我认为,酗酒驾驶的场合构成过失的场合比较多,但是,即便如此,也有酗酒不构成过失的内容的场合。例如,虽然交通事故的确发生在酗酒驾驶中,但事故是由于汽车构造的缺陷而造成的,那么,对于事故的过失,就不在于酗酒驾驶中不恰当的行动,而在于开始驾驶之前——因此在陷入酗酒之前——应当注意汽车构造上的缺陷而没有注意。在这样的场合,过失在陷入酗酒状态之前就已经存在。在尚未陷入酗酒状态之时,偶尔看到美女通过而走神,因此引起交通事故。在这样的场合,过失与酗酒状态是同时产生的,酗酒本身与导致交通事故的不注意态度之间并没有因果关系,在这个意义上,决不能说酗酒构成了过失。在这些场合,酗酒驾驶与业务上过失致死伤罪可以构成并合罪。

---

[1] 此外,如果包含旧道路交通管制法时代的判例,诸如昭和二十九年11月9日札幌高裁判决(最高刑集第7卷第10号第1565页)、昭和三十年1月19日东京高裁判决(高裁刑事裁判特报第2卷第1160页)、昭和三十五年5月31日东京高裁判决(最高刑集第13卷第5号第385页)、昭和三十八年8月27日东京高裁判决(下级刑事案件集第5卷第7、8号第667页)、昭和四十一年9月2日福冈高裁判决(最高刑集第19卷第5号第583页)、昭和四十二年5月11日仙台高裁判决(最高刑集第20卷第4号第391页)、昭和四十三年11月30日大阪高裁判决(判决判例时报第235号第197页)等。昭和三十三年4月10日最高裁判所决定(最高刑集第12卷第5号第877页)认为:对于打瞌睡驾驶而导致撞车事故并且造成人员伤亡的案件,根据道路交通管制法,应当构成鲁莽驾驶罪与业务上过失致死伤罪的观念的竞合。

与此相反,由于酩酊而很难注视前方,或者方向盘操作不当而轧到人行横道上的行人,这种场合下,引起酩酊的饮酒行为与直接导致死伤结果的不注意态度(这种场合是不注意前方或者不当的方向盘操作)之间不仅具有因果关系,而且,如后所述,酩酊驾驶行为本身就构成了过失,因此,酩酊驾驶与业务上过失致死伤罪之间是观念的竞合。

这样一来,我们可以明白的是,根据案件情况的不同,两者的关系既可以是并合罪,也可以是观念的竞合。在这种场合,仅仅从形式上看,区分两者的标准在于:在酩酊驾驶行为与业务上过失致死伤罪中的过失行为是同一个行为还是不同的行为。其中,酩酊驾驶行为的内容比较明了,而业务上过失致死伤罪中的过失行为的内容则并不是那么明确。因此,我想首先分析这一部分。

2. 最近,在日本的学说中,强调过失犯中的行为性的见解逐渐变得有力起来。从有必要运用共通的原理将故意犯与过失犯结合起来、有必要肯定过失行为的违法性等出发,我自己基本上也赞成这种见解。但是,与故意犯相比,由于过失犯并不存在指向结果发生的意思,因此,不言而喻的是,确定过失行为的范围就困难一些。问题的关键在于:过失犯中的行为是事故发生前不注意的动作,还是——在其动作源于此前其他的不注意的场合——在可以认定最初的不注意的时刻以后的一系列态度呢?在单纯过失犯的案件中,例如,由于没有看到信号灯而在十字路口发生撞车事故的场合,问题相对比较简单。这是因为,从无视信号灯、漫不经心地进入十字路口这一动作上寻求过失犯的行为即可。但是,在由于酩酊而无法注视前方,因此没有看到信号灯而引起事故的场合,问题是:其过失犯的行为应当像前一种场合那样,在不注意的进入十字路口方面寻求;还是在酩酊驾驶本身,抑或从饮酒以来的一系列态度中寻求呢?

为解决上述问题提供了一个线索的是如下案件:即使在事故发生的时刻丧失了注意能力,但仍应认定为成立过失犯。例如,近视的司机由于没戴眼镜开车,错误地判断了与行人之间的距离,因而造成对行人的伤害。如果考虑一下这样的案件,只要仅仅抛开发生事故的时刻,就可以说这个司机是不可能保持与行人之间的正确距离的。然而,在这种场合,显然不能因为该司机没有注意能力,因此就说他没有过失——过失在于其本应当配戴眼镜开车而没有这样做。如此一来,作为过失犯之基础的行为,至少在可以认定这种不注意的时刻就已经存在了。因此,这一场合的过失行为并不在于事故发生前过于接近行人,而涉及到不配戴眼镜开车的整个态度。[1] 由于这种案件进而被认为与事故发生前丧失责任能力的场合是相同的,因此,接下来我想就原因上自由行为来探讨一下这个问题。

首先,酩酊驾驶是在作为故意的原因上自由行为的"无责任能力"状态下实施、因此导致死伤结果发生的场合。为了对结果的发生追究作为有责任能力的人的业务上过失责任,就只能在尚具备责任能力的时刻,例如容认酩酊状态下的驾驶行为而饮酒的时刻,或者没有适时地阻止这一行为的时刻寻求过失行为了。这样一来,过失行为也并非事故发生之前的动作,而是饮酒以后的一系列态度了。

问题是,正如包含判例和我的见解在内的一些学说所主张的那样,酩酊驾驶是在作为故意的原因上自由行为的"限定责任能力"状态下实施、在此期间导致死伤事故的场合。诚然,与无责任能力的场合相比,在限定责任能力的场合,所谓陷入酩酊的行为,由事故之前另外的行为构成过失的内容的可能性很大。但是,在日本,符合限定责任能力的酩酊仅限于达到相当强度的情形。因此,至少,既然事故发生之前的动作与酩酊之间具有因果关系,那么,与上述无责任能力的场合一样,过失行为就是饮酒行为以后的一系列态度。而且,应当认为事故发生之前的动作也包含在该过失行为之中。

酩酊驾驶在作为过失的原因上自由行为的状态下实施、因此导致死伤结果的场合下,应当如何处理呢?虽然无法预见到酩酊状态下的驾驶行为,但却是可能预见的,而且对于酩酊驾驶中的事故也有预见可能性。在这样的场合,对于事故的发生,行为必须承

---

[1] 参照西原:《过失犯与原因上自由行为》(昭和四十一年),载日冲博士六十寿辰纪念:《过失犯》(1),第213页。

担有责任能力的过失犯的责任。但是,这里的过失行为是怎样的呢?如果从必须承认过失的原因上自由行为的必要性来看,这种场合下的行为就必定与自己故意地引起酩酊状态的场合是相同的。但是,我认为,与故意的场合不同,在过失的场合,欠缺足以将饮酒行为与酩酊驾驶行为结合为一个行为的主观性要素。如何说明这一点,乃是一个相当困难的问题。然而,之所以对无责任能力或者限定责任能力状态下的事故可以适用原因上自由行为理论,乃是因为它仅限于对事故的预见具有相当高的盖然性的场合。因此,可以认为,在具有这种预见可能性的情况下饮酒的行为与随后的酩酊驾驶行为也是一个意思的实现过程。这样一来,这种场合下的行为与在作为故意的原因上自由行为的状态下的酩酊驾驶的场合就是相同的。

从以上的考察来看,结论就非常清楚了:在无责任能力或者限定责任能力的状态下酩酊驾驶、由此导致死伤事故的场合,构成刑法上的业务上过失致死伤罪的行为与构成道路交通法上的酩酊驾驶罪的行为大致是相同的,两者之间原则上处于观念的竞合的关系。

3. 那么,接下来,在酩酊尚未到达限定责任能力的程度、被认为具有完全"责任能力"的场合,应当如何处理呢?在这种场合,可以说不注意的态度并非基于酩酊的案件就更多了。在即使没有酩酊,但可以认为特定被告人采取了这种不注意态度的场合,构成过失之内容的不注意态度与酩酊状态之间并没有因果关系。这样一来,酩酊驾驶与这种不注意态度是基于不同的意思决定的不同行为,分别违反了不同的规范。因此,在这种场合,酩酊驾驶与业务上过失致死伤罪就是并合罪的关系。

与上述场合不同,在没有到达限定责任能力的酩酊诱发了不注意态度的场合,应当如何处理呢?例如,由于酩酊而没有看到红灯、加大马力超过限定的速度或者注意力不集中、因此没有注意到行人,结果导致他人死伤。在日本,如上所述,不被评价为限定责任能力的范围相当宽泛,因此,即使是这样的酩酊,也存在各种不同的阶段。而且,可以说酒精对每一个不注意的态度造成的影响还存在各种不同的程度。虽然可以推测酩酊与不注意的态度之间的相互关系,但是,在无法证明的场合下,只能认为两者属于上述并不存在因果关系的场合。即使两者之间具有因果关系,由于酩酊并未到达限定责任能力的程度,因此,作为责任能力的问题,在无视酩酊的事实这种事态之中,构成过失之内容的仍然是在酩酊的过程中不注意的驾驶行为,还是构成事故直接原因的每个不注意的态度呢? 这就更加成为问题了。

作为结论,我采取前一种见解〔1〕即使这种场合下,由于构成刑法上过失的仍是酩酊驾驶行为,因此,我认为两者之间是观念的竞合。例如,在可能作出这种判断——采取了由于酩酊而忽视了信号灯这种不注意的态度——的场合,应当认为,可以追溯到酩酊的程度到达了没有看到信号灯的地步,以及开始驾驶——以及继续驾驶——的时刻来认定对应当注意不得忽视信号灯这一义务的违反。正如由于没有配戴眼镜而撞死行人的近视眼司机一样,其注意义务违反并不在于没有看清行人,而在于没有配戴眼镜却驾驶汽车,如此一来,就要追究与有注意能力的人相同的责任。

这种处理是符合如下的实务感觉的,即与通常的场合相比,对于因醉酒导致的死伤事件,并不会特别地认为其责任较轻。从这一点来看,这种处理是值得肯定的。这是因为,如果没有看到信号灯、酩酊时某种疏忽的态度本身构成过失的内容的话,那么必须至少从轻认定责任(即使并不构成限定能力),在量刑上也必须减轻处罚。由于一般并未采用这种处理,而且,对此不产生抵触感也是有理论根据的,因此,就只能认为因醉酒而引起事故的责任在于酩酊驾驶本身,这种场合也只能适用类似于原因上自由行为理论的见解了。

这样解释的话,既然酩酊驾驶与致死伤的结果之间具有因果关系,那么,酩酊驾驶与业务上过失致死伤罪之间原则上就应当是观念的竞合的关系。主张两者之间是并合罪的学说因此采取了批

---

〔1〕 与我的个人见解不同,认为构成过失之内容的是事故发生之前的动作,因此认为与酩酊驾驶罪之间是并合关系的,除了前揭藤木、石丸、宫木各位的论文以外,还有坂本武志:《关于违反道路交通法的罪数关系》(昭和三十九年),载《法曹时报》第17卷,第12号,第47页以下等。与此相对,在结论上与我的个人见解具有旨趣的是,前揭伊达、田中、田宫各位的论文等。

判判例的立场。由于并合罪说主张对因酩酊驾驶而导致死伤事故的人加重刑罚,因此,从表面上看,它是符合主张从重处罚酩酊驾驶的社会一般观念的。在这一点上,这种学说也是可以接受的;但是,这样一来,在酩酊驾驶作为故意的原因上自由行为而实施、在无责任能力或者限定责任能力的状态下引起死伤结果的场合,也应当如此。但是,在这种场合,将之作为并合罪而加重刑罚,就抹杀了现行法承认观念的竞合这一旨趣。而且,实际上并不存在认为这种场合是并合罪的见解。如此一来,除了酩酊与事故发生前的动作之间具有因果关系以外的场合下,结论也必须是相同的。不仅如此,既然承认只要不喝得酩酊大醉,就不会触犯道路交通法上的规范这一关系,那么,我认为,超越一个行为由数个法律来处理的范围,就是违反责任主义的。此外,并合罪说通过使作为酩酊驾驶的判断的既判力不影响致死点的判断,可以说具有防止死伤事故后来被发现的场合下禁止再起诉这一实际益处。[1] 但是,这种再起诉的必要性也可以存在于所有观念的竞合的场合,仅仅取出恐怕无法搜查的场合、以此为由进行另外的处理,从理论上看是不恰当的。如上所述,既然承认只要不喝得酩酊大醉,就不会触犯道路交通法上的规范这一关系,那么,就这样一个行为产生一事不再理的效果就只能说是不得已的。

---

[1] 坂本,前揭,第48页。

第三编

共犯与间接正犯

第一章　间接正犯的实行行为

第一节　绪　　论

间接正犯是正犯的一种。因此，与直接正犯或者单独正犯完全相同的是，间接正犯也具有作为正犯的性质，只是着眼于将他人的行为作为犯罪实行的手段来加以利用这一点，因此给它取了"间接"正犯的特殊名称而已。这种对间接正犯的把握，现在基本上是不存在争议的。对于采用共犯独立性论的人，用不着再说什么了。即便对于立足于共犯从属性论的人来说，认为间接正犯是既不属于正犯，也不属于共犯的特殊形态的行为人的时代，也已经一去不复返了。现在，间接正犯的正犯性，不管形式上如何，可以说是已经经过论证的自明之理了。[1]

另一方面，正犯是实行行为人。与直接正犯一样，间接正犯也必须具有作为实行行为人的特征。那么，所谓间接正犯的实行行为，究竟是指什么样的行为？由于间接正犯的构造不像直接正犯那么单纯，而是具有由利用者的利用行为与被利用者的结果惹起行为所组成的复合性构造，因此解答这个问题就极为困难。在日本，这个问题向来都是从什么时候是间接正犯的实行着手时间这一观点出发来进行讨论的。而且，众所周知的是，现在，就利用者的行为来讨论这一问题被认为是通说。也就是说，利用者的利用行为就是间接正犯的实行行为。那么，这种通说的见解是根据什么原理而得到支持的呢？我想，其所依据的原理恐怕是认为只有

---

[1] 大塚仁：《间接正犯的研究》（昭和三十四年）是阐述这个问题的名著。此外，西村克彦：《间接正犯论》（昭和三十五年），载《法律广场》第13卷，第6期，第30页；第8期，第39页；第11期，第23页。

自己自身的行为才是实行行为的限缩的正犯概念,以及认为这种实行行为仅限于自己自身的身体运动的行为观。其中,前者经受了来自扩张的正犯概念一方的批判这种历史性考验,我也支持它。但是,就后者而言,现在也有来自目的行为论一方的批判,因此很难说是不可动摇的见解。因此,我认为这种行为观本身就有探讨的价值。但是,我想暂时搁置从这一方向出发的考察,留待以后有机会时再议。在此,我打算从下面的观点出发进行考察,即通常仅仅从利用者的行为中寻求间接正犯的实行行为的实质是否妥当?

最近,我得到了就与之类似的原因上自由行为问题来探讨实行着手的机会。[1] 我是这样来考虑的:根据通说,一般认为,原因上自由行为与间接正犯具有相同的理论构造,其特征在于它是一种将丧失了是非判断能力的自己作为工具来实行犯罪的情形。而且,根据这种看法,一般认为,实行着手的时间通常是陷入精神失常的行为本身,即原因设定行为,例如饮酒行为本身就是实行着手的时间。但是,这样一来,在故意犯的场合,在很早的时候就承认未遂犯的成立了,这是不妥当的。虽说如此,故意犯尤其是在故意的作为犯的场合,以原因设定行为缺乏构成要件的定型性为由,全面排斥原因上自由行为理论的适用的见解,我也是不赞成的。这是因为,如果果真如计划的那样,在心神丧失的过程中引起结果发生,就已经不能将其作为有完全责任能力的故意犯进行处罚了。因此,为了避免这种不恰当的结论,通常并不只是认为实行的着手是有责任能力的原因设定行为之时,而是要进行个案考察,根据引起结果的可能性的大小,要么在原因设定行为开始的时刻,要么在陷入心神耗弱、丧失的时刻承认是实行的着手。众所周知,这是认定实行着手的一种方法。这种对于原因上自由行为的实行行为的实质的理解,在考察间接正犯的实行行为方面具有重要意义。

在什么地方寻求间接正犯的实行行为的实质呢?这个问题比寻求原因上自由行为的实行行为的实质来说更加困难。这是因

---

[1] 参照拙文:《原因上自由行为》(昭和三十五年),载《修改刑法准备草案的综合性探讨》,第93页以下;《原因上自由行为》(昭和三十六年),载《修改刑法准备草案》,第45页以下。

为,在间接正犯的场合,利用者的身体运动只要具备利用被利用者的行为即为已足,在所谓结果犯的结果引起行为和危险犯的危险引起行为这种单独犯的场合,通常构成实行行为的行为本身借用了作为他人(被利用者)的被利用者,因此,与原因上自由行为的场合一样,为了在利用行为中或者在被利用行为中寻求实行的着手,就必须研究他人的行为与自己的行为之间的关系。

现在的通说,正如后面所详细论述的那样,认为间接正犯的实行着手在于利用者的利用行为开始之时;间接正犯的实行行为的实质仅在于利用行为,而被利用者的行为应当作为单纯的因果过程被排除在实行行为之外。但是,我认为,在面对各种各样的案件之时,仍然应当根据个案具体情况具体分析实行的着手,而不应当千篇一律地认为利用行为开始之时就是实行的着手。那么,应该以什么为标准、在什么时刻承认实行的着手呢?应该在什么地方寻求间接正犯的实行行为的实质呢?阐明这些问题正是本文的目的之所在。

因此,为了论述间接正犯的实行的着手,首先必须看到围绕实行的着手本身展开的争论。因此,我想暂且离开与间接正犯的之间关联,尝试着探讨一下关于实行着手的问题。

第二节 关于实行着手的各种学说

1. 一般认为,像日本刑法第43条所规定的那样,将"实行的着手"作为区别未遂与预备之标准的立法形式,始于1810年的法国刑法。[1] 不过,法国最早使用"实行的着手"(commencement d'exécution)这一概念的立法例是比1810年法国刑法早十多年的

---

[1] 牧野英一:《刑法研究》(昭和十四年)第8卷,第212页;小野清一郎:《犯罪构成要件的理论》(昭和二十八年),第298页。

法国革命历4年9月22日(1796年7月10日)的法律。[1] 这部法律对在法国革命时期(1791年)仓促制定的刑法进行了彻底修改。即使就未遂犯的规定而言,1791年的法律也只是对为数不多的几种犯罪规定了可罚的未遂;与此相反,1796年对此进行了全面修改,在总则中设立了各种犯罪共通的未遂犯处罚规定。这部法律中的未遂犯规定,几乎被1810年的刑法原封不动地照搬过去。之后,经过1832年的若干修改[2],就成为现行法国刑法第2条的规定:"通过实行的着手所表明的实行重罪的企图,在完全因独立于行为人意思之外的事由而中断,而且没有产生结果的场合,均以重罪本身论处。"

法国刑法第2条的这一立法形式,对各国产生了很大的影响。明治十三年(1880年)的日本旧刑法第112条规定,"虽然已经实行犯罪,但是出于罪犯意料之外的障碍或者错误而未遂者,比照既遂者的刑减一等或二等",其中也可以看到它的痕迹。[3] 此外,在德国,1851年的普鲁士刑法引进了法国式的立法形式[4],以这部普鲁士刑法为基础制定的1871年的现行德国刑法,也几乎原封不动地照搬了这种法国式的立法形式。现行德国刑法第43条规定:"使犯重罪或轻罪的意图表动于包含该重罪或轻罪的实行的开始

---

[1] Redslob, Versuch und Vorbereitung, Auf der Grundlage des deutschen und französischen Strafrechts, Strafrechtliche Abhandlungen H. 90, 1908, S.13 引用了这部法律中关于未遂犯的规定。此外,关于这部法律,参照 Donnedieu de Vabres, Traité élémentaire de droit criminal et de legislation pénale comparéc, p. 134; Bouzat, Traité théoriqueet pratique de droit penal, 1951, p.161.

[2] 1832年修改前的刑法典第2条规定:"通过外部行为(acte exterieur)所表现的、已经到达实行着手的实施重罪的企图,在因偶然的或者独立于行为人意思之外的事由而中断,而且没有产生结果的场合,均以该重罪本身论处。"

[3] 博阿梭纳德草案第125条规定:"通过实行的着手所表明的实施重罪的企图,在因独立于行为人意思之外的事由而中断的场合,依重罪既遂的刑罚减两等或三等进行处罚。"Boissonade, Projet révisé de code penal pour l'empire du Japon, accompagné d'un commentaire, 1986, p.404. 此外,参照草野豹一郎:《刑法修改上的重要问题》(昭和二十五年),第195页。

[4] 关于德国现行刑法及其前身普鲁士刑法在未遂犯的规定上受法国刑法影响的事实,Liszt-Schmidt, Lehrbuch des Deutschen Strafrechts, 26. Aufl., 1932, S.304, 305; Hippel, Deutsches Strafrecht II., 1930, S.393 f.

(Anfang der Ausführung)的行为之中的人,在其所意图的重罪未达既遂的场合,作为未遂犯处罚(第1款)。"明治四十年(1907年)的日本现行刑法也直接以法国和德国的立法形式为蓝本,进一步发展旧刑法,明确使用了"实行的着手"这一用语,从而参与到关于未遂犯概念的世界性趋势之中。

这样一来,即使对于日本刑法而言,"实行的着手"也被认为是未遂犯的重要成立要件,被用来作为区别预备与未遂的标准。因此,作为对第43条的解释,所谓"实行的着手"是指什么,或者,实行着手的时间是什么时候呢？针对这一问题,在日本展开了各种论述。众所周知,关于这一问题的客观说与主观说之间的对立是相当尖锐的。最近,被称为折中说的学说也加入到了新的争论之中。我们首先有必要追溯一下这些争论的经过[1]。

2. 对于法国刑法中的"实行的着手",当初人们全都是从客观上加以理解的,从制定法国刑法当时的思想来看,这一事实大概也是容易推测出来的。"在1810年那个时候,思想上崇尚个人的自由主义,而刑法则是以罪刑法定主义为基础的客观主义。这样一来,试想一下,旧制度的刑政奉行罪刑擅断主义,毋宁说是将预备与实行混同在一起的,那么就不得不说'实行的着手'这个词,毫无疑问的是,作为表现客观主义意义的新词语而受到欢迎也是理所当然的了。"[2]事实上,被认为是为前述法国革命历4年的法律提供原理的帕斯托勒特认为,"意向阻止了作为意向的事物,当外部行为开始向结果发展时,就产生了镇压与处罚的义务",明确地站在了客观说的立场上[3]。从此以后,法国的学说开始从客观上即

---

[1] 本来,围绕行为在什么时候成为危险的行为这一关于实行着手的问题,与怎样的行为是危险的这一不能犯论有着密切的关系。但是,本文在充分认识到不能犯论的基础上,暂且不将它作为问题的对象,而想将考察限定在实行着手这一问题上。
[2] 牧野,前揭第217页以下。
[3] 伊曼纽尔·帕斯托勒特在革命历法4年8月5日的议会上所作的报告(根据Redslob, a. a. O. S.11 ff. 对这一报告的引用)。

从存在的行为本身的性质来决定"实行的着手"。[1]

法国学说的这一基本态度,在德国学说中得到了更加彻底的体现。也就是说,近代德国刑法学从当初起步以来就带有客观主义的性质[2],那么,对于实行的着手,从客观上加以把握就是理所当然的结论了。也就是说,19世纪的许多学说认为,实行属于犯罪构成要件的行为,或者实现犯罪构成要件的一部分,就是实行的着手。从表面上看,这似乎采用了所谓形式的客观说[3] 不过,由于19世纪末是所谓因果的思考方法占支配地位的时代,因此,对于实行行为的实质,许多人采用因果的观点,就并不让人感到意外了。例如,毕克迈尔等人一方面认为实行行为是符合构成要件的行为,另一方面从实质上把握实行行为,认为应当被视为法律上禁止之结果的原因的行为是实行行为[4] 这样,必须注意的是,19

---

[1] 例如,采用形式的客观说的有 Villey, Précis d'un cours de droit criminal, 1877, p.97; Ortolan, Eléments du droit penal, 1., 1886, No. 989; Molinier, Traité théorique et pratique de droit penal, p.95.(根据 Redslob, a. a. O. S. 69 f.)。此外,参照 Vabres, op. cit., p.139; Bouzat, op. cit., p.164; Rodelob, a. a. O. S.16 ff., 牧野,前揭;小野,前揭,第298页以下;市川秀雄:《实行的着手》(昭和二十七年),载《刑事法讲座》第2卷,第382页。

[2] 特别是在费尔巴哈的刑法学中显得尤为突出。他认为,未遂犯处罚的根据不在于"行为人"的危险性,而在于"行为"本身的客观危险性。Feuerbach, Lehrbuch des gemeinen für Deutschland gültigen peinlichen Rechts, 2. Aufl., 1803, S.93(根据 Hippel, a. a. O. S.403 Anm.6);14, Aufl., 1847, S.71.

[3] 例如,Zachariae, Von dem Versuche der Verbrechen, 1855, in Goltdammers Archi. Bd. S.S.579; Chop, Über die Grenze zwischen Vorbereitung und Versuch eines Verbrechens, 1861, S.49 ff.; Oetker, Der Versuch und die schweizerischen Strafgesetzentwürfe, 1897, in Zeitschrift für die gesamte Strafrechtswissenschaft (=ZStW), Bd. 17, S. 53 ff; Mittermaier, Beiträge zur Lehre Versuche der Verbrechen, in Neues Archiv des Kriminalrechts, Bd. 1, S. 167 ff.(根据 Redslob, a. a. O. S. 68 f.)等。一般认为,最早将实行行为解释为构成要件行为的学者是斯求贝尔(Stübel, Über den Tatbestand der Verbrechen, 1805, § 29 S.34),以后著名的学者维持了相同的见解(Birkmeyer, Die Lehre von der Teilnahme und die Rechtsprechung des Deutschen Reichsgerichts, 1890, S. 96 f. 齐藤金作:《共犯理论研究》[昭和二十九年],第469页)。

[4] Birkmeyer, a. a. O. S.96 ff. 齐藤,前揭第466页以下。

世纪的学说很容易与所谓实质的客观说结合在一起。[1]

进入20世纪以后,因果的思考方法逐渐衰落,其结果是,即使那些属于实质的客观说阵营的人,也不再从因果的观点,而是从其他的观点来探讨实行行为的本质。例如,在他们看来,实行由于与构成要件行为有必然联系而在自然意义上应当被视为其一部分的行为[2]、实行对于实际的构成要件绝对必要的行为[3]、实行对法益的第一次侵害的行为[4]、实行构成法益侵害危险之基础的行为[5],等等,均属于实行的着手。与这种实质的客观说相对,采用形式的客观说的人也很多。[6] 特别是构成要件论兴起之后,从构成要件论的立场出发,形式的客观说得到更加彻底的贯彻。[7]

正如后面所考察的那样,从19世纪末到20世纪初,主观说曾一度得势。而且,第二次世界大战以后,出现了一种从客观和主观两个方面来考察实行行为的实质的折中性见解。事实上,现在,这种见解正逐渐取得支配地位。但是,从上述考察中,我们可以明白的是,总体而言,客观说可以说是德国的传统理论。

这种德国学说的发展趋势,几乎完全顺应了德国判例的变迁。

---

[1] 作为从正面采取实质的客观说的学者,例如,Cohn, Zur Lehre vom versuchten und unvollendeten Verbrechen, 1880, S. 341 ff.; Horn, Der Versuch, 1900, ZSsW Bd. 20, S. 300 ff.; Morkel, Lehrbuch des Strafrechts, 1889, S. 128; Hugo Meyer, Über den Anfang der Ausführung, 1892(根据 Redslob, a. a. O. S. 31 ff., 36 ff., 76 ff.)。

[2] Frank, Das Strafgesetzbuch für des deutsche Reich, 18. Aufl., 1931, S. 87.

[3] Allfeld, Lehrbuch des Deutschen Strafrechts, 8. Aufl., 1922, S. 191.

[4] M. E. Mayer, Der allgemeine Teil des deutschen Strafrechts, 1923, S. 352. 与此相类似,Köhler, Deutsches Stafrecht, Allgemeiner Teil, 1917, S. 447; Mezger, Strafrecht, ein Lehrbuch, 3. Aufl., 1949, S. 383 f。

[5] Birkmeyer, Enzyklopädie der Rechtswissenschaft, 2. Aufl., 1921, S. 1117; Kohlrausch-Lange, Strafgesetzbuch, 42. Aufl., 1959, S. 143.

[6] 例如,Olshausen, Kommentar zum Strafgesetzbuch für das deutsche Reich, Bd. 1, 6. Aufl., 1900, S. 143; Wachenfeld, Lehrbuch des deutschen Strafrechts, 1914, S. 173; Liszt, Lehrbuch des deutschen Strafrechts, 21./22. Aufl., 1919, S. 194, 129; Liszt-Schmidt, a. a. O. 26. Aufl., 1932, S. 305, 182; Hippel, a. a. O. S. 398; Hellmuth Meyer, Strafrecht, Allgemeiner Teil, 1953, S. 283。

[7] 例如,Beling, Die Lehre vom Verbrechen, 1906, S. 145 ff.; Ders., Grundzüge des Strafrechts, 11. Aufl., 1930, S. 57 f。

也就是说，关于实行着手的帝国裁判所的判例的基调是客观说，特别是采用了形式的客观说[1]与实质的客观说中援引自然的见解来确定实行着手的见解[2]。而且，战后，联邦裁判所也沿袭了这些判例[3]。不过，德国的判例并不必然始终如一地贯彻这种客观说。如后所述，从帝国裁判所时代的后期开始，已经积累了一些基于折中说的判例；到了战后的联邦裁判所时代，毋宁说判例的基调超越了客观说，出现了从客观说向折中说转移的状态。

自不待言，日本的学说是以客观说为主流的。旧刑法时代的古老学说尚未有意识地将客观说与主观说对立起来。但是，自旧刑法时代的末期以来，德国关于实行着手的争论被详细介绍到日本，在有意识地与主观说相对立的基础上，客观说特别是援引"自然的见解"的弗兰克的见解得到支持[4]。即使是在现行法之下，这一传统也得以维持下来。直至今日，客观说仍然可以说处于支配地位。其中，虽然立足于形式的客观说的学者不在少数[5]，但是，必须注意的是，日本的客观说的特点在于：多数见解认为，"实行的着手"并不仅仅是指单纯属于犯罪构成要件的行为的着手，而是对之加以若干扩张，认为实行属于犯罪构成要件的行为以及"与

---

[1] 例如，1919年4月1日帝国裁判所第二刑事部的判决指出："未遂犯的情况，必须与属于法定构成要件的行为——在盗窃的场合，属于夺取他人财物的行为——同时开始，这是确定无疑的。"（Entscheidungen des Reichsgerichts in Strafsachen, Bd. 53, S. 218 = RGSt53-218）。此外，与此相类似的判例有 RGSt 54-182, 254；RGSt 59-386；RGSt 66-154. 等。

[2] 例如，1917年1月15日帝国裁判所第五刑事部的判决指出："由于与该轻罪的构成要件行为有着必然的关系，因此，在自然见解上被视为其构成部分的整个行为中，就应该可以看到开始了。"（RGSt 51-342）。此外，与此相类似的判例有 RG St 59-1, 157；RGSt 66-142；RGSt 69-327；RG St 77-164, 173. 等。

[3] 关于前者，例如，Entscheidungen des Bundesgerichtshofs in Strafsachen (= BGHSt) 6-98.

[4] 例如，松原一雄：《新刑法论》（明治三十七年），第129页；小畴传：《日本刑法论总则》（明治三十九年），第291页。

[5] 大场茂马：《刑法总论》（下卷）（大正六年），第784页；泷川幸辰：《刑法讲义》（修订版）（昭和五年），第145页以下；泷川幸辰：《修订犯罪论序言》（昭和二十七年），第182页；植田重正：《刑法概要总论》（昭和二十四年），第202页。此外，小野清一郎：《新订刑法讲义总论》（昭和二十七年），第182页；团藤重光：《刑法纲要》（昭和三十二年），第264页。

第一章 间接正犯的实行行为

之直接密接的行为"是实行的着手。[1] 此外,认为实行对于犯罪的完成而言所必要的行为[2],或者认为实行具有造成法益侵害的现实危险性的行为[3]等是实行的着手,也可以说是属于实质的客观说的见解。

法国的判例立足于主观说,德国的判例比较容易倒向主观说,而日本的判例则与此不同。从大审院*时代到现在,日本的判例一贯坚持客观的立场特别是形式的客观说。关于这一问题的详细情况,有学者已经作出了出色的研究[4],在此我就不加赘述了。

那么,应当如何理解客观说呢?首先,对于形式的客观说——将属于犯罪构成要件的行为的着手作为实行的着手——正如牧野博士所批判的那样[5],回答什么是符合构成要件的行为,等于回答符合构成要件的行为就是这种行为,这就犯了同义反复的错误。不过,对于从构成要件的文理出发,以生活用语的习惯为基础来解释符合构成要件的行为的立场,上面的批判是不太恰当的。但是,从这一立场出发,被认为属于犯罪的概念要素的行为的范围过于狭窄,其结果是在很晚的时候才能认定实行的着手,这是不合理的。此乃有据可查的事实,即无论是日本的判例,还是法国和德国的判例,在从这一形式的客观说出发的同时,要么认为与符合构成要件的行为直接密接的行为的着手是实行的着手,要么偏重于折中说和主观说。

---

[1] 富田山寿:《日本刑法》(大正六年),第304页;冈田庄作:《刑法原论总论》(大正十三年),第315页;山冈万之助:《刑法原理》(大正四年),第206页;岛田武夫:《刑法概论总论》(昭和十年),第138页;佐濑昌三:《刑法大意》(第一分册)(昭和十二年),第206页。

[2] 不破、井上:《刑法总论》(昭和三十年),第169页;安平政吉:《修订刑法总论》(昭和二十三年),第310页。

[3] 大塚仁:《实行的着手》(昭和三十一年),《综合判例研究丛书·刑法》(3),第10页;以及小野,前揭,第138页以下。

* 大审院是日本明治宪法之下的最高裁判所,于1875年设置,1947年废止。——译者注

[4] 大塚,前揭。

[5] 牧野英一:《刑法修正的诸问题》(昭和十二年),第236页以下;宫本英修:《刑法学粹》(昭和六年),第364页;市川,前揭,第384页。

但是，对于这一学说，即认为与符合构成要件的行为直接密接的行为的着手是实行的着手，也有人持反对意见。这是因为，这一学说不仅模糊了预备行为与实行行为之间的区别，而且必须进一步明确"直接密接的行为"的范围〔1〕作为形式上的定义，实行行为至少必须限定在符合构成要件的行为。因此，只要立足于客观说，就必须明确某些进一步在实质上为符合构成要件的行为确立基础的标准。在这个意义上，实质的客观说更为妥当。

但是，在实质的客观说中看到的各种标准，如果无视行为人的犯意或者犯罪计划，那么是否有效呢？在判断是否实行了对于犯罪的完成而言所必要的行为，或者是否造成了法益侵害的现实危险性这些问题之时，如果无视行为人出于怎样的目的、以怎样的手段达到目的这些行为人主观方面的问题，那么就不可能作出判断。如果预想在考虑行为人的主观方面的基础上进行综合判断的话，那么它就已经不属于客观说了。

3. 正如以上所考察的那样，从客观上理解"实行的着手"这一概念，不仅在日本，而且在法国和德国，都是作为根深蒂固的传统而继承下来的。然而，与这种占支配地位的见解展开强烈对抗的乃是所谓的主观说。主观说的特色之处在于：以行为人的犯意为标准来确定实行着手，将实施了可以明确认定犯意的外部行为的时间作为实行着手的时间。而且，这里所谓的"外部行为"，并不是像客观说那样事先在定型上预定的行为，而仅仅具有认定犯意的资料的意义，在这一点上，可以说与客观说有根本的不同。

为什么会产生这种主观说呢？关于其产生的原因，有各种各样的解释，不可一概而论。作为一个历史事实，主观说几乎在同一时代出现在法国和德国，但其出现原因却是不尽相同的。法国的主观说为所谓实证学派所主张〔2〕，被认为是为保全社会利益而服务的学说；与之相对，德国的主观说主要受到黑格尔哲学的支持，与绝对主义的国家观念具有密不可分的关联。〔3〕日本的主观说

---

〔1〕 具有相同旨趣的是，团藤，前揭，第264页，注解3；大塚，前揭，第9页。
〔2〕 Bouzat, op. cit., p.164.
〔3〕 小野清一郎：《犯罪构成要件的理论》，第200页以下。

第一章　间接正犯的实行行为

原本是作为新派刑法学的派生原理,由所谓主观主义刑法理论——着眼于罪犯的危险性格、主张社会防卫——所主张的学说。关于这一点,现在无需再提。无论如何,主观说修正了或者克服了客观说所代表的自由主义原理,产生于优先考虑保全国家社会这一目的的过程中,这是不容置疑的历史事实。如此一来,关于实行的着手,客观说与主观说之间就展开了争论。

首先,我想对法国的学说进行一番考察。如上所述,法国的学说最初是倾向于客观说的。但是,到了19世纪的后半期,在法国产生了如下的见解:在确定实行的着手之时,除了考虑行为的外部客观形态以外,还应当援引行为人的意思或者决心这样的主观要素。[1] 这可以说是主观说的雏形,但是由于这种见解仅仅考虑了行为人的意思,没有论及问题的核心,因此,在这个意义上,很难说是它纯粹的主观说。纯粹的主观说是由Vidal-Magnol、Garraud、Vabres等一系列权威学者的主张完成的。[2] 通过这些学者的鼓吹,让人感觉法国学说的基调已经转向了主观说。而且,法国的判例也是立足于主观说的。[3]

其次,我想对德国的学说进行一番考察。德国是从什么时候开始提倡主观说的,这一点并不清楚。但是,至少在1867年,就判断实行着手的问题,帝国裁判所法官布里就已经强烈主张主观说了。[4] 之后,主观说得到了克斯特林、哈尔希那等黑格尔学派的

---

[1]　小野清一郎:《犯罪构成要件的理论》,第200页以下。

[2]　Vidal-Magnol, Cours de droit criminal et de science pénitentiare, t.1, 1948, p. 150; Vabres, op. cit., p.140. 此外,Garraud, Traité théorique et pratique du droit penal, 3. ed., t.1, p.489, et 494.

[3]　Vabres, op. cit.; Vidal-Magnol, op. cit., p.150 et suiv.; Bouzat, op. cit., p.165, et suiv.

[4]　Buri, Zur Lehre vom Versuche, 1867, Gerichtssaal Bd.19, S.60 ff.

著名刑法学者的支持[1],一度取得了相当大的势力。[2] 不过,自本世纪初的德拉奎斯等人最后主张主观说以来[3],主观说已经销声匿迹许久了。现在,只有博克尔曼、奥地利的盖尔曼、罗伊德、诺瓦科夫斯基等人主张主观说。[4] 也就是说,与法国不同,在德国,可以说主观说自始至终都只是少数说。如上所述,德国判例的基调也是客观说,并没有立足于主观说。不过,最终,在某种程度上考虑行为人的意思内容的折中说得到了支持。

自不待言,在日本,主观说的代表人物是牧野博士。只要像博士那样采用所谓主观主义刑法理论,立足于将犯罪视为罪犯的危险性格之征表的立场,那么,在实行着手的问题上采用主观说就是理所当然的。因此,日本的主观主义者全都采用了这一学说。只是在表达上各有千秋:牧野博士认为,"可以根据其实现的行为来确定无疑地认定犯意的成立之时,就应该说是实行的着手了"[5];宫本博士主张,"着手是具有完成力的犯意的体现,而犯意的表动是犯意的飞跃的表动(详言之,即构成一段飞跃的紧张的犯意的表动)"[6];江家博士认为,"认识到自己的行为在事物自然的经过中具有实现犯罪的可能性而实施该行为之时"[7],就是实行的着手;木村教授采用的表述则是:"由于存在其外部行为,行为人的犯罪意思毫无疑问具有不可取消的确定性,在这种场合下,就是实行的

---

[1] Köstlin, System des deutschen Strafrechts, Allgemeiner Teil, 1855, S. 220 ff.; Hälschner, Das gemeine deutsche Strafrecht, 1881, S. 335 ff.

[2] 此外,主张主观说的有 Eisemann, Die Grenzen des strafbaren Versuchs, ZStW Bd. 13, 1893, S. 475 ff.; Cohen, Die Vorbereitung von strafbaren Handlungen nach den Strafgesetzen des deutschen Reichs, 1894, S. 30 等(根据 Redslob, a. a. O. S. 56 f.)。

[3] Delaquis, Der untaugliche Versuch, 1904, S. 206. ff.; Bar, Gesetz und Schuld im Strafrecht, Bd. 2, 1907, S. 513; Redslob, a. a. O. S. 152.

[4] Bockelmann, Strafrechtliche Untersuchungen, 1957, S. 146; Germann, Das Verbrechen im neuen Strafrecht, 1942, S. 72; Roeder, Die Erscheinungsformen des Verbrechens, 1953, S. 36; Nowakowski, Das österreichische Strafrecht in seinen Grundzügen, 1955, S. 91.

[5] 牧野英一:《重订日本刑法》(上卷)(昭和十二年),第 254 页。

[6] 宫本英修:《刑法学粹》,第 367 页;《刑法大纲》(昭和十年),第 178 页以下。

[7] 江家义男:《刑法》(总论)(昭和三十年),第 156 页。

着手。"[1]

而且,不属于所谓主观主义刑法理论的学者也采用主观说。如果将如下观点考虑在内,那么这一事实就容易理解了,即虽然主观说的特色在于对犯意的重视,但是,并非只有站在着眼于罪犯的危险性格这一立场上的学者才主张重视罪犯的犯意,站在重视意思以外的其他主观要素这一立场上的学者也主张重视罪犯的犯意。例如,作为这样的学者,可以举出草野教授[2]。

在对主观说表明立场之前,首先我们必须注意的是,即使同样采用主观说,在学说的内容上却有相当大的不同。例如,宫本博士的标准与木村教授的标准即是如此。例如,侵入屋内并向窗户框上涂蜡的行为,如果将已经存在的盗窃的犯意作为标准的话,那么就只能将该行为视为盗窃的飞跃的表动;与之相反,如果从是否允许犯意具有含糊性这一观点出发来考察的话,那么,在允许推定有侵入住宅、杀人、盗窃、抢劫、强奸等故意这个意义上,不得不说是承认了犯意的含糊性。从前一种学说来看,该行为已经是盗窃的实行的着手;从后一种学说来看,则该行为还只是盗窃的不可罚的预备行为。因此,对主观说进行批判,也不能一概而论。

因此,正如上面的例子所表明的那样,对于宫本教授的标准,只要我们原原本本地解释其文理,那么就会在非常早的时候承认实行的着手,因此会扩大了实行行为的范围,这是很难令人信服的。而且,这一批判或多或少也适用于其他的主观说。我认为,只有木村教授的标准可以回避对于这一点的批判。但是,从另一个方面来看,如果采用木村教授的标准,那么,在什么时刻承认结合犯(例如抢劫罪)的实行的着手呢?通常认为,抢劫罪的实行的着

---

[1] 木村龟二:《新刑法读本》(昭和二十八年),第219页;《刑法总论》(昭和三十四年),第344页。
[2] 草野豹一郎:《刑法修改上的重要问题》(昭和二十五年),第203页。

手是实施暴行和胁迫的时候[1],但是,在实施暴行和胁迫的时候,也不得不说承认了犯意的含糊性。

4. 一直以来,如果提到围绕实行着手的学说争论,就是指上述与客观说之间的对立。不过,最近情况稍稍有些不同。换言之,除了这两种学说以外,必须注意的是,产生了旨在混合或者折中这两种学说的见解。假如将这一见解称作折中说的话[2],在这里,我就想考察一下这种学说的主张。

其实,一直以来,即使在日本,也并非没有采用某种折中立场的学者。例如,泉二博士认为[3],"所谓犯罪的着手,乃是指开始犯罪的实行。能否认定是实行的着手,在于从主客观两方面观察实施犯罪行为的一定犯意,根据具体情况来判断犯意是否表现为其实行行为的一部分或者与之接近的意思活动,判断的标准由常识决定。"[4]但是,这种观点并未在以往客观说和主观说的基础上提供一个新的基准,因此很难说是积极意义上的折中说。

积极意义上的折中说产生于德国的判例之中,在关于未遂犯的司法实务经验中孕育成长起来。正如我反复说明的那样,德国的判例是以客观说为基调的,但是,到了帝国裁判所时代的后期,出现了新的倾向,即以"从行为人的整个计划(Gesamtplan des Täters)来看,法益侵害的危险性是否紧迫"为基准来论述实行着手

---

[1] 大场茂马:《刑法各论》(上卷)(大正七年),第626页;草野豹一郎:《刑事判例研究》(第5卷)(昭和十五年),第255页以下;江家义男:《刑法各论》(昭和三十一年),第299页;团藤重光:《刑法》(昭和三十三年),第346页;植松正:《刑法概论》(昭和三十一年),第257页;昭和二十三年6月26日第2小法庭判决(最高刑集第2卷第7号第7481页)。
[2] 木村教授将此称作"主观的客观说"。参照木村龟二:《刑法总论》,第354页。
[3] 此外,久礼田益喜:《刑法概论》(昭和十八年)第303页认为:"我们想在主观与客观即犯意与违法事实一致的时刻承认犯罪的着手。"
[4] 泉二新熊:《日本刑法总论》(昭和十四年),第518页。此外,该博士强调客观说与主观说之间并没有什么意义上的差别。参照《日本刑法总论》(昭和十四年),第517页以下;《刑法要点》(昭和十八年),第182页。

的判例开始积累下来。[1] 例如,1919 年 10 月 21 日第四刑事部的判决认为,为了认定实行的着手,"必须展开如下的活动,即参照作为犯罪之基础的行为人的整个计划,通常来说,为了使入室抢劫的加重事由到达既遂,必须展开与之相应的活动。"[2] 而且,战后最高裁判所的判例也沿袭了此类帝国裁判所的判例[3],援引"行为人的整个计划"或者与之类似的行为人的主观状况的判例,超越了以往的客观说,毋宁说将德国判例的基调从客观说导向了折中说。从学说上对这种判例的见解给予支持的是韦尔策尔。基于其目的的行为论,韦尔策尔认为:"对于实行的开始,应当以个别行为人的计划为基础来进行评价,而不应当从不了解犯罪计划的假定观察者的立场来进行评价,这一点非常重要。原因在于,由于实现犯罪的途径无限多样,因此实行的开始通常也依存于个别行为人的计划。"[4] 而且,舍恩克-施罗德也更加详细地指出:"当犯罪的意思明确地表现为——根据行为人的整个计划——直接危害特定构成要件的保护客体的行为之时,实行的着手就存在了。"[5] 作为极其明快地采用折中说的见解,这是值得关注的。此外,纳格勒-雅古施见解也可以说属于折中说。[6]

那么,折中说在哪一点上不同于以往的学说呢? 首先,客观说尤其是实质的客观说与折中说的不同之处在于:在确定行为的危险性方面,前者只是增加了客观的一般评价;与此相对,后者则从"行为人的整个计划"出发,通过将行为人的主观方面纳入到考虑之中,从而增加了个别评价。此外,主观说与折中说的不同之处在于:对于外部行为,主观说仅赋予其确认犯意是否存在,或者认定

---

[1] 援引行为人的整个计划,或者与之类似的行为人的主观状况的判例,例如,RG St 54-35; RG St 66-141; RG St 68-336; RG St 71-383; RG St 72-66; RG JW 1939-90.
[2] RG St 54-36.
[3] 例如,BGH St 1-116; BGH St 2-380; BGH St 4-273; BGH St 9-64。
[4] Welzel, Das Deutsche Strafrecht, 6. Aufl., 1958, S. 167. 而且,他将这一见解命名为"个别的客观说"(individuell-objektive Theorie)。
[5] Schönke-Schröder, Strafgesetzbuch, Kommentar, 9. Aufl., 1959, S. 199f. 此外,Schönke, Strafgeetzbuch, 5. Aufl., 1951, S. 136 也是如此。
[6] Nagler-Jagusch, Leipziger Kommentar, Bd. 1. 7. Aufl., 1954, S. 189.

犯意是否飞跃地表动之资料的意义；与此相对，折中说则将外部行为视为犯罪意思的征表，在此基础上，将之作为在客观上具有某种程度之危险的事物来把握。正如是否"可以确认犯意"的判断与是否"直接危害保护客体"之间存在差异一样，可以认为主观说与折中说之间也存在差异。木村教授明确指出，折中说与以往日本的主观说并无二致。[1] 对于教授自己的学说，我们暂且不论；对包含了牧野、宫本说的日本全部主观说进行这样的评价，从上述的意义来看，很难说是妥当的见解。

正如以往的客观说与主观说在判断实际的案件时并不会产生结论上的差异一样[2]，折中说对于通常的案件也不会产生很大的适用上的差异。这是因为，在折中说看来，尽管客观说在确定实行的着手时考虑了行为人的决意或者计划，但它仅给出了客观的标准；尽管主观说主张不承认外部行为本身的意义，但仍将危险在某种程度上已经客观化的时刻纳入考虑范围之内。正是在这两点上，表现出了两者结论的不同。我认为，对于在以往已有定论的学说范围内并不必然能得出妥当结论的原因上自由行为或者间接正犯这样的犯罪群，折中说发挥着特殊的作用。因此，本文就间接正犯的实行着手问题，在期待折中说会得出何种结论的基础上，进一步展开下面的考察。

第三节　间接正犯的实行着手

1. 应当在什么时刻寻求间接正犯实行的着手？据我所知，日本关于这个问题的论述大致始于旧刑法之下的明治三十六、三十七年。

众所周知，明治十三年的旧刑法将教唆犯作为一种正犯来对待，其第 105 条规定："教唆他人实行重罪、轻罪的人，亦构成正犯。"关于这一点，旧刑法的起草者博阿梭纳德在草案的注解中指

---

[1] 木村，前揭第 345 页。
[2] 草野，前揭第 205 页；植松，前揭第 254 页。

出:"根据日本旧有的法律,草案将教唆犯视为'正犯'。"[1]但是,日本旧有的法律并不必然像博阿梭纳德所说的那样将教唆犯作为正犯来对待。这一见解,与其说是他自己的见解,倒不如说是他所属的法国刑法学,更具体地说是他的老师奥鲁特兰所属的新古典学派的理论归结。[2] 因此,教唆人是主要的实行者,即精神的或者无形的正犯(auteur moral ou intellectuel),而不是从属的行为人、参与者或从犯。如果按博阿梭纳德的这一见解原封不动地推导下去的话,就会到达所谓的教唆独立性论,将教唆犯和间接正犯等同视之。但是,在最后完成的旧刑法草案中,他并没有将这一结论成文化,只是指出:教唆未遂的处罚仅限于"通过公开的演说、广告或快件,教唆公益机关或者某个人实施犯罪的人",对于教唆未遂的其他情形,如果无法给出充分的理论根据,就不予处罚。[3] 正如有学者指出的那样,博阿梭纳德草案之所以采用这种不彻底的态度,其原因在于,"在是否将教唆犯与通过身体实行犯罪的正犯同样对待这一问题上犹豫不决"[4],这一问题当然是不明确的。但是,无论如何,由于草案无法经受旧刑法的立法者的批判,最终,在旧刑法中仅承认了草案中将教唆犯视为正犯的旨趣,但驳回了有限制地承认教唆未遂的博阿梭纳德的提案。

但是,只要旧刑法将教唆犯理解为正犯,那么,从字面上看,将教唆犯与间接正犯等同视之,还是有可能的。然而,旧刑法之下的学说大体上从教唆犯中排除了应当属于间接正犯的情形,将之作为实行正犯来加以论述。作为当时的教科书,首先以宫城浩藏的《刑法讲义》(明治二十年,1887年)为例。该书根据法规的体系,将"数人正犯"分为"正犯"和"从犯",而且,正犯区别于"纯粹的正

---

[1] Boissonade, Projet révisé de code penal pour l'empire du Japon, accompagné d'un commentaire, 1886, p.381. 参照森顺正译:《博阿梭纳德起草翻译校正刑法草案注释》(上卷)(出版年代不详),第514页。
[2] 小野清一郎:《旧刑法与博阿梭纳德的刑法学》(昭和十七年),载《杉山教授六十寿辰祝贺论文集》,第40页。
[3] 他只是揭示了政策上的理由与取证上的便利这两种根据而已(Boissonade, op. cit., p.384. 森顺正译、前揭第518页)。
[4] 小野,前揭第41页。

犯"、"教唆人"和"被教唆人"。宫城浩藏认为:"所谓纯粹的正犯,是指自己起意,决定实行犯罪的人;所谓教唆人,是指自己起意,使他人决定实行犯罪的人;所谓被教唆人,是指接受了教唆人的教唆,完全同意实行犯罪的人。"[1] 从这一教唆人的定义来看,教唆犯与间接正犯之间的概念区别并不清晰;但是,从被教唆人的定义来看,可以清楚地看到两者的区别,即"因受到胁迫、暴力等强制的人实行犯罪,或者因白痴、疯癫等原因而不能辨别善恶的人实行犯罪之时,这些人不过是教唆人的工具而已。因此,在这种场合,教唆人就是纯粹的正犯。"[2] 因此,即使是相同形态的教唆,根据被教唆人性质的不同,有的构成教唆犯,有的则构成纯粹的正犯。这一见解代表了旧刑法之下的所有学说。例如,堀田正忠的《刑法释义》(明治十三年,1880 年)第 895 页、江木衷的《现行刑法通论》(全)(明治二十一年,1888 年)第 226 页、富井政章的《刑法论纲》(明治二十二年,1889 年)第 250 页等,虽然其各自的范围和理由有所不同,但是,在将间接正犯的场合排除在教唆犯之外这一点上却是一致的。[3] 此外,判例也全都立足于这种见解。[4]

然而,这些学说还没有意识到教唆未遂与应当属于间接正犯的未遂之间的区别,因此,对于间接正犯的实行着手时间,学者们尚未进行过特别论述。据我所知,最先意识到这个问题的大概是小畴传的《日本刑法论总则部分》(明治三十六年 7 月,1903 年)和松原一雄的《新刑法论》(明治三十七年 5 月,1904 年)。我们不能忘记的是,最初将德语的"mittelbare Täterschaft"翻译成"间接正犯"

---

[1] 宫城浩藏:《刑法讲义》(明治二十年),第 615 页。
[2] 宫城,前揭。
[3] 详细内容,参照齐藤金作:《共犯理论的研究》(昭和二十九年),第 155 页以下。
[4] 明治二十九年 7 月 10 日第一刑事部判决(大审刑录第 2 辑第 7 卷第 39 页)、明治二十九年 9 月 18 日第一刑事部判决(大审刑录第 2 辑第 8 卷第 114 页)、大审刑抄录第 1 卷第 152 页)、明治三十年 2 月 18 日第一刑事部判决(大审刑录第 3 辑第 2 卷第 59 页、大审刑抄录第 2 卷第 165 页)、明治三十七年 12 月 20 日第一刑事部判决(大审刑录第 10 辑第 2416 页)、明治三十九年 10 月 30 日第一刑事部判决(大审刑录第 12 辑第 1152 页)。此外,参照齐藤,前揭第 156 页以下。

这一术语并首先在日本使用的正是这两本书。因此,当今日本的刑法学也有着与德国刑法学相同的烦恼。

间接正犯实行着手的时间在什么时候呢?众所周知,关于这个问题,在日本存在两种相互对立的立场。第一种学说认为,应当在利用者的利用行为中认定实行的着手;第二种学说则认为,应当从被利用者的行为中寻求实行的着手。在下面的部分,我想在斟酌考虑德国的学说和判例的基础上,对这两种学说进行一番考察。此外,由于在德国还存在不属于这两种学说的新立场,因此,我将在说明这两种学说之后介绍一下第三种学说。

2. 第一种认为间接正犯的实行着手应当在利用者的行为中认定的见解,在日本,是最初意识到这个问题以来的通说。其原因在于,上述松原、小畴两人都赞同这一见解。松原认为:"构成间接正犯者,应根据作为工具的人的所为来确定罪犯(间接正犯者)的责任";与此同时,他指出:"使作为工具的人实施其行为之时,利用者亦为未遂犯。"[1]小畴则更加详细地指出:"间接正犯的行为,应根据正犯自身的动作与被利用者(工具)的动作来决定";"教唆被利用者,使之决意实施犯罪,之后,如果只是到达了由被利用者独立行动的程度,那么,可以说此时正犯已经完成了意思的实行,例如,教唆精神病人、使之决意实施犯罪的场合即是如此";"在使被利用者实施犯罪的情况下,以作为实行未遂之一的失败犯论处,或者以教唆的未遂论处。"[2]令人惊讶的是,这些论述几乎与当今教科书里的说明并无二致。

如前所述,以上两人不仅对预备行为与未遂之间的区别均采用了一种客观说,而且认为间接正犯的实行着手应当在利用者本身的利用行为中寻求。然而,这并不是因为他们站在了后世学者所谓的规范性评价的立场上,毋宁说,这是基于直接从间接正犯自身的外部行为中观察其实行行为的直观性思考而得出的结论。无论如何,这一结论也一直为后来的客观说所贯彻和认可。客观说的代表人物——大场博士也主张:"间接正犯的犯罪行为的着手,

---

[1] 松原,前揭第 156 页。
[2] 小野,前揭第 345 页以下。

并非始于直接实行者实行的着手,而是始于间接正犯着手实施使直接实行者决意实行犯罪的行为之时,并且终于该行为结束之时。因此,间接正犯已经着手实施使直接实行者决意实行犯罪的行为,但直接实行者并未就范,在这种情况下,该间接正犯构成未终了的未遂罪;直接实行者虽然已经就范,但并未实行犯罪,在这种情况下,该间接正犯构成终了的未遂罪。无论如何,着手教唆直接实行者实行犯罪,与着手利用自然物实行犯罪的意义是相同的;而且,直接实行者虽然决意实行犯罪但尚未实行的情况,与利用自然物实行犯罪行为、因未奏效而终了的情况,在意义上也是相同的。与此相对,以被教唆人具有完全的意志为前提的普通教唆则与此有根本的区别。"〔1〕

因此,这一见解与其说是站在客观的立场上,倒不如说更加亲近于关于实行着手的主观说。这是因为,毫无疑问,利用者的利用行为的开始是犯意的表动,由于其符合刑法所预定的外部行为的类型,因此仍然需要一定的技巧。因此,即使从主观说的立场出发,就间接正犯的实行着手,也会得出与上述同样的结论。例如,牧野博士认为,"依据实行的观念,实施意味着正犯的行为阶段的行为之时,就应当就利用者对被利用者的利用行为来论述实行的着手"〔2〕;宫本教授也认为〔3〕,"利用者着手利用被利用者,亦即着手犯罪的实行,即间接正犯在其性质上不同于单独犯。"〔4〕当然,从这一立场来看,对于一方面就实行的着手采用客观说,另一方面在利用者的行为之中寻求间接正犯的着手时间的见解,还需要反复斟酌。〔5〕

---

〔1〕 大场茂马:《刑法总论》(下卷)(大正六年),第1030页。
〔2〕 牧野英一:《重订日本刑法》(上卷),第469页;此外,该书第258页。
〔3〕 宫本英修:《刑法学粹》,第431页。
〔4〕 后来的主观主义者也维持了这一结论。市川秀雄:《刑法总论》(昭和三十年),第108页以下;《实行的着手》,前揭第398页以下;木村龟二:《刑法总论》,第348页以下;江家义男:《刑法》(总论),第157页;八木胖:《刑法总论》(昭和二十八年),第190页。
〔5〕 例如,参照牧野英一:《刑法研究》,第2卷(昭和三年),第190页以下;第3卷(昭和四年),第177页以下,第179页;第7卷(昭和十四年),第130页以下,第197页以下;第8卷(昭和十四年),第231页以下;第11卷(昭和二十二年)。

第一章　间接正犯的实行行为

我个人认为，从主观说的立场出发所展开的这样的批判，在一定程度上包含着正确的内容。但是，尽管如此，日本的通说在就实行的着手采用客观说的同时，彻底地认为间接正犯的实行着手的时间应当在利用行为之中寻求。换言之，即使在时代迎来了构成要件论的兴起、关于实行着手的所谓形式的客观说开始兴盛之后，这种倾向依然没有发生改变[1]，毋宁说这种见解正好是构成要件论的归结。[2] 但是，我们必须注意到的事实是：这种见解在间接正犯这一概念的发祥地——德国并不一定是受到欢迎的。也就是说，在德国，认为实行的着手在于利用行为开始之时的第一种学说，至今也没有上升到通说的地步。

如果追溯历史来考察德国的这种现象的话，首先，在古老的时代，只有少数权威学者，例如李斯特[3]、阿尔费尔特[4]等采用第一种学说。究其原因，大概是因为当时因果的思考方法处于支配地位的缘故，因此，在只是对被利用者施加影响但并未引起主要行为的场合，从因果的观点来看，仍不能认为是实行行为。[5] 当时的通说，如后所述，倾向于第二种学说。在克服了因果的思想、构成要件论开始兴起之后，就没有学者那么强有力地推进第一种学说了。例如，即使在梅茨格尔的主张中，对此也不过是轻描淡写而已。[6] 虽然这种现象的原因并不明确，但大概是因为构成要件论的最大特点与最高要求——对实行行为的客观的、定型的把

---

[1] 小野：《新订刑法讲义总论》，第106页；《犯罪构成要件的理论》，第64页、第91页；泷川：《改订犯罪论序说》，第244页；团藤：《刑法纲要》，第104页，注解5；大塚：《间接正犯的研究》，第126页；《间接正犯的未遂》（昭和三十四年），载《法学新报》第66卷，第5号，第313页以下。

[2] 尤其参照大塚：《间接正犯的研究》，第123页以下。

[3] Liszt, Lehrbuch des Deutschen Strafrechts, 22./22. Aufl., 1919. 也就是说，对于间接正犯未遂的问题，他认为："应当以决定者的意思活动，而不是被决定者的意思活动为标准。"（S.196 Anm.7）

[4] Allfeld, Lehrbuch des Deutschen Strafrechts, 8. Aufl., 1922. 也就是说，他认为："间接正犯者的身体活动对直接行动者产生影响之时即终了（Einwirkung）。后者的行为不属于正犯影响力的范围。"（S.216）。

[5] Hippel, Deutsches Strafrecht, S.475.

[6] Megzer, Lehrbuch, S.386, Anm.10.

握——严格地排斥第一种学说的缘故吧。不管怎么说,在德国,之所以有些学者开始主张第一种学说,是因为出现了考虑行为人的主观意识方面的目的行为论。例如,毛拉赫认为,"即使在间接正犯中,也可以构成未遂犯。在这种场合,未遂犯通常存在于开始对行为中介者施加影响之时"[1];H. 迈尔则主张,"在他手正犯(即间接正犯——译者注)的场合,为了成立未遂犯,对行为中介者施加影响即为已足。并不能认为中介者开始实行行为之时,他手正犯——与教唆者一样——方才是可罚的。这是因为,根据法律,只能将中介者的行为评价为仅具有自然因果上的意义。"[2]但是,即使在目的行为论的时代,第一种学说仍然只是异端学说,毋宁说,学说的主流是倾向于第三种学说的。

从以上的考察中可以明白的是,在德国,第一种学说并非在任何时代都占据优位。但是,值得注意的是,德国的判例一贯采用的是第一种学说。[3] 由此可见,德国的学说和判例与日本的倾向正好相反,这一点不禁令人瞠目结舌。而且,如果对德国所主张的第一种学说进行详细研究的话,我们就会发现,在对实行行为概念的把握方面,德国与日本略微不同。日本的通说仅仅在利用者的利用行为中寻求间接正犯的实行行为,其结果是,无论是间接正犯的实行着手还是实行终了,均就利用者的行为进行讨论;被利用者是否实施行为,以及被利用者是否听从利用者的唆使、决意实施犯罪,均与实行行为的终了没有任何关系。[4] 这的确是将第一种学说彻底化所得出的结论,在理论上也很明快。但是,在单纯的、不问被利用者有无决意的利用者的利用行为中,是否总是能够发现足以评价为实行行为的强烈危险性呢?日本的通说很容易积极地肯定这一点。但是,在德国,在采用第一种学说的学者间,对于这个问题,总有些犹豫不决。例如,李斯特认为实行行为的终了以被

---

[1] Maurach, Deutsches Strafrecht, Allgemeiner Teil, 1945, S.438.
[2] H. Mayer, Strafrecht, S.307.
[3] 例如,RG St 59-1;RG St 66-141;RG St 70-212;BGH St 4-271.
[4] 具有代表性的是大塚:《间接正犯的研究》,第126页;《间接正犯的未遂》,第312页以下。

第一章　间接正犯的实行行为　　**201**

利用者的犯罪决意为必要[1]，就表明了这一点。德国学者避开第一种学说而倾向于第二种学说和第三种学说，而且，即使采用第一种学说的学者也表现出这样的态度，正是为了使被利用者的决定或者行动成为间接正犯的实行行为中不可或缺的要素，从而使实行行为的危险性得以客观化。这样一来，日本的通说，由于割裂了被利用者与间接正犯的实行行为之间的关联，毋宁说反而指向了危险的主观化。但是，这与日本的通说立足于构成要件论、重视行为的客观定型性之间又有着怎样的关系呢？

　　3. 其次，如前所述，在德国，古代的通说所承认的是第二种学说，即认为间接正犯的实行着手在于被利用者的行为开始之时。例如，弗兰克认为，"间接正犯是通过中介者实行犯罪的形态，因此其实行的着手不能早于中介者的着手"[2]；海波尔主张，"所谓的工具没有实施实行行为的情况下，间接正犯无罪，这与有形正犯和共犯在该种情况下的处理是完全相同的。这是因为，在尚未引起主要行为的情况下，犯罪还只是停留在预备行为的阶段。"[3]此外，与这些观点如出一辙的还有佩特里[4]、P. 默克尔[5]以及后来的 E. 施密特[6]、克劳斯[7]等人的见解。

　　在日本，作为采用第二种学说的观点，首先必须举出判例的立场。由于判例并未意识到间接正犯这一概念的存在，而是将应当适用间接正犯的场合理解为实行正犯本身，因此倾向于第二种学

---

[1] 他认为："之后的事情委诸于工具自身的活动之时（因此，唤起精神病患者的犯罪决意之时），成立终了未遂。"（Liszt, a. a. O. S. 210 Anm. 9）。然而，Allfeld, a. a. O. Anm. 9. 则从与日本的通说相同的立场出发，批判了李斯特的见解。

[2] Frank, Das Strafgesetzbuch für das Deutsche Reich, S. 87.

[3] Hippel, Deutsches Strafrecht, S. 475.

[4] Petri, Die mittelbare Täterschaft, Strafrechtliche Abhandlungen Heft 125, 1911, S. 17 f.

[5] P. Merkel, Grundriss des Strafrechts, Allg. Teil, 1927, S. 152.

[6] E. Schmidt, Die mittelbare Täterschaft; Frank-Festgabe II., 1930, S. 132; Liszt-Schmidt, Lehrbuch des Deutschen Strafrechts, 26. Aufl., 1932, S. 307 Anm. 14.

[7] Kraus, Die mittelbare Täterschaft, Strafrechtliche Abhandlungen Heft 353, 1935, S. 88 f.（大塚：《间接正犯的未遂》，第 321 页。）

说。首先,明治四十三年(1910年)6月23日大审院第二刑事部的判决指出:"诬告罪是指为了使他人受到刑事或惩戒处分而告发虚伪的事项的行为,为了成立该罪,只是将记载该事项的书面材料交付邮局,并不能说就是犯罪行为的着手;无论如何,只要其书面材料尚未到达,就没有告发的事实……在被告制作记载虚伪事项的书面材料并将之寄往东京市内的时候,并不构成诬告罪;只有当该书面材料到达岐阜地方裁判所的时候,才构成诬告罪。"〔1〕由此表明了如下旨趣:不应当从作为利用者的被告人的行为中,而应当从作为被利用者的邮递员的行为中寻求利用邮递员实施的诬告行为的着手。在这一判决之后,大审院的判例一贯采用的就是这种立场。例如,大正三年(1914年)6月20日第三刑事部的判决认为,以欺诈为目的发送虚假电报的行为仅构成欺诈罪的预备〔2〕;大正五年(1916年)8月28日第二刑事部的判决认为,敲诈勒索的文书送达被害人的时候才是敲诈勒索罪的实行的着手〔3〕;等等。此外,大正七年(1918年)11月16日第三刑事部的判决〔4〕则更加彻底地采用了客观说的见解,并附带指出:"预见到他人食用的结果可能会是中毒死亡,但仍将毒物置于其可以食用的状态之下,这一事实正是毒杀行为的着手。"

在学说中,与上述判例的立场如出一辙的仅有平井博士和竹田教授。首先,平井博士认为:"如果将间接正犯与使用工具实施犯罪完全等同起来,则间接正犯的实行着手在于利用者的利用行为着手之时;但是,由于间接正犯在于利用他人的力量或身份实施犯罪,因此,如果将这一问题与教唆犯的场合进行同等考察,则间接正犯的实行着手在于被利用人着手实行犯罪之时;从各种事例来看,反对的学说都会招致与单独犯的场合不一致的状况,因此是不妥当的。例如,教唆刑事未成年人盗窃、该未成年人次日实行了盗窃行为,或者请不知情的代书人代为伪造文书、代书人次日完成

---

〔1〕 大审刑录第16辑第1276页。
〔2〕 大审刑录第20辑第1289页。
〔3〕 大审刑录第22辑第1334页。
〔4〕 大审刑录第24辑第1352页。

代书。在单独犯的场合,无论如何,应该将次日解释为实行的着手和终了;而在间接正犯的场合,不仅当日就是实行的着手,而且在被利用者实行了犯罪的场合,同样也是着手行为,这是不合理的";[1]其次,竹田教授主张,"间接正犯的实行着手是什么时候?换言之,影响被利用者的 Einwirkung(作用)是在什么时候?或者说,在第43条严密的术语含义中,对于已经'着手实行'是在什么时候,仍然残存着疑问,有的学者采用前一种见解,而有的学者则采用后一种见解。第一种见解认为在于给予被利用者影响之时,根据这种学说,在听任工具的自主行为自然发展的同时,原则上,在引起作为工具的人产生决意之时,未遂犯就成立了。因此,虽然工具一时产生了犯罪决意,但后来忘记或者放弃了犯罪意图,没有实施应当符合构成要件的行为,即使在这种场合下,仍然必须承认未遂犯的成立。因此,这一学说并未拘泥于将对被利用者的影响仅视为预备行为的通常见解,换言之,对于利用者的行为并非包含在构成要件中的'杀人'、'放火'等动作的行为,它毫不在乎,而仍然认为他就是已经'着手实行'的人。与此相反,第二种见解认为在于被利用者已经'着手实行'之时,根据这种学说,间接行为人对被利用者的影响,只有在作为工具的人着手实行实际上受到了教唆或者得到了援助的行为之时,才构成了未遂犯。换言之,只要对工具的影响——作为工具的实行行为的原因——就此停止,那么就只是预备行为,但是,如果工具实际上实施了实现部分构成要件(至少)的行为,就应当将间接行为人的手视为伸到了实行着手的圈内,此时才可以说未遂犯的要件充足了。上述间接正犯的规范性理论在所谓实现构成要件这一点上发现了唯一的标准,这一理论认为,如果将间接正犯仅作为构成要件的实现来理解,那么,只有可以说有构成要件的实现,才能谈得上构成间接正犯的问题。毋庸置疑,像第一种学说那样完全无视与构成要件之间的关系的见解,是必须予以否定的。因此,我认为第二种学说是妥当的。"[2]

---

[1] 平井彦三郎:《刑法论纲总编》(昭和十二年),第577页以下。
[2] 竹田直平:《间接正犯》(昭和八年),载《立命馆学丛》第5卷,第2号,第106页以下。

但是，最近，无论在德国还是在日本，几乎已经没有支持第二种学说的人了。在德国，我们仅看到如下与之相类似的学说：韦伯认为："在间接正犯的场合，实行行为存在于使工具活动（Ingangsetzung）之时，而不是存在于工具实施实行行为之时"[1]；纳格勒-雅古施主张："充足了第43条的中介者的动作是未遂的开始，而正犯唤起中间者的决意、对之施加影响之时并不是未遂的开始。"[2]因此，我们有必要再次探讨为什么第二种学说不受好评的原因。

首先，我们必须记住这样一个事实：日本判例的见解不仅当然地受到了主观说的批评，而且也受到了即便是立足于客观说的人的批判。如上所述，对于使邮递员邮寄敲诈勒索或者欺罔文书的案件，判例认为实行的着手在于信件送达之时。但是，发送时间与到达时间之间的时间间隔并不意味着规范的间隔。也就是说，邮寄敲诈勒索文书的行为与开始在被害人面前宣读该文书的行为，在规范上可以等同视之。因此，从客观说的立场出发，在这种场合下，认为实行的着手在于利用者的行为着手之时，也是可能的。从这个意义上看，我认为第二种学说仍然要受到批判。但是，我认为，日本的学说在第一种学说和第二种学说之间进行选择的基础上，将适合于说明这种形态之下的间接正犯的第一种学说推而广之，使之一般性适用于所有的间接正犯的场合，在此仍有探讨的余地。

其次，我们必须注意这样一个疑问：第二种学说常常从被利用者的行为中寻求间接正犯的实行行为的实质，那么，为什么应当将他人的行为视为自己的实行行为呢？不过，从扩张的正犯论（这种理论从规范性评价的立场出发，扩大了实行行为的概念）的立场来看，并未将这个疑问作为疑问来认识，其解决这个疑问的方法是将之作为极其理所当然的道理。因此，对于不赞同这种扩张的正犯概念的人而言，上面的疑问仍然处于悬而未决的状态，只要没有找到其他的解决方法，那么，作为具有重大理论缺陷的学说，第二种学说就必须被摈弃。日本的学说全部倾向于第一种学说的消极依

---

[1] Weber, Grundriss des deutschen Strafrechts, 1984, S. 77.
[2] Nagler-Jagusch, Leipziger Kommentar, Bd. 1, 1954, S. 189.

据,由此可以窥见一斑。但是,德国最近的学说运用其他的理论解决了上面的疑问,而并未采用第二种学说,因此,在此不得不指出以此为基础的第三种学说。

最后,必须介绍一下站在全新立场上的第三种学说。不过,第三种学说尚未在日本出现,只是在德国有人主张这一学说。但是,由于这一学说不仅对我自己的见解产生了一些启示,而且也是引出本文结论的一条线索,因此,我想不惜笔墨,对之进行一番介绍。

那么,应当将第三种学说视为怎样的主张呢?首先必须指出的是韦尔策尔的见解。他认为:"在间接正犯的场合,应该作如下区分。首先,在利用有故意的工具的情况下,帮助者开始实施其行为之时,就成立未遂犯。在其他的情况下,与利用机械性工具的场合一样,由于行为人是通过工具来完成其行为,因此,直到行为人放手(aus der Hand geben)让工具实施行为的时刻,才成立未遂犯。"[1]此外,舍恩克-施罗德一方面承认这一原则,即"在间接正犯的场合,虽然工具没有实施实行行为,但是,在诱致者将之后的事情委托给工具之时,就已经成立未遂犯了";另一方面则认为,"但是,这一原则并不适用于对有故意的工具施加影响的场合。出于自己的目的,唆使有目的但无故意的工具夺取财物的人,根据第49条a第2款(关于劝诱他人实行重罪的规定)是可罚的。但是,只要工具没有开始夺取行为,那么,作为盗窃未遂,就不是可罚的。"[2]而且,这一立场进一步得到了科尔劳施-朗格[3]的赞同。

第三种学说的特点首先在于将利用有故意的工具与其他的情况区别对待。不过,为什么只有在利用有故意的工具的场合,才认为实行的着手在于被利用者的实行行为开始之时呢?任何一部著作都没有说明这个问题的理由。据推测,也许韦尔策尔的立场——认为正

---

[1] Welzel. Das Deutsche Strafrecht, 6. Aufl., S. 167.
[2] Schönke-Schröder, Strafgesetzbuch, Kommentar, 9. Aufl., 1959, S. 201 f.
[3] Kohlrausch-Lange, Strafgesetzbuch, 42. Aufl., 1959, S. 144.

犯的本质是"目的的行为支配"（finale Tatherrschaft）[1]——乃是产生这一问题的结论的立场。换言之，在通常的间接正犯的场合，韦尔策尔否认工具有行为支配，承认幕后的利用者有行为支配；但是，在利用有故意的工具的场合，由于其所具有的特殊性，因此，对于是否与前面一样、完全否认工具有行为支配而承认幕后的利用者有行为支配，韦尔策尔感到犹豫不决。而且，这种犹豫不决乃是与对于是否承认在利用者行为中有法益侵害的直接危险性感到犹豫不决联系在一起的。于是，据推测，这种犹豫不决是从如下结论中推导出来的：认为实行着手的时间在于危险迫切的时刻，即在被利用者开始实行行为之时。我认为，从韦尔策尔的见解来看，这种犹豫不决的态度是理所当然的；毋宁说，本来就不应当承认利用有故意的工具的人的行为支配，因此应当将之排除在间接正犯的范围之外。[2] 但是，即便如此，如果想将利用有故意的工具的人视为间接正犯，就实行的着手这个问题而论，我认为这仍不失为凝聚了这种技巧的另一种方法。

因此，现在流行的第三种学说，在并非利用有故意的工具的通常的间接正犯的场合，在什么地方寻求实行着手的时间呢？关于这一点，如上所述，韦尔策尔认为在于"行为人为了利用工具来完成行为而放手让其实施行为的时刻"。一般认为，这大概就是指利用者的利用行为终了之时；而舍恩克-施罗德则认为在于"在诱致者将之后的事情委托给工具之时"，由于这与李斯特的用语有相同之处，因此这种见解或许认为实行的着手在于被利用者产生决意之时。此外，科尔劳施-朗格认为在于"法益已经暴露于危险之中、可能直接受到损害的场合，给行为中介者施加影响之时。"根据对法益可能造成的危险的程度，要么从利用者的行为中，要么从被利用者的行为中认定实行着手的时间。这样一来，只要看看现在主

---

[1] 关于这一概念，参照大塚：《间接正犯的研究》，第93页以下；木村：《刑法总论》，第379页以下；拙文《目的的行为论与间接正犯》（昭和三十六年），载《早稻田法学》第36卷，第1、2册，第97页以下；《间接正犯的理论》（昭和三十七年），第121页以下。

[2] 拙文：《目的的行为论与间接正犯》，前揭第115页以下；《间接正犯的理论》，第139页以下。此外，参照木村，前揭第382页以下。

张第三种学说的学者,我们就可以发现:关于通常的间接正犯的场合下实行着手的时间,在他们之间看不到一致的见解。因此,从现在来看,第三种学说的唯一特色在于:只有在利用有故意的工具的场合,才认为实行的着手在于被利用者开始"实行行为"之时。

但是,认为间接正犯的实行行为在于被利用者的行为或者实行行为的立场,必然会引发这样一个疑问:为什么应当将他人的行为视为自己的实行行为呢?换言之,在这一点上,第三种学说有着与第二种学说共通的困惑。因此,第三种学说如何来解决这一疑问呢?它所采用的是行为支配的原理,以及作为其根基的目的行为论的思想。目的行为论的特色之处在于:不是将行为概念作为单纯的因果关系的演变来把握,而是将之作为主体支配因果关系的过程来考察。到达最终目的(Final)的因果流程的整体性支配(Überdeterminierng)、目的性操纵(finale Steuerung)等要素构成了目的行为概念的特点,在这一点上,可以看出它超越了以往自然主义的因果行为概念[1] 因此,这种对行为概念的把握,当然也会不可避免地对实行行为概念的构成产生影响。以往一般认为,实行行为概念的本质要素是构成要件符合性,而且,构成要件符合性受到以自己之手实行这一限制,即这是以限缩的正犯概念为内容的构成要件符合性。与此相对,在目的行为论中,一般认为,实行

---

[1] 关于目的行为概念,Welzel, a. a. O. S. 28 ff.; Ders., Studien zum System des Strafrechts, 1939, ZStW Bd. 58, S. 491 ff.; Ders, Um die finale Handlungslehre, 1951; Ders., Das neue Bild des Strafrechtssystems, 2. Aufl. 1952; Busch, Moderne Wandlungen der Verbrechenslehre, 1949. 井上正治:《目的行为论在体系上的地位》(昭和二十八年),载《法政研究》第20卷,第2—4号;木村龟二:《目的行为论》(昭和二十八年),载《法律时报》第25卷,第2号;下村康正:《韦尔策尔的行为论》(昭和三十二年),载《法学新报》第64卷,第4号;泷川幸辰:《目的行为概念》(昭和三十四年),载《法学新报》第66卷,第5号;内藤谦:《目的行为理论的思想史考察》(昭和三十三年),载《刑法杂志》第9卷,第1、2号;平场安治:《刑法中的行为概念与行为论的地位》(昭和二十六年),载小野博士六十寿辰纪念:《刑事法的理论和现实》(1);《韦尔策尔》(昭和三十二年),载《刑法入门》;《目的行为论的素描》(昭和三十二年),载《季刊法律学》第24号;福田平:《论目的行为论》(昭和二十八年),载《神户经济大学创立五十周年纪念论文集·法学篇》;拙文:《目的行为论》(昭和三十六年),载《综合法学》第30号等。

行为的本质要素是行为支配的概念。在行为支配中,支配的对象并不必然局限于自己的行为。在行为支配中,作为支配对象的行为(Tat)并不是指直接引起结果的动作.[1] 因此,所谓的行为支配,是指对于到达结果的整个因果过程的支配,自己的行动与被利用者的动作均包含在行为支配的对象之中。因此,当立足于将行为支配视为实行行为概念的本质要素这一立场时,实行行为并不仅仅局限于自己的行为,即使是他人的行为,如果在自己的支配范围内,那么也应当视为自己的实行行为。韦伯的学说很好地表达了这一旨趣:"间接正犯通过使工具实施行动来开始行为。在工具实施行为期间,而且直到结果发生之时,间接正犯的行为一直在持续。"[2] 在目的行为论中,作为简洁明了地表述行为概念实质的见解,是意味深长的.[3]

然而,第三种学说可能会受到如下批判:作为其基础的行为支配概念相当模糊,无法起到作为实行行为或者正犯的本质要素的作用;将行为支配视为正犯的本质要素,则应当将利用有故意的工具从间接正犯中排除出去.[4] 关于这一点,我认为第三种学说仍有重新探讨的必要。而且,既然暂时将利用有故意的工具视为间接正犯,那么也会受到如下批判:将这种场合与其他场合区分开来,是没有道理的.[5] 但是,我认为,第三种学说告诉我们,在间接正犯中,也混杂着对于实行着手的时间不能一概而论的不同类型,这一点是极富启发性的。毋宁说,韦尔策尔和舍恩克-施罗德从危险性的观点出发,在注意到对于实行的着手不能一概而论的同时,认识到仅仅将必须就被利用者的行为讨论实行着手的场合限

---

[1] 现在,虽然我们无法正确地理解"Tat"这个词的含义,但是,从这一点——例如,就共犯者的教唆行为、帮助行为等而言,就不能使用"Tat"这个词而一般使用"Handlung"这个词——可以推测出其含义。
[2] Weber, a. a. O. S. 67.
[3] 此外,Nagler-Jagusch, a. a. O. 也认为:"作为工具被利用的人是为了正犯而承担实行行为,所以,由于正犯是通过作为工具被利用的人来实施行为并引起结果,因此中介者的活动就是正犯的实行行为。"
[4] 参照拙文:《目的行为论与间接正犯》,前揭第 115 页以下;《间接正犯的理论》,第 139 页以下。此外,参照木村,前揭第 382 页以下。
[5] 团藤:《刑法纲要》,第 265 页,注 4;大塚:《间接正犯的未遂》,第 318 页。

定在利用有故意的工具的场合是无法令人满意的。我认为,只要将第三种学说贯彻到底,就应当赞同科尔劳施-朗格所主张的具有相对性的观点:根据危险性的程度来确定实行的着手时间。

第四节　间接正犯的实行行为的实质

1. 在此,关于间接正犯的实行行为的着手时间,我想概括一下以上所作的考察。首先,第一种学说认为在于利用者的利用行为开始之时,它得到了日本的通说、德国的判例以及少数权威学者的赞同。根据对间接正犯的实行终了时间的不同解释,这种学说可以细分为两种观点:一种观点认为在于利用行为本身终了之时,另一种观点认为在于被利用者决意实施犯罪之时。因此,关于间接正犯的实行行为的范围以及其实质,这两种观点也有所不同。第二种学说认为在于被利用者的行为开始之时,它得到了日本的判例、少数学说以及德国向来的通说的赞同。这一学说认为,间接正犯的实行行为的实质在于现实地引起结果的被利用者的行为。第三种学说将间接正犯区分为利用有故意的工具与利用其他的工具,就前者而言,认为被利用者开始行为之时是实行的着手;就后者而言,认为实行着手在于利用者的行为开始之时。这一学说得到了最近德国权威学说的赞同。根据这种学说,根据工具的性质的不同,间接正犯的实行行为的实质,或者应当在利用者的利用行为中,或者应当在被利用者引起结果的行为中寻求。那么,我们应当赞成哪一种学说呢?

本文想首先从日本的通说——第一种学说开始进行探讨。如上所述,对于通说的立场,即通常从"利用者的利用行为开始之时"来寻求着手时刻的立场,我有些持怀疑态度。对于间接正犯中某些类型的案件,例如邮寄敲诈勒索文书的场合,或者为凶恶的精神病患者提供凶器、使之杀害特定人的场合等,这一学说能够得出合理的结论。但是,就前一个案件而言,由于邮递员递送邮件通常是很自然的事情[1],不递送的情况极其稀少,因此,在利用者将邮件投进邮筒的行为、邮递员收集并递送邮件以及收信人打开邮件并得知威胁恐吓的内容之间,通常没有什么障碍。因此,我认为,认为敲诈勒索的着手时间在于利用者投递邮件之时的观点,并没有什么不妥。[2] 在某些情况下,如果邮递员在收集邮件之前发现了问题,那么就构成未遂的敲诈勒索罪。我认为,这一结论是正确的。就后一个案件而言,为凶恶的精神病患者提供凶器的行为与精神病患者手持凶器杀害特定人的行为之间,虽然并不存在前一个案件中那样的必然性,但盖能性的程度还是很高。我认为,在这种场合,认为提供凶器的行为就是实行的着手,这是非常自然的结论。这与认为故意将被害人投入猛兽笼子的行为是实行的着手,几乎是一回事。就以上这些形态中的间接正犯而言,认为着手时间在于"利用者的利用行为开始之时",对此,我也深表赞同。但是,这一原理是否适用于所有间接正犯的场合呢?如果维持这一原理,将它推而广之,一般性地适用于所有形态下的间接正犯,那么就可能会意外地产生不自然或者不合理的结论。以下,我将尝试着探讨一下这个问题。

2. 首先,必须探讨的问题是:虽然被利用者实施预定行动的盖然性并不低,但是,从犯罪的性质上看,一般认为从利用者的行为中认定实行的着手和终了是不妥当的,难道不存在这样的犯罪吗?

---

[1] 《邮政法》第79条规定对从事邮政业务的人"故意不处理邮件或者投递邮件延迟"的行为(第1款)、"由于重大过失而丢失邮件"的行为(第2项)处以刑罚。不过,如果邮件的内容是禁止邮递的物品(第14条),也可以要求寄件人说明其中物品并开封检查(第40、41条)、也可以丢弃或者作出其他处理(第42条)。而且,寄件人要受到处罚(第81条)。但是,既然确立了禁止检查的制度(第8条),就很难发现问题了。

[2] 这一假设的例子,作为所谓隔离犯的典型案例,被认为是关于实行着手的主观说与客观说分歧最大的地方。众所周知,在这一假设的例子的场合,判例认为实行的着手在于邮件到达之时。一般认为,这是客观说的结论(例如,市川秀雄:《实行的着手》,前揭第393页)。但是,最近,有学者在立足于客观说的立场的同时,从理论上论证了将发送邮件之时视为实行的着手的可能性(小野清一郎:《犯罪构成要件的理论》,第91页;团藤:《刑法纲要》,第265页,注4;大塚:《间接正犯的未遂》,前揭第324页)。

关于这个问题,需要考察的是属于单纯举动犯[1]的犯罪群。

就单纯举动犯而言是否承认间接正犯这个问题,在德国,自古以来就有很大的争议,很多学者采用了消极的方式来解释这个问题[2]。但是,在日本,几乎没有积极地主张单纯举动犯在所有情况下均不能成立间接正犯的学者[3]。换言之,在日本,一般承认单纯举动犯有通过间接正犯的形式来实现犯罪的可能性。我认为这种观点是正确的。这是因为,我们可以认为唆使精神异常者实施侵入住宅罪的行为人,值得作为住宅侵入罪的实行犯来加以处罚[4]。但是,这样一来,尽管对于单纯举动犯也应当承认间接正犯的成立,然而,如果在这种场合下,认为实行的着手和终了与通常的结果犯一样,在于利用行为着手和终了之时,就果真可以得出合理的结论吗?从通说的立场来看,在单纯举动犯的场合,有意地适用与通常的结果犯不同的间接正犯法理是毫无道理的。因此,开始唆使没有是非辨别能力的人实施单纯举动犯的行为,就应当被视为该举动犯的实行着手;其终了也应当被解释为该举动犯的实行终了。例如,唆使精神异常者实施侵入住宅罪的行为人,在其唆使行为开始的同时,就是侵入住宅罪的实行着手;一旦其完成了

---

[1] 所谓单纯举动犯,是指在犯罪的成立方面仅要求狭义的行为的犯罪。在犯罪的成立上并不要求结果的发生这一点上,意味着与结果犯相对立的犯罪群。也有学说否认从这一观点出发所作出的犯罪分类(例如,Bar, Gesetz und Schuld im Strafrecht, Bd. 2, 1907, S, 638)。但是,日本和德国的学说一般都承认这种犯罪分类。

[2] 作为就单纯举动犯否定间接正犯的成立的学说,例如,Beling, Die Lehre vom Verbrechen, 1906, S. 236;Engelsing, Eigenhändige Delikte, Strafrechtliche Abhandlungen Heft 212, 1926, S.47;Frank, Das Strafgesetzbuch für das Deutsche Reich, S.109;Maurach, Deutsches Strafrecht, S.206;Kohlrausch-Lange, Strafgesetzbuch, S.159.

[3] 例如,最近,承认存在不成立间接正犯的"自手犯"(eigenhändiges Delikt)的团藤教授也主张,单纯举动犯中,至少伪证罪属于自手犯,但他并没有采取认为所有单纯举动犯都是自手犯的态度(团藤:《刑法纲要》,第105页)。对自手犯进行过详细分析的大塚教授也认为,"在所谓的举动犯中,包含了很多不属于自手犯的情形"(大塚:《间接正犯的研究》,第249页)。此外,参照该书第224页以下,特别是第242页以下。

[4] 具有相同旨趣的是大塚,前揭,第247页。

唆使行为,也就完成了侵入住宅罪的实行行为。既然关于结果犯的法理也适用于单纯举动犯,那么,这一结论就很难动摇。但是,我们可以不假思索地承认这一结论吗?

第一,这一结论在尚未造成法益侵害的时候就承认了犯罪的既遂,这是不能令人信服的。理由如下:本来,在单纯举动犯的场合,受到无价值判断的并非结果的发生,而是包含着法益侵害的、特定类型化的举动本身。因此,实行行为一旦终了,犯罪当然就完成了;不过,另一方面,如果立足于通常仅从利用者的行为中寻求间接正犯的实行行为的立场,由于利用行为的终了就意味着实行行为的终了,因此,在单纯举动犯的场合,只要其利用行为已经终了,那么犯罪就必定完成了。从上面所举的例子来看,只要实施了唆使侵入住宅的行为,侵入住宅罪就完成了。被利用者事实上是否侵害了居住者生活的平稳,这完全是无关紧要的;即使被利用者没有实施任何行动或者没有产生任何犯罪决意,利用者也要承担侵入住宅罪既遂的责任。既然实行行为已经终了,就不能再承认成立未遂犯了。这显然是不正确的结论。

第二,将结果犯的实行行为与单纯举动犯的实行行为理解为性质上相同的行为,这一点很难令人信服。两者是完全不同的行为。如上所述,虽然结果犯的实行行为是引起法益侵害的行为,是具有危险性的行为,但并非伴随着直接法益侵害的行为。与此相对,单纯举动犯的实行行为本身就侵害了法益,其中完全不可能包含并不伴随法益侵害的行为。着眼于这种结果犯的实行行为与举动犯的实行行为在性质上的差别,将两种情况下的间接正犯的实行着手等同视之的错误是一目了然的。在结果犯的场合,如果仅仅利用者的利用行为就可以被评价为引起法益侵害的危险行为,那么就有可能将具有这种危险性的行为解释为实行行为。因此,只要是结果犯的场合,就可以承认间接正犯的实行着手在于利用者的行为开始之时。与此相对,在单纯举动犯的场合,仅仅有对于法益侵害造成迫切危险的行为,并不能说就是实行行为。因此,尽管可以从利用者的行为中寻求间接正犯的实行着手,但是却不能从利用者的行为中寻求其实行行为的终了。两者的处理必须区分开来。

第一章 间接正犯的实行行为

第三,我认为,从利用者的行为中寻求单纯举动犯的间接正犯的实行着手的见解,与关于实行着手的客观说无法相容。换言之,客观说特别是现在的通说——形式的客观说——是从构成要件这种定型的概念形象出发的,那么,上述见解果真可以就利用者的行为承认构成要件符合性吗?利用者单纯的唆使行为,一点也没有实现单纯举动犯的构成要件的要素,为什么可以将之评价为"在定型性上"是符合构成要件呢?虽然关于实行着手的主观说也采用上述见解,但是,只要立足于重视犯罪定型的客观说,就不可能赞同这种见解。

基于以上考察,我认为,在单纯举动犯的间接正犯的场合,通常在被利用者的举动开始之时寻求实行的着手,应当就包摄了被利用者之行动的利用者的行为来论述该举动犯的实行行为。

3. 其次,必须考察的问题是:从犯罪的性质上看,被利用者实施利用者所预定的行为的盖然性并不是很高,其结果是,不能认为实行的着手在于利用者的行为开始之时,难道不存在这样的犯罪吗?属于这种犯罪群的是所谓利用"有故意的工具"(doloses Werkzeug)的场合。

关于应当将利用有故意的工具视为间接正犯还是共犯,自古以来就是有争议的。[1] 德国与日本的通说将这种场合作为间接

---

[1] 详细内容参照大塚,前揭,第136页以下。此外,作为就利用有故意的工具不承认间接正犯的成立的见解,在德国,例如,Bar, Gesetz und Schuld im Strafrecht, S. 629f.；Beling, Zur Lehre von der "Ausführung strafbarer Handlungen", ZStW Bd. 28, 1908, S. 589 ff.；Flegenheimer, Das Problem des "dolosen Werkzeugs", Strafrechtliche Abhandlungen Heft 164, 1913, S. 46; Gerland, Deutsches Reichsstrafrecht, 1922, S. 94 f.；Mittermaier, Gutachten über § 300 R. St. G. B., ZStW Bd. 21, 1901, S. 235 ff.；Perten, Die Beihife zum Verbrechen, Strafrechtliche Abhandlungen Heft 198, 1918, S. 134 ff.；Wachenfeld, Lehrbuch des Deutschen Strafrechts, 1914, S. 197 ff. 在日本,例如,胜本勘三郎:《刑法要论总则》(大正三年),第401页;草野豹一郎:《刑法修改上的问题》,第283页,注解65;《刑法要论》(昭和三十一年),第131页;植田重正:《共犯的基本问题》(昭和二十七年),第83页等。此外,认为间接正犯这一概念没有必要的共犯独立性学说的立场,也属于这种见解。

正犯来把握。[1] 最近公布的日本《修改刑法准备草案》(未定稿)也在其第25条第2款中规定,"利用并非正犯的他人实施犯罪者,以正犯论处",表现出将这种态度立法化的决心。此外,作为最近比较权威的立法例——1959年德国刑法草案,也在其第29条第2款中规定[2],"通过无故意或者有故意无责任的行为,或者通过欠缺构成可罚性之基础的特殊的个人资格、关系或事由(特殊的个人

---

[1] 在德国,例如,Ackermann, Das doloses Werkzeug, 1917, S. 17 ff.; Allfeld, Lehrbuch des Deutschen Strafrechts, S. 214; van Calker, Strafrecht, 2. Aufl., S. 66; Gallas, Täterschaft und Teilnahme, 1954, in Materialien zur Strafrechts-reform, Bd. 1, S. 136; Hegler, Zum Wesen der mittelbaren Täterschaft, 1929, in Die Reichsgerichtspraxis in deutschen Rechtsleben, Bd. 5, S. 309 f.; Köhler, Deutsches Strafrecht, S, 511; Kohlrausch-Lange, Strafgesetzbuch, S. 162; H. Mayer, Strafrecht, S. 308; M. E. Mayer, Der allgemeine Teil des deutschen Strafrechts, 1923, S. 377; Mezger, Lehrbuch, S. 427; Ders., 432; Ders., Studienbuch, 9. Aufl., 1960, S. 233; E. Schmidt, Die mittelbare Täterschaft, S. 126ff.; Schönke-Schröder, Strafgesetzbuch, S. 227; Welzel, Das Deutsche Strafrecht, S. 90; P. Wolf, Betrachtungen über die mittelbare Täterschaft, Strafrechtliche Abhandlungen Heft 225, 1927, S. 59. 关于其他文献,参照 E. Wolf, a. a. O. Anm. 22。在日本,例如,大场:《刑法总论》(下卷),第1020页以下;安平:《修正刑法总论》,第345页以下;泷川:《犯罪论序说》,第222页;平场安治:《刑法总论讲义》(昭和二十七年),第151页;小野:《犯罪构成要件的理论》,第66页;团藤:《刑法纲要》,第108页;大塚,前揭第202页以下;《刑法总论》(第2分册)(昭和三十四年),第233页等。此外,仅承认利用无目的有故意的工具成立间接正犯的有:Liszt, Lehrbuch des deutschen Strafrechts, 21./22. Aufl., 1919, S. 210; Petri, Die mittelbare Täterschaft, Strafrechtliche Abhandlungen Heft 25, 1911, S. 27. 小畴:《日本刑法论则》,第344页;山岗:《刑法原论》,第225页;岗田:《刑法原论总论》,第429页;泉二:《日本刑法总论》,第660页以下;平井:《刑法论纲》,第576页;岛田武夫:《刑法概论总论》(昭和十年),第152页;井上正治:《刑法学总则》(昭和26年),第221页等。与此相对,仅承认利用无身份有故意的工具成立间接正犯的有:Frank, Strafgesetzbuch für Deutsche Reich, S. 106 ff.; Maurach, Deutsches Strafrecht, S.511,中武靖夫:《主观性正犯概念》(二)(昭和二十六年),载《法学论丛》第57卷,第4号,第7页等。

[2] 但是,到了1960年草案,在关于"正犯"的规定之中取消了关于"间接正犯"的独立规定,即第29条第1项规定:"通过自己或者他人实施犯罪行为人,以正犯论处。"关于该草案的日文翻译,参照齐藤金译:《1960年德国刑法草案》(昭和三十六年),载《早稻田大学比较法研究所纪要》,第18号。

资格)或者特殊目的的他人,故意地实行犯罪行为人,仍作为正犯来处罚。"[1]我个人的看法对此持消极态度,对于上述倾向,并不一定表示赞同。但是,我想暂且立足于通说的立场——将利用有故意的工具的人视为间接正犯而非共犯——来进行论述。

众所周知,有故意的工具分为两种情况:一种是"无目的有故意的工具"(absichtsloses doloses Werkzeug),另一种是"无身份有故意的工具"(qualifikationsloses doloses Werkzeug)。其中,在利用前者的场合,被利用者实施预定行动的盖然性一般并不低。虽然对特定犯罪事实有认识,但是欠缺构成违法性的"目的"的人,并不一定具有实施违法行为的意识,因此容易受利用者的唆使而实施该犯罪行为。与此相对,在利用后者的场合,被利用者实施预定行动的盖然性是相当低的,而且这种盖然性一般是不确定的。其原因在于,这种场合下的工具,由于欠缺构成违法性的"身份",因此在单独实施行为的场合可能不具有违法性意识;但是,如果其与有身份的人联系在一起实施行为,就有可能意识到自己的行为是法律所禁止的行为,从而形成规范的障碍而不再实施行动,这种盖然性一般是很高的。既然如此,认为开始唆使这样的人之时就是实行的着手的学说,就是在想象不值得作为未遂犯处罚即没有危险性的时候具有危险性,因此是不当的。

关于这一点,如前所述,最近,韦尔策尔、舍恩克-施罗德、科尔劳施-朗格等德国权威学者一方面认为,间接正犯的实行着手一般应当从利用者的行为中寻求;另一方面则认为,只有在利用有故意的工具的场合,间接正犯的实行着手才应当从被利用者的行为中寻求。这种见解虽然难免遭受"不彻底"这种非难,但是,在这个问题上,暂时可以说它是基于正确思考的见解。

不过,必须注意的是,如前所述,以往在提到"有故意的工具"的时候,一般认为仅指上文中已经提到的"无身份有故意的工具"

---

[1] 这与1956年总则草案的第28条第2项是相同的。参照齐藤金作译:《1956年德国刑法总则草案》(昭和三十三年),载《早稻田大学比较法研究所纪要》第3号,第13页。关于该条的理由书,参照齐藤金作译:《1956年德国刑法总则草案理由书》(上)(昭和三十四年),载《早稻田大学比较法研究所纪要》第4号,第185页以下。

和"无目的有故意的工具",但是,最近出现了一种认为"有故意的工具"包含一种"有故意的帮助工具"(doloses Gehilfen-Werkzeug)[1]的见解,而且这种见解的势头越来越猛。所谓有故意的帮助工具,是指虽然有故意,但不是出于为自己的意思(animus auctoris),而是出于为他人的意思(animus socii)而实施行为的人。在具有正犯的意思并利用这种工具的场合,作为一种利用有故意的工具的情形,被认为是间接正犯。在德国,战后的梅茨格尔、舍恩克-施罗德、科尔劳施-朗格等人肯定了这一见解[2];在日本,也出现了暗中赞同这一见解的判例[3],还可以看到支持判例的团藤教授等人的见解。[4] 关于对利用有故意的帮助工具是否承认间接正犯,必须在别的地方加以论述;无论如何,既然承认它就扩大了间接正犯的概念,那么就不应当轻易地像以往那样认为实行的着手在于利用者的行为开始之时。否则,值得担忧的实行行为概念软化现象,就会更加严重了。

最后,在此必须论及的是利用有他罪之故意但欠缺本罪之故意的间接正犯,团藤教授举出了如下属于这种间接正犯的例子:"甲(利用者)出于杀死在屏风背后的乙的目的,命不知情的丙(被利用者)射击屏风。丙虽然具有损坏器物故意,但并不具有杀人的故意。因此,在杀人这个问题上,丙只是一个工具,甲是杀人的间接正犯。"[5] 我认为这一结论是妥当的。但是,这种场合的实行着手的时间是什么时候呢? 如果从通说的立场出发,我想实行着手

---

[1] 关于这一称呼,Mezger, Lehrbuch, S.428;Dres., Studienbush, S.233.
[2] Mezger, Studienbuch, S.233;Schönke-Schröder, a. a. O.;Kohlrausch-Lange, a. a. O. S.162.
[3] 昭和二十五年7月6日第一小法庭的判决认为,关于作为被告人的公司董事长通过其女儿使公司的雇工运送大米这一案件,"无论雇工是否知情,这一事实——被告人的行为乃是运送的实行正犯——是无法改变的。"(最高刑集第4卷第7号第1180页)。关于这一判决,高田义文:《公司的董事长使知情的公司雇工运送大米的行为与违反粮食管理办法的责任》(昭和二十七年),载《警察研究》第23卷,第12号,第64页以下。
[4] 团藤,前揭第108页,注解14。此外,西村:《间接正犯论》(上),前揭《法律广场》第13卷,第6号,第33页以下。
[5] 团藤,前揭第108页,注解14。

的时间恐怕是损坏器物的教唆行为开始之时吧。然而,在被教唆人并未决意犯罪的场合,就器物损坏这一点而言,教唆人由于教唆未遂而无罪;就杀人这一点而言,由于是间接正犯的未遂,因此就成立杀人未遂。这一结论是不当的。换言之,在教唆未遂的场合之所以不得从教唆行为本身中认定实行的着手,是因为教唆行为与实行行为之间介入了规范的障碍。如果是这样的话,那么,像本案这样,由于损坏器物的实行行为与杀人的实行行为可以通过同一个自然行为来实施,因此,无论是就损坏器物而言还是就杀人而言,从规范的意义上看,被教唆人实施实行行为的盖然性都是很低的。因此,在本案中,与在教唆行为中不能承认损坏器物的实行行为的道理相同,应当认为在教唆行为中也不得承认杀人的实行行为。难道不应当认为利用者的教唆行为只是杀人的预备,而被利用者损坏器物的行为才是利用者的杀人行为吗?换言之,我认为,本案这样的场合也是利用有故意的工具的间接正犯的一种情形,其实行的着手应当在于被利用者的行为开始之时。

4. 再次,必须考虑的问题是:被利用者实施预定行动的盖然性既有高的场合也有低的场合的犯罪群。在盖然性高的场合,可以认为实行的着手在于利用者的行为开始之时;但是,在盖然性低的场合,毋宁说应该在被利用者的行为中寻求实行的着手时刻。难道不存在这样的犯罪吗?这与上述两种场合不同,归根到底,可以说它是就原则上认为实行的着手在于利用者行为开始之时的间接正犯而产生的问题。因此,例如,这是就利用幼儿盗窃、利用轻度的精神病患者杀人等,以及利用无责任能力者的所有间接正犯都必须进行考察的问题。但是,在此,我想考察的是代表所有这些场合的情形,即利用他人的过失行为的场合。

植田教授对于就利用他人的过失行为承认间接正犯持否定态度。他认为:"我们已经清楚地看到,通说一般认为这种场合是间接正犯,但是……只要是有过失的人,那么无论是否构成犯罪,都已经表明了其乃规范主体的事实,因此,利用有过失的人的行为,很明显是在结果之间介入规范性障碍的行为。当然……与利用故意犯的场合相比,虽说在其障碍性这一点上有所区别,但这种区别在规范论上至多只是量的区别,并不构成质的区别。……因此,将之与单纯的工具或者自然力等同视之,认为实行的着手在于利用者的利用行为开始之时,从而将之解释为间接正犯的见解,在规范论上是站不住脚的。以往一般引用的案例是医生利用护士的过失将毒药给予患者,从而将患者杀害那样的场合。……之所以说该护士有过失,乃是因为存在一个当然的前提:我们一般认为,如果是普通的护士,就可以当然地期待她预见到那是致命的毒药,并且一般可以防止结果的发生。不过,之所以说这里有可能避免结果的发生,从实质上看,无非是因为在规范论上结果的发生一般是期待不可能的。这样看来,我们就无法将这种场合下的医生的行为解释为实行行为。或许,这是因为,毋庸置疑的是,这样一般无法期待有发生结果之可能性的行为,作为犯罪的实行是不充分的";"通常,如果提到利用过失犯的话,由于过失犯仅仅是结果的判断,因此很容易将利用者的行为本身解释为已经具有引起结果的必然性,但是,这无非是从结果出发的判断,由于其忽视了大量因中介者(被利用者)的注意而避免了结果的发生的场合,因此无非是一种武断的判断。但是,后者那样的场合,出于各种理由,实际上并未被当作问题,因此就没有直接出现在我们的视野之中";"在这个意义上,一般而言,应当将利用过失犯的场合解释为共犯而不是间接正犯,这样更为妥当一些。"[1]

我的基本立场是不承认过失犯的共犯,在这个限度内,我与通说的结论是一致的。因此,对于植田教授的结论本身——否认利用过失行为是间接正犯,而直接认为其是共犯——我暂时不能表示赞同。但是,植田教授的这一批判是对关于间接正犯的通说,特别是认为间接正犯的实行行为仅仅在于利用者的利用行为的见解的一个迎头痛击。通说是如何来回应这一批判的呢?在回避这一批判的同时,通说主张利用过失行为是间接正犯,认为实行的着手也可以在被利用者的过失行为开始之时——难道这是最好的回应方式吗?

我认为,正如植田教授所言,在利用者利用他人过失行为的行为中,有很多尚不具备实行行为性质的内容。下面我们探讨一下

---

[1] 植田:《共犯的基本问题》,第93页以下。

经常被引用的那个案件:医生利用护士的过失,不是给患者注射药水,而是代之以烈性毒药,从而将患者杀害。首先,护士是有能力识别医生放在柜子里的烈性毒药并非注射药水的。如果护士无法识别或者在识别上有相当大的困难,那么给患者注射该烈性毒药的护士就没有过失。因此,如果以能够识别烈性毒药与注射药水为前提,那么,护士能够发现取错了药水的可能性是相当大的。自不待言,过失这一概念的含义本来就在于此。因此,应当说在利用过失行为与结果的发生之间,并不存在那种可以与利用工具等量齐观的自然而然的关系,而是存在着巨大的障碍。[1] 的确,在计划成功、护士果真陷入过失并引起结果的场合,认为医生是杀人罪的间接正犯,这是正确的。而且,这也确实是因为不知情的护士作为医生单纯的工具在犯罪的实施中被利用了。但是,不能据此认为,从事发之前的方向来看,护士的行为是自然的发展过程或者偶然的事件。应当说医生的行为尚不具有杀人的实行行为那样的危险性,换言之,其行为在大多数场合仍不过是预备行为而已。我认为,实行的着手在于护士陷入错误之时或者在于给患者注射之时。

这样一来,利用过失行为的利用者的行为,在大多数场合仍不过是单纯的预备行为,在此,尚不能承认是实行的着手。但是,并非所有的场合都是如此。自不待言,过失存在各种各样的阶段。上至与未必故意接壤的有认识过失,下至与无过失毗邻的有认识过失;而且,从作为法定加重原因的重大过失,到通常的过失,再到在判决上具有减轻作用的轻微过失,过失存在无数的阶段。因此,我认为,在利用他人的过失行为的场合,到达法益侵害的盖然性存在很多高低不同的情形。不过,另一方面,就实行的着手而言,我采用的是折中说,认为从行为人的计划来看,法益侵害的危险已经迫切的时刻,就是实行的着手。而且,我认为这种危险性的大小受到被利用者陷入过失的盖然性,即到达法益侵害的盖然性高低的影响。因此,即使同样是利用他人的过失行为的场合,在到达法益侵害的盖然性高的场合,换言之,在被利用者容易陷入利用者的圈套的场合,即利用轻微过失的场合,由于法益侵害的危险已经迫

---

[1] 关于这个意义上的障碍,参照植田,前揭第72页以下。

切，因此，我认为主张实行的着手在于利用者的利用行为开始之时的见解是正确的。而且，这种判断应当根据个案的具体情况分别进行。[1][2]

第五节 结　　语

以上，我首先在第一节中提出了几个问题，之后，在第二节中对以往有关实行着手的各种学说加以考察，分别介绍和探讨了客观说、主观说和折中说。在此基础上，对最近在德国变得有力的折中说表示赞同。其次，在第三节中，把目光投向已有的关于间接正犯的实行着手的各种见解，依次考察和分析以下三种学说，并阐明其优劣得失：认为在于利用行为开始之时的第一种学说、认为在于被利用行为开始之时的第二种学说，以及只有在利用有故意的工具的场合才认为在于被利用行为开始之时、在其他场合则认为在于利用行为开始之时的第三种学说。最后，在第四节中，我提出了自己的主张：间接正犯的实行着手并不总是在利用行为开始之时；在某些场合，在被利用行为开始之时也可以承认实行的着手。同

---

[1] 大塚教授认为，在关于"原因上自由行为"的问题上，基本上也应当援引关于间接正犯的论述；与此同时，他认为，就原因上自由行为的实行着手而言，"只要对犯罪的实现具有现实的危险性，就应该认为实施原因行为之时是实行的着手"，与间接正犯的场合相比，附加了一定的限制（《刑法总论》[第2分册]，第241页）。其理由是，如下考虑是可以理解的，即"在过失犯和不作为犯中，很容易将原因行为视为实行行为，但是，就故意的作为犯而言，还存在很大的问题。的确，一般很难将打算在烂醉状态下杀人的饮酒行为视为杀人罪的着手。然而，从经验上看，在醉酒时有杀伤他人的癖好的人，在打算杀人而饮酒的情况下，可以看出其对于实现犯罪具有充分的现实危险性，因此容易认为其实行着手在于其原因行为之时。"（《刑法总论》[第2分册]，第244页，注解19）。这种考虑的方向是正确的。这样一来，左右这种"原因上自由行为"的着手时间的"现实的危险性"是否存在，即使对于间接正犯的着手时间而言，也仍然是必须予以考虑的。然而，就论者所承认的间接正犯的所有场合，在利用者的行为着手之时，是否都可以肯定具有这种"现实的危险性"，是存在疑问的。

[2] 不过，我认为，即使根据被利用者实施预定行动的盖然性的高低来确定利用者的着手时间，这也只是对于"正犯"而言是妥当的；对于"共犯"而言，要受到其他原理的支配。关于这一点的详细论述，我想在其他文章中进行论述。

时,我举出了单纯举动犯的间接正犯的场合、利用有故意的工具的场合以及利用他人的过失行为的部分场合,对我的主张进行了论证。

总而言之,我认为,虽然可以将关于实行着手的一般原理适用于间接正犯,但是,利用者的利用行为并不总是构成间接正犯的实行行为。在单纯举动犯的场合,利用者的利用行为通常是预备行为;在结果犯的场合,则根据被利用者实施预定行动的盖然性的高低,要么认为被利用者开始实施行为就是实行行为的着手,要么认为这并非实行行为的着手而只是预备行为。而且,在后者的场合,我认为在幕后利用和支配被利用者之行动的利用者的行为是间接正犯的实行行为。当然,被利用者实施预定行动的盖然性的高低最终取决于不同的个案,例如,在利用有故意的工具的场合,盖然性就很低,也可以通过这样在某种程度上类型化的方法来考虑问题。

如果从这一结论出发,那么所谓间接正犯未遂的情况,即虽然实施了利用行为但被利用者并未产生犯罪决意的场合,或者虽然被利用者产生了犯罪决意但却并未实施行为的场合,根据个案的不同情况,要么作为已经着手实行的情况——如果该犯罪处罚未遂,则作为未遂犯予以处罚;如果该犯罪不处罚未遂,则否定其可罚性;要么作为单纯的预备行为——在大多数犯罪的场合,刑法对预备行为是不予理会的;只有在处罚预备行为的少数犯罪的场合,才作为预备罪予以处罚。而且,在认为被利用者的行动是实行行为的场合,被利用者的犯罪未遂就意味着间接正犯的未遂。此外,我认为,无论在哪一种情况下,在被利用者完成实行行为、结果随之发生的场合,利用者通常承担作为间接正犯的故意的既遂犯的责任。

但是,为了支持上述结论,在逻辑上必须有这样一个前提:间接正犯的实行行为必须将利用者的利用行为与被利用者引起结果发生的行为统一起来。换言之,应当认为间接正犯即利用者的实行行为可以包摄被利用者这个不同主体的行为。[1] 但是,关于这一点,由于还存在异议[2],因此我想在最后对之展开一些论述。

我认为,由于刑法上的行为概念具有规范性的特征,因此不应当从物理的、自然主义的意义上进行解释。这一点不仅仅适用于不作为,也适用于作为。也就是说,作为并不仅限于个人的物理性身体运动。例如,基于盗窃的目的,(1) 亲自窃取点心铺的点心;(2) 怀抱小孩走进点心铺,看到孩子拿了点心,没有付钱就离开;(3) 引导不懂事的孩子在店员不在的时候进入点心铺并唆使其从该店铺中取走点心,在作为的性质上没有什么差别,即在(1)、(2)、(3)中任何一种场合下,作为构成要件评价之前的问题,作为者自身的窃取行为都存在。与此相对,认为(1) 场合下行为人的行为在于偷东西的动作,(2) 场合下行为人的行为在于怀抱小孩在铺里转了一圈的动作,(3) 场合下行为人的行为在于引导小孩进入店铺的动作,乃是将小孩的行为作为从所有上述行为人的动作中产生的因果过程来把握的看法,由于此乃从物理的、自然主义的意义上理解行为概念,因此很难令人信服。这种看法不仅与刑法学

---

[1] 关于这一点,正田法官认为:"就行为的构成要件的评价而言……必须综合利用者的行为与被利用者的行为,在此考虑是否存在正犯的构成要件符合性事实,这一事实是既遂还是未遂。"这与我的见解所得出的结论是一样的(正田满三郎:《共犯理论的反省(二)》[昭和三十六年],载《法律时报》第33卷,第3号,第108页)。但是,在另一方面,关于实行着手的时间问题,正田法官与我的见解有所不同。他认为,实行着手的时间在于"作为正犯的利用者的行为开始之时"。其结果是,正田法官得出了如下结论:"通常,即使着手,也难以承认是符合构成要件的行为";"必须根据被认为符合构成要件的事态的发生,方才可以判断实行是既遂还是未遂"(第109页,关于原因上自由行为的主张)。这一结论难以令人信服,应当在"被认为符合构成要件的事态发生"的时候来讨论实行的着手。

[2] 大塚教授的不同见解的根据可以概为如下三点:(1) 实行行为必须是具备实行的意思的行为,而被利用者的行为并非基于实行的意思的行为。这样的行为为什么被评价为实行行为呢?(2) 为什么认为不同主体的行为是同一个实行行为呢?(3) 对他人的行为是否要承担责任?(《间接正犯的研究》,第125页以下;《间接正犯的未遂》,第313页)。但是,由于这一不同见解是直接针对通常认为间接正犯的实行着手在于被利用者的行为开始之时的学说的,从我的见解来看,在以上的三点中,只要可以阐明第二点就足够了。

的倾向——从自然主义的考察方法向规范主义的考察方法进化——是背道而驰的,而且与日常自然的用语习惯也是相矛盾的。不仅如此,这种看法还可能会导向不当的解释论。在刚才论述间接正犯的实行着手之时,我已经举出了几个例子,在此,我想再举一个例子来论证上述问题。

这是关于脱逃罪的例子。虽然脱逃罪是指既决和未决的罪犯因"脱逃"而构成的犯罪,但是,行为人并不一定必须通过自己的脚才能脱逃。例如,对出租车司机实施暴力、胁迫,使之运送自己的行为,也属于脱逃罪。[1] 不过,在后者的场合,应当将什么称作实行行为呢?自不待言,本罪是因脱离监管者的监管本身而构成的所谓举动犯,从开始实施试图脱逃的行为,直到脱逃完成,都是这一犯罪的实行行为,这一点是毫无疑问的。[2] 因此,在脱逃成功的时刻之前,实行行为当然就不可能终了。因此,在脱逃者被追踪的场合,仅仅有脱逃者通过暴力、胁迫使司机开车的行为,尚不能说实行行为已经终了;只有在出租车拐了几个弯,开始摆脱追踪之时,才可以视为实行行为的终了。这一结论不会与人们的法感情产生抵触。于是,在这种场合下,即使脱逃者的实行行为中包摄了出租车司机的开车行为这一他人的行为,也不能说这是不当的结论,只是有必要加以解释说明而已。毋宁说,立足于仅仅从利用者的行为中寻求间接正犯的实行行为的终了的立场,就会得出如下令人难以理解的结论:这种场合下脱逃的实行行为在对司机实施暴力、胁迫的同时就已经终了;事实上是否摆脱追踪,则在所不问。

刑法学正在从自然主义的考察方法向价值的、规范的考察方法发展。即使就间接正犯而言,将目光从直接引起结果的被利用者的行为转向其幕后的利用者的利用行为并从中认定实行行为的见解,作为刑法学发展方向的一种表现,也受到了欢迎。但是,过分拘泥于这一结论,将利用者的行为与被利用者的行为视为完全互不相容的、彼此独立的不同行为,并且将实行行为仅仅限定为其中一个人的身体运动,认为实行行为仅存在于利用者的利用行为

---

[1] 这是大塚教授自己承认的观点(《间接正犯的研究》,第269页)。
[2] 齐藤金作:《刑法各论改定版》(昭和三十一年),第53页。

之中的见解,反而背离了刑法上对实行行为概念的规范性把握,这等于又回到了自然主义见解的老路上去了。应当说,这不仅会导致上面引用的关于脱逃罪的解释论、举动犯的间接正犯、对利用有故意的工具的说明等情况下的不当结论,而且也有损于日常的自然感情。从这种意义上来说,对于间接正犯的实行行为这一问题,我对支持上述结论的观点坚信不疑。

第二章 教唆与间接正犯

第一节 绪 论

自旧刑法以来,日本的通说和判例一直赞成共犯从属性说。[1] 只要立足于共犯从属性说,那么正犯与共犯在法律的构造上、在成立条件上以及在处罚上就是有所不同的。因此,区别作为正犯形态之一的间接正犯与作为共犯之一的教唆犯,可以说是旧刑法以来日本刑法学的传统问题。[2] 因此,在论述教唆和间接正犯之间的差别之际,本文首先必须从作为其基础的共犯从属性说来加以探讨。

自不待言,共犯的概念本来是预定了正犯行为的一个概念。但是,这里所谓共犯的从属性并不是概念上的问题,而是关于共犯的可罚性的问题。也就是说,正如共犯从属性说所主张的那样:共犯的可罚性始于正犯的实行行为;与此相对,共犯独立性说则认为共犯的可罚性与正犯的行为没有关系,而是存在于共犯自身的行为之中。而且,这一争论的实际益处尤其体现在是否认为教唆未遂具有可罚性这一点上:从属性说认为教唆未遂不具有可罚性,而独立性说则认为教唆未遂具有可罚性。因此,必须从共犯的本质论与是否承认教唆未遂的解释论这两个方面来决定采取这一争论中的哪一种立场。

---

[1] 关于与共犯特别是教唆犯的从属性相关的、旧刑法以来日本的学说和判例,齐藤金作:《共犯理论的研究》,第147页以下;《教唆犯与帮助犯》,《综合判例研究丛书·刑法》(2),第65页以下有详细论述。

[2] 关于旧刑法中教唆犯规定的立法沿革,参照西原:《间接正犯的理论》,第170页以下。

除了无责任能力者以外,现行法律体系是以所有人均具有根据自己的理性自由地做出意思决定的能力为前提的。就缺乏这一能力的人而言,刑法否定其具有责任能力并且"不处罚",由此可以明显看出上述前提。因此,一般认为,形成与不良行为动机相对立的良好动机的可能性,换言之,从法秩序中产生的、与违法行为相对立的合法行为的期待可能性,乃是刑事责任的基础。这正是对现在占支配地位的规范责任论的肯定,这一思想进而成为共犯从属性说的基础。

共犯是对有责任能力者的故意行为的加功。对于这种场合下的正犯——对于具备区分自己行为的善恶能力的人——如上所述,法秩序期待其实施合法行为。即尽管其受到教唆,法秩序仍期待其不实施违法行为。但是,这一假定当然并不排斥实际上正犯听从教唆并实施了违法行为的场合。在正犯违反法秩序的期待而实施违法行为的场合,使正犯产生违法行为之意志的人,即使在违法性上没有直接实施实行行为的正犯那么严重,也仍然是值得处罚的。与此相对,只有教唆行为,正犯并没有实施实行行为的场合,法秩序是否仍然应当对之加以处罚呢?就特定的犯罪的教唆而言,由于其危险性很大,因此,通过对该教唆本身科处刑罚,必定可以取得一般预防的效果,对于这种场合,在此暂且不表。[1] 如果法秩序一般性地认为教唆本身与实行行为在违法性和危险性的严重程度上是相同的,那么就会与法秩序另一方面期待正犯实施合法行为的思想产生矛盾。进而言之,共犯正是由于有正犯的实行行为才获得其违法性的,这也正是共犯从属性说的基础。

与此相对,间接正犯在利用他人这一意义上与教唆犯是类似的。但是,这种场合下的被利用者不存在形成反对动机的可能性,从而也就不存在合法行为的期待可能性,因此,法秩序就可以承认

---

[1] 现在,例如,在《爆炸物管制罚则》(第4条)和《破坏活动防止法》(第38—40条)中可以看到独立处罚教唆的规定;而且,在《国家公务员法》(第110条第1款第17项)和《地方公务员法》(第61条第4款、第62条)中可以看到独立处罚"唆使"公务员实施罢工行为的规定。这些规定并不具有处罚教唆未遂的旨趣,正如刑法就特殊的犯罪独立地处罚其预备行为一样,这些规定乃是独立的犯罪类型。因此,这与共犯的从属性没有关系。

利用者的教唆或者利用行为自身具有直接侵害法益的危险性以及违法性。在这一点上，教唆犯与间接正犯之间在法律构造上存在着明显差异，由此产生教唆未遂与间接正犯未遂在处理上的不同。

与此相对，根据共犯独立性说，认为共犯的可能性独立于正犯的可能性，存在于共犯自身之中，因此共犯的成立不一定必然以正犯的实行行为为前提。因此，如果从这一立场出发的话，教唆犯与间接正犯之间的差别就完全被抹杀了。但是，针对这种独立性说，我想首先对认为教唆杀人是杀人行为本身的见解提出异议。如上所述，只要采取规范责任论，那么就不能赞同这一结论。从社会责任论或犯罪征表说的立场出发得出的这一结论，虽然具有逻辑性，但它已经不符合现行法律的解释论了。

第二，针对独立性说，我想提出另外一个问题：间接正犯到底是正犯还是共犯？大多数独立性说认为间接正犯是共犯[1]，如果是这样的话，这一立场就必须说明以往被称为间接正犯的情形——根据这一立场，间接正犯被视为教唆犯的一种形态，例如通过利用精神病患者实行犯罪——与单独的直接正犯之间在构造上的差别。除了利用其他的"人"这一观点以外，是无法发现这种差别的。如果反过来将间接正犯视为正犯的话，根据独立性说，由于共犯与间接正犯具有相同的法律构造，因此所有的共犯都是正犯，在刑法总则中制定共犯规定就失去意义了。很明显，作为现行法的解释原理，这是不适当的。

第三，独立性说将教唆未遂作为未遂犯来处理，但是，在这种场合，其所援引的是哪一个罚条呢？如果着手教唆杀人就是杀人的实行的着手，教唆杀人的未遂就是杀人的未遂，那么，与间接正犯的杀人未遂一样，其所援引的是第199条、第203条和第43条，没有必要再引用第61条。这是因为，根据这一立场，教唆不过是实行行为的一种形态，因此，到底是教唆还是实际下手，仅仅是事实上的差别，并不构成法律上的差别。如果有必要援引第61条的话，那么就等于承认教唆的着手在法律上并非实行行为的着手，这

---

[1] 例如，牧野英一：《重订日本刑法》(上卷)，第466页；木村龟二：《刑法总论》，第398页；市川秀雄：《刑法总论》，第288页。

样一来,独立性说就从根本上崩溃了。而且,这种推理在被教唆人完成实行行为并产生结果的场合也是适用的。这是共犯独立性说主张共犯规定无用论的一种表现。作为现行法的解释论,仍然必须区别教唆的着手与实行的着手。

与通说一样,我也支持共犯从属性说。因此,我认为,教唆犯与间接正犯在法律构造上是有所不同的。以下,我将沿着这条线索进一步展开论述。

第二节 教唆犯与间接正犯的区别标准

一、根据因果关系论来进行区别

在立足于上述共犯从属性来区别教唆犯与间接正犯的场合,首要的问题是如何在理论上论证两者在概念上的差别。关于这一点,德国自古以来就作出了巨大的努力,由于其沿革对日本的理论也产生了深远的影响,因此,在这里,我想在稍微兼顾德国学说史的同时,阐明这一问题。[1]

1. 在德国近代刑法学中出现的传统思考方法是犯罪概念的因果论结构。特别是19世纪后半期,伴随着自然科学的发展,实证主义的考察方法对刑法学产生了强烈的影响,因果论万能的思想达到了登峰造极的地步。当时的因果关系论是指条件说和原因说。其中,条件说也可以称为平等原因说,认为在一切的先行事实中都有产生结果的起因力。因此,无论是正犯还是共犯,从起因力这一点来看,一般认为具有相同的价值。为了区分两者,当然就必须借助于因果性观点以外的其他观点。因此,当时的条件说与所谓的主观共犯论结合在一起,从行为人的主观方面,即行为人是"为自己实行的意思"(animus auctoris)还是"为他人实行的意思"(animus socii)来区别正犯与共犯。[2] 由于这一见解是在帝国裁

---

[1] 作为关于这一点的详细文献,例如,齐藤,前揭《共犯理论的研究》、《共犯判例与共犯立法》;大塚仁:《间接正犯的研究》;西原,前揭书。

[2] 关于其详细内容,参照齐藤,前揭《共犯理论的研究》,第5页以下;前揭《共犯判例与共犯立法》,第42页以下。

判所中很有威望的布里法官[1]的主张,因此帝国裁判所的判例全都采纳了主观的共犯论,直至今日,德国联邦裁判所也大体上沿袭了这一理论。根据这一见解,自不待言,作为正犯的间接正犯与作为共犯的教唆犯也必须根据上述主观标准来加以区别(主观说)。

2. 如上所述,主观的共犯论是以因果关系论为基础的,但是,由于在正犯与共犯的区别中还运用了因果论以外的观点,因此不能说它是纯粹地基于因果论的共犯论。在这个意义上,最纯粹和最彻底的当属基于原因说的共犯论。原因说承认先行事实之间在起因力上的差别,仅仅将与结果的发生具有一定关系的先行事实视为"原因",并且仅仅认为这种"原因"才是起因力;与此相对,将其他一切先行事实仅仅视为"条件",否认其为起因力。[2] 众所周知,在原因说中也存在争议,特别是与结果的发生具有怎样关系的先行事实才可以视为"原因",关于这个问题,出现了不同的见解,例如,毕克迈尔的有力条件说、宾丁的优势条件说、沃特曼最终条件说、科勒的动的条件说、M. E. 迈尔的世代关系说等。[3] 但是,在原因与条件的区别这一点上,这些见解都是一致的,而且,两者的区别被认为就是正犯与共犯的区别,并且通过这一公式来区别间接正犯与教唆犯——间接正犯提供了原因,而教唆犯则不过是通过教唆的方法为结果提供了条件(实质的客观说)。

3. 在以因果关系论为基础来区别正犯与共犯之际,必须论及所谓的因果关系中断论。所谓因果关系中断论,是指在因果链条中介入了第三者的故意行为,如果这一介入的行为对后来的因果关系起到了支配作用,那么就认为此前的因果关系中断了。这是古代的德国和日本所主张的见解。根据这种见解,在教唆犯的场合,由于介入了第三者(被教唆人)的故意行为,因此教唆行为与结

---

[1] 布里的主要著作《论对于犯罪的加功与犯罪庇护的理论》的日文翻译,收录在齐藤,前揭《共犯理论的研究》,第207页以下。
[2] 有关原因说的详细内容,参照齐藤,前揭《共犯理论的研究》,第41页以下。
[3] 其中,毕克迈尔的主要著作《共犯的理论和德意志帝国裁判所的判例》的日文翻译收录在齐藤,前揭《共犯理论的研究》,第343页以下。此外,关于前四者,参照齐藤,前揭《共犯理论的研究》,第41页以下;关于后一者,参照西原,前揭书,第25页以下。

果之间的因果关系就中断了;然而,在间接正犯的场合,由于没有这种介入,因此不存在因果关系的中断。[1]

4. 但是,在进入20世纪的同时,因果论的思考方法迅速地衰落了,尤其是原因说和因果关系中断论,完全销声匿迹了。这种现象的原因在于:应当考虑的是因果关系是否存在,而不是因果关系的强弱和中断的问题。不过,在对这种因果论的思考方法进行逻辑上的批判背后,不能忽视的是,德国哲学再次迎来了观念论的时代,特别是新康德学派哲学的影响波及到刑法学,以构成要件论为基础的犯罪论的构建方法开始占据支配地位。

二、根据构成要件论来进行区别

1. 众所周知,自1906年贝林创立构成要件理论以来,直至今日,德国刑法学依然很重视构成要件这一概念。日本刑法学也受到很大的影响,构成要件论一度几乎占据了通说的地位。构成要件论本来是主张将所谓构成要件这一先验的范畴与未经整理的、活生生的社会事实分离开来,通过运用后者符合前者这一理论上的操作方式来服务于犯罪的认定的见解。因此,可以在形式上将所有的刑法概念,在与构成要件的关联上,在所谓范畴的世界中区分开来。

可是,由于构成要件本来来自于刑法各本条中所记载的各种犯罪类型,因此,在实现了刑法各本条所记载的基本犯罪的场合,就很容易认定其构成要件的符合性。但困难在于:对于虽然并未完全实现刑法各本条所记载的犯罪,但根据刑法总则承认其具有可罚性的行为,例如就预备、未遂、共犯等而言,是否应当承认其构成要件符合性? 如果承认的话,那么总则的处罚规定与刑法各本条中所记载的构成要件之间的关系如何? 关于这一点,产生了所谓限缩的正犯论与扩张的正犯论之间的争论。

2. 所谓限缩的正犯论,是指仅仅将亲自实现了刑法各本条所记载的构成要件的人作为正犯,将根据总则来设定可罚性的共犯排除在外。这是构成要件论兴起以来德国的通说;在日本,现在几

---

[1] 关于因果关系中断论,参照大塚,前揭书,第50页以下。

乎看不到什么异议。但是,众所周知,在这种场合,对于共犯的可罚性还需要特殊的理论依据:有学者认为刑罚扩张事由(M. E. 迈尔、泷川等)是共犯可罚性的基础;有学者则认为作为构成要件修正形式(小野、团藤等)的共犯规定是共犯可罚性的基础。由此可以明白的是,基于限缩的正犯论的正犯与共犯的区别,因此就是间接正犯与教唆犯的区别。也就是说,亲自实现了构成要件的人是正犯,没有亲自实现构成要件但根据共犯规定而具有可罚性的人则是共犯。由此确定了从形式上客观地来区别正犯与共犯的学说(形式的客观说)。[1]

不过,由于限缩的正犯论无法从基本的构成要件符合性中推导出共犯的可罚性,因此,在适用这一理论之时,作为构成共犯可罚性的基础,共犯对正犯的依存性即从属性当然就成为前提。但是,这一共犯从属性的问题不只是共犯是否从属于正犯才能成立的问题,而是包含着在什么场合下共犯从属于正犯才能成立的问题。这就是所谓的共犯从属形态的问题(后述)。如果从基于构成要件论的限缩的正犯论的立场出发,那么,无论承认怎样的从属形态,共犯的成立都必须以正犯完全实现构成要件,即充足全部构成要素为前提。这是因为,如果从这一立场出发的话,则共犯可罚性的基础在于对构成要件符合事实的加功,因此,仅仅具有外部行为的共同,并不构成共犯可罚性的基础。因此,例如虽然有犯罪的故意但欠缺犯罪成立所要求的一定身份的人,就无法构成该身份犯的正犯;教唆其实施该身份犯的人就不能作为教唆犯,而应当作为间接正犯来处罚。但是,另一方面,由于这一学说认为只有亲自直接地实现了构成要件的人才是正犯,因此,将上述的间接正犯(利用具有故意的工具)包摄在这一正犯概念中,就不得不说会损害该学说在理论上的纯洁性。限缩的正犯论的一个弱点即在于此,也可以将之视为在构成要件论的内部导向所谓扩张的正犯论的一个重要因素。

3. 所谓扩张的正犯论,是指在理论上暂时将所有为结果的发

---

[1] 关于限缩的正犯论,参照大塚,前揭书,第58页以下;西原,前揭书,第41页以下。

生设定相当因果关系这种条件的人视为正犯,其中,仅仅将基于实定法被认为是共犯的人进行另外的处理。无论是直接正犯还是间接正犯,无论是教唆犯还是从犯,虽然由于是为结果的发生设定相当因果关系的人、因此在理论上暂时均被视为正犯,但是,只有其中的教唆犯和从犯,由于在总则中有规定,因此可以减轻处罚。在这个意义上,根据这一学说,共犯规定不是刑罚扩张事由,毋宁说是作为刑罚缩小事由来把握的。

扩张的正犯论是作为对19世纪过分从自然科学的、实证主义的角度来理解刑法概念的一种反动而出现的,可以说,这是当时完全从价值上和规范上把握法学概念之风潮的一种体现。其最大的功绩在于:从理论上论证了根据前述限缩的正犯论并不一定能给予圆满解释的间接正犯在一般的正犯概念中的位置[1]。但是,扩张的正犯论也隐藏着不可忽视的缺陷。也就是说,根据这一学说,与单独正犯一样,共犯被视为正犯的依据在于对构成要件的规范把握,即承认与结果的发生具有相当因果关系的所有条件都具有构成要件符合性。然而,另一方面,从主张这一学说的人来看,乃是根据实行行为的有无这一形式的客观标准(例如前期的梅茨格尔)来区别正犯与共犯的。但是,所谓的实行行为,无非就是符合构成要件的行为。一方面,为了导出扩张的正犯概念而主张扩张性地解释构成要件符合性的概念;另一方面,为了将之作为区别共犯与其他正犯的标准而主张限缩地解释构成要件符合性的概念。应当说,对于这一学说而言,这两方面正好是互相矛盾的。正是因为意识到了这一缺陷,所以梅茨格尔在战后改变了自己的学说,转向了与前述主观说相近的见解。不过,主观说本来是主张在法律规定之前、从实体上区别正犯与共犯的见解。如果正犯与共犯在法律规定之前就有所区别的话,那么就没有必要严格坚持扩张的正犯概念,将共犯设想为理论上的正犯了;像以往那样,将正犯与共犯视为本来就有区别的概念并在理论上加以论证就足够了[2]。

---

[1] 关于扩张的正犯论,参照大塚,前揭书,第71页以下;西原,前揭书,第71页以下。

[2] 关于对扩张的正犯论之批判的详细内容,参照西原,前揭书,第82页以下。

如此一来,扩张的正犯论现在几乎不会再有持支持者了。[1]

三、根据目的行为论来进行区别

与前述根据构成要件论进行形式范畴的思考方法相对,目的行为论是直视社会生活的活生生的实质的考察方法。自不待言,这一犯罪论构成的出发点在于对刑法中行为概念的目的性把握——并非将行为视为单纯的因果过程,毋宁说是将之作为主体对因果过程有目的的操纵来理解。从这一点可以看出目的行为论的特色。这一行为概念构成了作为实行行为人的正犯概念的基础,而"目的的行为支配"正好构成了正犯的特征。因此,这种目的的行为支配的有无也被认为是正犯与共犯的区别标准——正犯具有目的的行为支配,而共犯由于在自己的行为与结果之间介入了自由地作出意思决定的、新的行为支配的所有者(正犯),因此不具有行为支配。在间接正犯的场合,由于被利用者的行为并非基于行为支配或者虽然基于自身的行为支配但从属于利用者的行为支配,因此最终间接正犯可以与直接正犯具有同样的行为支配。与此相对,在教唆犯的场合,由于被教唆人的行为是基于自己独自的行为支配而不是从属于教唆人的行为支配,因此教唆人对于构成要件的实现并不具有行为支配。这就是根据目的行为论所得出的行为支配说的概念。[2]

从主、客观两方面来阐述正犯的本质以及正犯与共犯的区别,在这一点上,行为支配论有其独到之处。而且,共犯从属性的本

---

[1] 但是,事实上,对与限缩的正犯论相对立的扩张的正犯论进行批判,促进了限缩的正犯论内部的反思。这一反思体现为舍弃了在从属形态问题上占支配地位的所谓极端从属形态,而开始主张限制从属形态或者更加缓和的从属形态。通过这一反思,例如,虽然利用无责任的人的行为从间接正犯转移到了共犯,部分地消除了正犯概念中混杂着不纯物的不足,但是,只要构成要件论是问题的基础,那么诸如利用有故意的工具就依然会被视为间接正犯,决定性的问题依然没有得到解决。

[2] 关于基于目的行为论的行为支配说,参照大塚,前揭书,第93页以下;西原,前揭书,第109页以下;植田重正:《目的行为论与间接正犯论》,载泷川先生六十寿辰纪念:《现代刑法学的课题》(下),第647页以下;中义胜:《关于目的的正犯概念》,载《关西大学法学论集》第3卷,第2号,第9页以下。

质,即由于正犯构成了共犯者的意图及其实现之间的障碍,因此共犯必须从属于正犯的实行行为才能成立这一旨趣,作为直接表现正犯与共犯的区别之标准的理论,是意味深长的。于是,即使在不承认所谓目的行为论的犯罪论体系的场合,这种行为支配说,由于是以行为概念为核心来构建犯罪论体系的见解,因此仍然是可以得到支持的。

不过,针对这一理论,有学者首先提出了"行为支配这一概念很模糊"的批判。[1] 如果这一批判的旨趣如下,即行为支配的有无并不是由因果过程的规范障碍而是由事实障碍的有无来决定的,因此是不当的,那么这一批判就是正确的。我认为,行为支配的有无应当由因果过程的规范障碍的有无,即由是否介入了具有形成与不良行为动机相对的良好的反对动机的可能性的人来决定。其次,针对行为支配说,有学者提出了如下非难:在利用他人的故意行为的间接正犯(例如利用有故意的工具、利用精神病患者和未成年人等)的场合,承认行为支配是不当的。[2] 然而,在即使是他人的故意行为,但并不构成前述意义上的规范障碍的场合,就该利用行为是可以承认行为支配的。不过,就利用所谓无身份有故意的工具而言,该工具并不构成障碍,对此还存在一些疑问(后述)。精神病患者和未成年人的行为,即使是故意行为,由于在刑法上被认为是不能理解其道义上的含义的行为,因此,并不妨碍我们认为这些人的行为支配是从属于利用者的行为支配的。

第三节 教唆犯与间接正犯的界限

一、共犯的从属形态

关于教唆犯与间接正犯的界限问题,即在什么场合成立教唆犯和间接正犯的问题,有必要从两个方向来考察。第一个方向是从共犯的侧面进行考察,表明与间接正犯相对的教唆犯的界限;第

---

[1] 例如,团藤重光:《刑法纲要》(总论),第280页。
[2] 木村龟二,前揭书,第383页。

二个方向是从正犯的侧面进行考察,提出与教唆犯相对的间接正犯的界限。自不待言,这两个方向之间不得产生间隙。就第一个方向而言,进行关于所谓共犯从属形态的考察即为已足;就第二个方向而言,我将在揭示通常被列举为成立间接正犯的各种类型的基础上,逐一加以探讨。

1. 首先提出共犯从属形态的是 M. E. 迈尔。关于在什么场合下共犯从属于正犯而成立,迈尔阐明了四种形态:第一种是最小限从属形态,在这一场合,仅以正犯实现了法定构成要件为条件;第二种是限制从属形态,以正犯违法地充足了法定构成要件为条件;第三种是极端从属形态,以正犯违法且有责地充足法定构成要件为条件;第四种是夸张从属形态,在这一场合,正犯个人的特性的有无对共犯的成立产生影响。

在这四种从属形态中,迈尔认为极端从属形态对于德国型法的解释最为妥当。这是因为,当时的德国刑法在教唆犯和从犯的规定中将正犯的"可罚的行为"(strafbare Handlung)作为教唆犯和从犯的成立条件,这种"可罚的行为",通常与完全的犯罪具有相同的意义,即一般被理解为是违法、有责的构成要件符合行为。于是,根据极端从属形态来认定从属性的见解,在后来很长时间内确立了其作为德国通说的地位,对日本也产生了影响。[1] 根据这种见解,为了认定共犯的成立,就正犯的行为而言,必须探讨其是否具备各种构成要件要素、是否存在违法性(也包括合法化事由的不存在)、是否存在责任能力、故意和期待可能性,依据对这些因素的判断,将教唆人作为教唆犯或者间接正犯来进行处罚。

但是,承认极端从属形态的见解在 1943 年德国刑法的部分修改中消失了踪迹。这是因为,德国刑法设置了新的规定,即"数人加功于一个人的所为时,每个人与他人的责任无关,而根据自己的责任来处罚",因此修改了教唆犯与从犯在字面上的规定,将以往

---

[1] 例如,泷川幸辰:《犯罪论序说》(改订版),第 205 页;泷川春雄:《教唆与间接正犯》,《刑事法讲座》第 3 卷,第 473 页。其理由如下:刑法第 61 条使实行"犯罪"、第 62 条帮助"正犯",两者都预定了违法、有责的构成要件符合行为。

的"可罚的行为"改成了"被科处刑罚的行为"(mit Strafe bedrohte Handlung)。换言之,这一修改的含义是:共犯的成立并不以共犯者的有责性为必要,从而否定了极端从属形态。从此,德国的学界全都开始赞成更加缓和的形态——所谓的限制从属形态。

2. 如上所述,限制从属形态认为,共犯的成立仅以正犯的构成要件符合性和违法性为前提。因此,在这一场合下,被认为必要的仅仅是全部构成要件要素的具备和违法性的存在(包括合法化事由的不存在);至于欠缺决定正犯责任的哪一要素,暂时与共犯的成立没有关系。

然而,在承认限制从属形态的场合,存在这样一个问题:如何解释对无责任能力、无故意或无期待可能性的人的加功?换言之,只要像以往那样认为这些是决定责任的要素,那么就有可能构成这些人的共犯。但是,无论是从共犯的侧面来看,还是从正犯的侧面来看,这一结论都是不当的。

因此,在采取限制从属形态的同时,为了避免这种不合理的结论,我们就要付出努力。首先,就正犯人的故意,通过将犯罪论体系上的故意的位置从责任要素移到构成要件要素,就可以要求共犯的成立以正犯具备作为构成要素的故意为必要。[1] 但是,即便如此,由于责任能力和期待可能性仍然是责任要素,因此,将利用缺乏这些要素的人视为间接正犯,还需要其他的理论构成。自前述刑法修改以来,德国的多数学说转向了前面已经论述过的主观说或者与之相近的见解。他们认为,既然缺乏责任能力、故意或期待可能性的人没有加功于他人的犯罪或者从属于他人的意思,那么就不能承认这些人具有从犯的意思,从而主张将利用这些人的行为视为间接正犯(梅茨格尔等)。此外,立足于目的行为论的人利用前述"行为支配"的概念,认为上述这些人的行为服从于利用

---

[1] 这一理论构成是从构成要件论和目的行为论两个方面展开的。在日本,关于前者,例如,团藤、前揭书,第107页;关于后者,例如,平场安治:《刑法总论讲义》,第67页。

者的行为支配,因此将利用这些人的行为视为间接正犯。[1]

3. 那么,关于共犯的从属形态,我们应当如何考虑呢? 关于这个问题,有必要回归到共犯从属性的根本思想——共犯为什么从属于正犯而成立? 如上所述,共犯之所以从属于正犯的实行行为而成立,乃是因为法秩序可以期待正犯实施合法行为;换言之,是因为正犯人具有形成反对不良行为动机的良好行为动机的可能性;再换言之,是因为在共犯的意图及其实现之间存在规范障碍。因此,在什么场合下共犯从属于正犯而成立,关于这个问题,必须从上述观点出发来加以解决。

不过,现在,无论是在德国还是在日本,被作为标准的、M. E. 迈尔对从属形态的分类,并不一定是从这一观点来解决问题的,其间产生了奇妙的间隙。例如,在承认极端从属形态的场合,共犯的成立以正犯的责任为必要,与此同时,从从属性的本质论来看,利用他人的过失行为(有责行为)不是共犯而是间接正犯;或者,反过来说,从从属性本质论来看,尽管无身份有故意的工具对教唆人来说构成规范的障碍,然而,无论承认哪一种从属形态,利用这种人的行为"由于不具备构成要件要素",因此不是共犯而是间接正犯(后述)。应当说,这是从与共犯从属性的本质论略有不同的观点来说明从属形态问题所得出的必然结论。那么,如果从共犯从属性的本质论出发,在什么场合下共犯从属于正犯而成立呢? 下面所揭示的间接正犯成立的各种类型,反映了这一问题的一个界限。[2]

二、间接正犯的各种类型

1. 利用没有刑法上的行为能力的人。众所周知,刑法上的行为是基于自由意思决定的行为。因此,反射运动和睡眠中的行动那样并非基于意思决定的运动、在绝对强制力下的行动那样并非

---

[1] 团藤教授认为,完全缺少是非判断能力的人的行为不能称之为实行行为,利用这种行为的人是间接正犯(前揭书,第106页)。不过,例如,是否不可以将10岁少年的行为称之为实行行为,仍是一个疑问。
[2] 作为采用与本文不同的标准来区别正犯与共犯,从这两个原理中的任何一个来消除间接正犯概念的尝试,参照西村克彦:《共犯论序说》。

基于意思决定的运动,都不能称之为刑法上的行为。划分行为能力与责任能力之间的界线,无论是在理论上还是在实践中,都是相当困难的,在此,这种界线的划分并没有实际的益处。总而言之,利用这种无行为能力的他人的行为,就是间接正犯。不过,问题是,在利用他人的反射运动那样纯粹利用他人的物理力的场合,是否仍值得称之为"间接"正犯?但是,间接正犯也是正犯的一种形态,由于在刑法的处理上不存在差别,因此,我认为,毋宁说在广义上将利用他"人"的运动称为间接正犯倒也无妨。

2. 利用他人的合法行为。在合法行为中,存在本来并非法规范之禁止对象的行为,即不具备构成要件要素的行为;与虽然是禁止对象但个别地合法化行为,即存在合法化事由(违法阻却事由)的行为。就后者而言,一般承认成立间接正犯。例如,使他人陷入正当防卫或紧急避难的可能状态,使之侵害第三者的法益的场合等,就属于这种情况。但是,在这种场合,能否像通说那样,一般性地将使他人陷入紧急状态的行为开始之时作为间接正犯的实行着手时间呢?对此仍存在疑问。[1]

问题在于,能否一般性地将利用不具备全部构成要件要素的行为视为间接正犯?特别有争议的是,利用虽然有故意但缺乏一定身份的人犯有身份之罪的行为,例如公务员利用自己的妻子收受贿赂的行为;以及利用缺乏一定目的的人犯有目的之罪的行为,例如使印刷工误以为是摄影材料,使之伪造其具有行使目的的货币的行为。能否将这些利用行为视为间接正犯呢?我们一般将前者称为利用"无身份有故意的工具",将后者称为利用"无目的的有故意的工具"。德国和日本的多数学说都认为这些利用行为构成间

---

[1] 关于间接正犯的实行着手,日本的通说认为在于利用者的利用行为开始之时。不过,在实行着手的问题上,本书论述了与一般理论不同的见解。

接正犯。[1]其理由是：共犯的成立需要正犯具备全部构成要件要素，而且共同正犯的成立也需要具备全部构成要件要素，因此，利用有故意的工具既不是教唆犯也不是共同正犯。

为了论述这个问题，有必要将利用"无身份有故意的工具"的场合与利用"无目的有故意的工具"的场合予以分别考察。首先，"无身份有故意的工具"——例如，像前面例子中公务员的妻子那样——是欠缺身份犯的成立所必需的身份的人，如果其单独行动的话，是绝对不应当受到处罚的。但是，在与作为公务员的丈夫共谋的基础上，收受与其职务相关的金钱的场合，就不能得出与上面相同的论断了。在这种场合，作为公务员的丈夫与其妻子的罪责应当如何认定呢？基于前述理由，通说认为该公务员是受贿罪的间接正犯，而其妻子则是从犯。[2]

但是，无论是从正犯的侧面来看，还是从共犯的侧面来考察，这一结论都是不当的。首先，从正犯的侧面来看，间接正犯利用他人，之所以不构成共犯而构成正犯，其理由在于：在规范上，被利用者不可能形成与行为动机相对的反对动机。如果否定这一原理，共犯从属性说就崩溃了。为了在立足于共犯从属性说的同时承认本案中的公务员构成间接正犯，除了否定被利用者形成反对动机的可能性以外别无他途。不过，在本案中，该公务员的妻子除了知道单独行动则不受处罚这一事实以外，还知道这一事实，即与共犯中的正犯完全相同的是，金钱的收受在与公务员的关系上是刑法禁止的对象。从法秩序的立场来看，她是被期待形成反对动机的人。刑法第197条不处罚公务员以外的人的行为，并不意味着排

---

[1] 关于德国的学说状况，参照大塚，前揭书，第136页以下。在日本，认为在这种场合下构成间接正犯的有：大场茂马：《刑法总论》（下卷），第1020页以下；安平政吉：《改正刑法总论》，第345页以下；泷川幸辰，前揭书，第222页；平场，前揭书，第151页；小野：《犯罪构成要件的理论》，第66页；团藤：前揭书，第108页；大塚，前揭书，第202页以下等。与此相对，认为在这种场合下构成共犯的有：胜本勘三郎：《刑法要论总则》，第401页；草野豹一郎：《刑法改正上的重要问题》，第283页，注解5；《刑法要论》，第131页；植田重正：《共犯的基本问题》，第83页等。

[2] 例如，团藤，前揭书，第108页。

斥上述期待,而只是将其作为单纯的、与刑法没有关系的道义违反行为来看待;而且,从一般人对公务员的信赖这一立场出发,公务员以外的人的行为也是不可罚的。因此,如果对间接正犯和共犯的基本理论不加任何变更,就不能认定作为公务员的丈夫构成间接正犯。更何况,就本案而言,严格解释间接正犯的范围的见解(后述)——将利用精神上和道德上已经成熟的未成年人排除在间接正犯之外,将之作为共犯来处罚——必定会否定通说的结论。

此外,从共犯的侧面来看,通说认为,第 65 条第 1 款的规定仅适用于狭义的共犯即教唆犯和从犯,而不适用于共同正犯。其理由是:由于共同正犯是正犯,正犯必须具备所有的构成要件要素,那么,缺少身份犯中的身份的人就不足以构成共同正犯。我认为,这一通说的结论受到了强调构成要件概念的德国刑法学的巨大影响。但是,首先,德国刑法学一般与日本的通说有所不同,它不是通过与教唆犯、从犯的可罚性相统一的原理来说明共同正犯的可罚性的,而是将之作为一种完全独立的形态;而且,必须注意的是,在德国刑法中,不存在相当于日本刑法第 65 条第 1 款的规定。与此相对,在日本,一般是将共同正犯的可罚性与教唆犯、从犯的可罚性统一地来加以理解的。[1] 因此,我认为,即使从通说的立场出发,也存在将第 65 条第 1 款适用于共同正犯的可能性。进而言之,即使从实质上进行考察,通说所主张的这一见解——由于共同正犯是正犯,因此,在身份犯的场合,必须完全具备特定身份——无非是单纯的形式逻辑,除此以外,我们看不出其有什么实质的理由。毋宁说,正如日本的判例自古以来就承认的那样[2],认为第 65 条第 1 款适用于共同正犯,作为直接解决问题的方法,这种观点是应当予以支持的。当然,如果以赞成所谓的共谋共同正犯的理

---

[1] 例如,小野,前揭书,第 270 页;团藤,前揭书,第 282 页。
[2] 大判大正 3·6·24 刑录第 20 辑第 1332 页、大判昭和 7·5·11 刑集第 11 卷第 614 页、大判昭和 9·11·20 刑集第 13 卷第 1528 页等。

论为前提,则本案正是构成共同正犯的例子。[1]

与此相对,在利用"无目的有故意的工具"的场合,欠缺目的犯所要求之目的的被利用者,由于没有认识到其实施的行为是刑法禁止的对象,因此就不可能形成与行为动机相对的反对动机。从前面的例子中也可以明白这一点。因此,在这种场合,可以根据关于间接正犯的一般原理,承认其成立间接正犯。[2]

另一个与利用有故意的工具相关的问题是:能否将利用所谓有故意的帮助工具,即虽然有故意但不是为了自己而只是为了他人实施实行行为的人,作为间接正犯来处理呢?如前所述,由于德国的判例在正犯与共犯的区别上采取了主观说,因此将有故意的帮助工具作为从犯,将利用该工具的人作为正犯来处罚。在日本,最近也出现了承认与之类似的结论的判例[3];在学说上,也有学者支持这一结论。[4] 虽然我对于这一结论着眼于各共犯在共犯团体中的地位和作用的大小这一方向表示赞同,但是,在有责任能力的人故意参与实施实行行为的场合,我认为仍然应当作为正犯

---

[1]《修改刑法准备草案》第25条第2款规定,"利用并非正犯的他人来实行犯罪的人,亦为正犯",明确了将利用有故意的工具作为正犯的旨趣。从以上旨趣来看,这一规定并不正确。德国1956、1959年的两个草案中也规定,"通过没有故意或者虽然有故意但无责任的行为,或者通过缺乏构成可罚性之基础的特殊的个人资格、关系或事由(特殊的个人要素)或特别目的的他人来故意实行犯罪行为的人,也要作为正犯加以处罚";但是,在1960、1962年的两个草案中,将关于"间接正犯"的独立规定解消在关于"正犯"的规定之中,规定"亲自或者通过他人实施犯罪行为的人,作为正犯来加以处罚"。如果将关于正犯的规定的必要性另当别论的话,我认为这是妥当的规定。

[2] 与本文一样,就利用无身份有故意的工具否定间接正犯的成立,仅仅认为利用无目的有故意的工具构成间接正犯的有:小畴传:《日本刑法论总则》,第344页;山冈万之助:《刑法原论》,第225页;冈田朝太郎:《刑法原论总论》,第429页;泉二新熊:《日本刑法论总论》,第660页以下;平井彦三郎:《刑法论纲》,第576页;岛田武夫:《刑法概论总论》,第152页;井上正治:《刑法学总则》,第221页等。

[3] 关于作为公司董事长的被告人,通过其女儿使公司雇员运送大米的案件,最判昭和25·7·6刑集第4卷第1178页中认定只有被告人承担实行正犯的罪责。

[4] 例如,团藤,前揭书,第108页,注13。但是,从定型说的立场出发来支持这一结论,是存在疑问的。

来处理。因此,我认为,在利用有故意的帮助工具的大部分场合,可以构成共同正犯。

3. 利用没有责任的人。如前所述,首先,由于没有故意、过失的人不可能形成与行为动机相对的反对动机,因此利用没有故意、过失的人就不构成教唆犯而构成间接正犯。关于这一点,在日本不存在任何异议。而且,自古以来,判例也一直将利用不知情的他人的行为作为实行正犯来认定其罪责。[1]

问题是,能否将利用无责任能力人的行为一般性地视为间接正犯呢?特别难以解决的问题是,虽然是法定的刑事未成年人(未满14岁),但其在精神上和道德上的成熟已经达到与成年人相同的程度,完全具备了区别是非善恶的能力,在这种场合,是否仍可以将利用他的行为视为间接正犯呢?由于德国的学说现在一般承认的是前述限制从属形态,因此大多数学说采取了以下立场:原则上认为责任的欠缺一般并不能否定共犯的成立,不过,从主观说或者行为支配说的立场出发,仅仅将利用被认为是从属于他人的意思支配的少年的行为排除在共犯之外,并作为间接正犯来处理。即使在日本,也有学者采取了与此相同的结论。[2]

但是,对于这一学说,首先,有可能提出其损害了法律适用的统一性这样的批判。也就是说,一旦采用这种学说,那么,从逻辑上看,就会得出如下结论:不仅是利用精神上和道德上处于发育阶段的未成年人,即便是利用精神上和道德上成熟较晚的成年人,也应当作为间接正犯来处理。但是,暂且不论精神薄弱或精神病等在心理学和医学上比较容易确定的状况,所谓的精神上和道德上的成熟,不仅是相当模糊的概念,因此在实务的判断中有极大的困难,而且背离了刑法将责任能力限定在14岁以上的旨趣。其次,

---

[1] 大判明治43·6·23刑录第16辑第1276页、大判大正5·8·28刑录第22辑第1334页、大判大正7·11·16刑录第24辑第1352页等。此外,关于利用未成年人,大判明治37·12·20刑录第10辑第2415页、仙台高判昭和27·9·27(《判决特报》第22号,第178页)等。

[2] 例如,小野清一郎:《新订刑法讲义总论》,第106页;平场,前揭书,第152页;团藤,前揭书,第106页。

利用无责任能力人,在利用绝对〔1〕不受处罚的人这个意义上,其实质仍然在于主体自身的实行行为,因此不能包摄在共犯之中。

一般而言,利用严重精神薄弱者、精神病患者、聋哑人,构成间接正犯。但是,在此必须注意的是,根据精神病的种类及程度,在患者的部分行动中,与疾病无关的理性行为还是有可能的。因此,不能一律将利用精神病患者的行为视为间接正犯。不过,在这种场合,如果利用人的目的在于利用基于精神病的行动,那么他仍然构成间接正犯。〔2〕

---

〔1〕 在这一点上与利用有故意的工具存在差别。
〔2〕 具有相同旨趣的是,仙台高判昭和 27・2・29(《判决特报》第 22 号,第 106 页)。

第三章　共同正犯中犯罪的实行

第一节　共犯学说中个人责任与团体责任的原理

1. 作为对刑法第60条的解释,日本的判例自承认共谋共同正犯的可罚性以来,已经有很长时间了[1]。然而,在此期间,作为支持判例理论的学说,只有共同意思主体说[2],其他学说均猛烈地攻击这一学说[3],坚决否认共谋共同正犯的可罚性——这种状况也经历了很长时间。虽然遭到各种学说的强烈反对,但是判例的基本方针并未发生任何改变,这种状况一直延续至今。判例与学

---

[1] 关于共谋共同正犯的判例理论,详见齐藤金作:《共谋共同正犯》(昭和三十一年),《综合判例研究丛书·刑法》(2):《共犯理论的研究》(昭和二十九年),第125页以下;《共犯判例与共犯立法》(昭和三十四年),第1页以下,第61页以下。

[2] 众所周知,共同意思主体说是由草野教授提倡、由齐藤教授等展开的学说。草野豹一郎:《刑法修改草案与共犯的从属性》,载《法学协会杂志》第50卷,第6号(昭和七年),第1页以下(后来收录于《刑法修改上的重要问题》[昭和二十五年]);《教唆未遂与基于共谋的共同正犯》,载《法曹时报》第2卷,第1号(昭和二十五年),第20页以下(后来收录于《刑事法学的诸问题》第1卷[昭和二十五年])。此外,关于草野教授的各种评论文章,参照齐藤金作:《共犯理论的研究》,第113页以下。齐藤金作:《共谋共同正犯的理论》,载《刑事法讲座》第3卷(昭和二十七年),第457页以下;《共犯理论的研究》,第116页以下;《共犯判例与共犯立法》,第1页以下;佐濑昌三:《刑法大意》(第一分册)(昭和十二年),第235页以下;小泉英一:《刑法总论》(昭和三十二年),第189页;植松正:《刑法学总论》(昭和二十八年),第216页以下;下村康正:《犯罪论的基本思想》(昭和三十五年),第183页以下。

[3] 关于这些学说的简要情况,参照齐藤金作:《共谋共同正犯的争论》,载《早稻田法学》第26卷,第1册(昭和二十五年),第87页以下;《共犯理论的研究》,第113页以下,第181页以下。此外,植田重正:《共犯的基本问题》(昭和二十七年),第148页以下;西村克彦:《共犯论序说》(昭和三十六年),第143页以下。

说之间如此尖锐的对立场面,不能不说是非常少见的。

但是,最近出现了新的状况。我们不能忽略的是:在学说中,不依据共同意思主体说,但却承认共谋共同正犯的见解开始兴起。[1] 一般认为,为这种最近的倾向提供机缘的是如下三个因素:第一,对于判例理论的承认和再讨论的必要性。无论学说如何反对,现在的状况是:将共谋共同正犯从判例理论中抹杀掉是非常困难的。不过,由于在这个问题上支持判例的学说很少,无法为之提供明确的标准,因此势必会出现判例自行其是的危险。如果是这样的话,那么即使在学说上也有必要承认判例的这一基本方针,在承认共谋共同正犯的基础上探讨实体法与诉讼法的问题,明确共谋共同正犯的界限。[2] 第二,《修改刑法准备草案》规定了共谋共同正犯,显示出将共谋共同正犯予以立法化的决心。这是上述趋势进一步客观化的体现。第三,在目前对日本的刑法学仍具有重要影响的德国刑法学上,出现了如下动向:战后,自古老的阴谋说(Komplottstheorie)以来,首次承认共谋共同正犯的见解开始兴起,而且逐渐变得有力起来。如后所述,我们可以将德国学说上的这种倾向,视为因受到德国联邦裁判所判例所采取的主观说的影响而产生的倾向。不可否认的是,这一倾向进而对日本最近的学说产生了直接或间接的影响。[3]

---

[1] 平场安治:《刑法总论讲义》(昭和二十七年),第 155 页以下;岩田诚:《共谋共同正犯的要件以及共谋者的自白》,载《法学家》第 160 号(昭和三十三年),第 28 页以下;中野次雄:《共谋共同正犯的问题点》,载《法律广场》第 13 卷,第 1 号(昭和三十五年),第 9 页以下;藤木英雄:《共谋共同正犯的根据和要件》(一)、(二),载《法学协会杂志》第 78 卷,第 6 号(昭和三十七年),第 1 页以下;第 79 卷,第 1 号,第 1 页以下;中义胜:《间接正犯》(昭和三十八年),第 181 页以下;庄子邦雄:《共谋共同正犯和共同正犯的本质》,载《法律广场》第 17 卷,第 2 号(昭和三十九年),第 101 页以下。

[2] 中野,前揭,第 11 页;藤木,前揭(一),第 2 页;庄子,前揭,第 10 页以下。

[3] 在不依据前揭共同意思主体说而试图构建共谋共同正犯论之基础的学者中,平场教授、藤木副教授、中教授明确地将行为支配说作为其立论的基础。关于这一点,参照本章第三节。

不过,众所周知,根据共同意思主体说——它被认为是唯一的确立共谋共同正犯之基础的学说——共犯是指所有异心别体的个人,通过基于共同的目的而构成的一个整体所实施的犯罪。因此,实行行为是这个特殊的心理和社会团体即共同意思主体的活动,各个参与者根据各自的加功方法来为这个共同意思主体的活动承担责任。于是,从这一立场来看,共同正犯并不一定以实行的分担为必要,即使是单纯的共谋者,在对犯罪的实现起重要作用的场合,也要作为共同正犯来处罚。一种团体责任的理论成为共同意思主体说的理论基础,在这一点上,共同意思主体说被认为与其他学说有决定性的区别。与此相对,通说强烈地反对这种团体责任的理论,并立足于个人责任的原理来构建共犯的理论。根据这种学说,共犯的责任归根结底是以个人的行为为基础的,因此,在共同正犯的场合,至少要求各人实现一部分实行行为。其结果是,通说否定了并未实现一部分实行行为的共谋者作为共同正犯的可罚性。因此,从表面上看,团体责任与个人责任的对立,一直被认为是赞成与反对共谋共同正犯的争论焦点。

然而,最近出现的、不依据共同意思主体说而承认共谋共同正犯的学说认为,共同正犯与利用他人的单独正犯即间接正犯具有同样或者类似的法律性质,由此将共谋共同正犯的可罚性还原成实行行为人的可罚性。在此,仍然可以看到试图通过个人责任的原理来解决问题的努力。因此,现在,我们不能简单地将赞成与反对共谋共同正犯的争论视为团体责任论与个人责任论的对比这种公式化的东西了。

在此,如果暂时撇开赞成与反对共谋共同正犯的争论,仔细研究各种关于共同正犯的一般理论的话,那么我们就会明白这一事实:关于共同正犯的可罚性,彻底贯彻个人责任原理的见解极少为学者们所主张[1],其他的见解或多或少也必须承认团体责任的原

---

[1] 属于这种情况的有:立足于所谓的行为共同说的共同正犯论,以及在以行为支配说为基础的学说中完全将共同正犯与间接正犯等同视之的见解。关于前者,由于一直以来的讨论大体上已经到了非常充分了,因此本文不再赘述。

理。无论是向来立足于犯罪共同说的通说还是最近兴起的学说,本来都是默示地包含了共同意思主体说的基本思想的学说(后述)。只要认为共同正犯的法律性质与单独正犯不同,那么这一事实就是顺理成章的结论。因此,我们可以得出如下结论:即使在以往的诸多学说中,仍然可以说,在理论上,应当承认共谋共同正犯的可能性本来就存在。

因此,本文试图从关于共同正犯的个人责任与团体责任的原理之间的对立出发,从这一视角来分析这些学说,论证上述所假定的见解。

2. 首先,讨论必须从个人责任这一概念出发。刑法上的个人责任原理通常可以从这一意义上来加以理解,即个人仅承担自己所实施的犯罪的责任,而不承担他人所实施的犯罪的责任。实际上,个人责任具有历史性。可以认为,个人责任是近代刑法学基于否定中世纪封建时代和近代初期的专制国家时代的连带责任这一目的而确立的原理。因此,作为责任主义的一种形态,个人责任原理被认为是近代刑法学上的一大原则。一般认为,通说尝试以个人责任原理为基础来构建共犯理论,其根本意图在于将这一原理贯彻到刑法上所有的问题之中。

但是,现行刑法体系是否完全地贯彻了仅仅对自己的行为承担责任这个意义上的纯粹的个人责任原理呢?对此不能一概给予肯定回答。的确,如今的现状是:例如,法人的犯罪能力一般被否定了[1];此外,即使在业务主体处罚规定的解释中,所谓转嫁罚的思想也逐渐式微了,取而代之的是主张过失责任的必要性[2]。但是,例如,综观刑法总则中的共犯规定,又不一定能够马上肯定这一原理。尽管对于共犯的从属性还存在争议,但是,通说认为,根据现行刑法中的共犯规定,教唆犯、从犯的可罚性是以正犯即实行行为的存在为前提的[3]。如果立足于共犯从属性理论,那么教

---

[1] 参照齐藤金作:《刑法总论改订版》(昭和三十年),第91页以下。
[2] 参照齐藤金作:《刑法总论改订版》(昭和三十年),第92页以下。
[3] 参照拙文:《教唆与间接正犯》,载《刑法讲座》第4卷(昭和三十八年),第136页以下。

唆、帮助本身就不是实行行为,而是通过正犯的实行行为获得其可罚性的。但是,假如从仅仅对自己的行为承担责任这样狭窄的意义上理解个人责任原理的话,那么这种共犯从属性的思想就被否定了,而且,对于教唆者只能作如下理解:教唆者只能根据其所实施的教唆行为本身或者根据与间接正犯相同的自己的实行行为来承担责任。

而且,这种理解对于刑法分则中的内乱罪、骚扰罪的首要分子或参与谋议者(仅限于内乱罪)的责任而言也同样适用。不过,在内乱罪和骚扰罪这两种犯罪之中,首要分子或参与谋议者是否有必要进而直接参与实行行为,还是一个问题〔1〕;但是,如果像通说〔2〕、判例〔3〕那样对此持否定态度,就会产生巨大的疑问:是否这意味着不能再仅仅从狭窄、单纯的意义上理解现行法所承认的个人责任原理了呢?进而言之,是否现行法仍然在贯彻个人责任的原理呢?总之,首要分子或参与谋议者的行为并未规定在刑法分则的构成要件中,很明显的是,尽管他们的行为与内乱、骚扰的实行行为本身有所不同,但却被认为是可罚的;而且,他们要受到比直接参与实行行为的人更重的处罚。是否仍然应当将这种首要分子或参与谋议者的责任视为以个人责任原理为根据的责任呢?还是应当将其视为构成个人责任之例外的一种团体责任呢〔4〕?对于这些问题,向来很少有人讨论。像前者那样解释也是有可能的,即在这两种犯罪的场合,从集团犯罪的特殊性来看,可以认为:对于犯罪的实现而言,首要分子或参与谋议者的行为起到了比实施实行行为的人更为重要的作用。因此,如果从个人责任原理本

---

〔1〕 参照伊达秋雄:《骚扰罪》,载《刑事法讲座》第7卷(昭和二十八年),第1437页以下。

〔2〕 齐藤金作:《刑法各论改订版》(昭和三十一年)第11、81页;泷川幸辰:《刑法各论》(昭和二十六年),第212页;安平政吉:《改订刑法各论》(昭和三十五年),第276页以下;团藤重光:《刑法各论》(昭和三十六年),第107页;青柳文雄:《刑法通论Ⅱ各论》(昭和三十八年),第153页。

〔3〕 例如,大正四年11月6日第三刑事部判决(大审刑录第21辑第1897页)。

〔4〕 关于这一点,一直以来,人们是以共犯的规定是否适用于内乱罪、骚扰罪的形式来进行讨论的。

来的意义——排除尽管自己并未实行任何与刑法相关的行为,但仍然要对他人实施的犯罪承担责任这种不正义——来看,那么,还是可以说内乱罪和骚扰罪中首要分子的责任仍然是以个人责任原理为基础的。但是,与此相反,也有可能将内乱罪、骚扰罪的规定理解为个人责任原理的例外规定,认为它们是承认了团体责任的犯罪。而且,这样理解更为自然一些。

不过,另一方面,一直以来,从是否立足于个人责任原理这一点来描述前述通说与共同意思主体说的不同,这种做法有待进一步的分析。如后所述,这种描述本身实际上是失当的,即使对此暂且不表,然而,在此首先必须明白的事实是:某些与共犯相关的学说是否立足于个人责任原理,实际上根本就不是什么问题了。也就是说,如果将内乱罪、骚扰罪中的首要分子的责任理解为是对自己的违法态度的责任——在这个意义上,首要分子的责任仍然是个人责任——那么,我们也完全可以将共同意思主体说理解为是立足于个人责任原理的学说。这是因为,共同意思主体说无非是一种将内乱罪、骚扰罪的法理适用于共犯的一般情况的学说而已。相反,如果将内乱罪、骚扰罪中首要分子的责任理解为是基于团体责任的责任的话,就意味着承认刑法之中存在与个人责任原理相反的例外规定,这样一来,就不能以共同意思主体说立足于团体责任原理为由而对之提出非难了。[1]

如上所述,如果说现行法体系并未贯彻个人责任的原理,或者说至少没有贯彻狭窄的、纯粹意义上的个人责任原理,那么也就没有必要根据个人责任原理来支持共同正犯理论了。如后所述,通说的共同正犯论看起来似乎是基于个人责任原理而展开的,但实际上不得不承认它是基于团体责任的共同正犯论,尽管如此,我并不认为这与现行法体系有什么矛盾。以此为前提,接下来,本文想转向对通说的共同正犯论的探讨。通说立足于个人责任的原理,将单独正犯的理论同样适用于共同正犯,要求共同正犯的成立必

---

[1] 因此,关于这一点,剩下的问题仅仅是:是否可以将内乱罪、骚扰罪这样大集团犯罪的理论适用于共犯这样的小集团犯罪?关于这一点,参照后面的论述。

须有实行行为的分担。这样的基本理论,在通说中果真得到贯彻了吗?

第二节 要求实行分担的学说及其批判

1. 作为共同正犯的成立要件,要求实行行为的分担,这是通说的立场。也就是说,为了成立共同正犯,要求各共同正犯者必须至少实现各自的实行行为的一部分,在这一点上,通说是一致的。[1]而且,由于受到德国理论的影响[2],日本的通说将这种实行行为作为定型的构成要件符合行为来把握,其结果是,通说将那些自身不属于构成要件的行为,例如指挥、命令、参与共谋、望风等行为排除在共同正犯的范围之外。

在此必须注意的是:最近兴起的一种学说虽然表面上与通说一样,认为共同正犯要求必须有实行行为的分担,而且认为这种实行行为归根到底意味着构成要件符合行为;但是,关于这种实行行为的内容,与以往的学说不同的是,这种学说并未从构成要件本身出发,而是以行为支配这一实质概念为标准。很明显,这是受德国的目的行为论影响的见解。这种学说所具有的意义在于:并不变更通说的基本思想,即认为各共同正犯就是正犯即实行行为人,因此它并不是根据共同意思主体说来构建共谋共同正犯之可罚性的

---

[1] 例如,大场茂马:《刑法总论》(下卷)(大正七年),第 1034 页;泷川幸辰:《刑法讲义改订版》(昭和五年),第 160 页以下;泷川幸辰:《改订犯罪论序说》(昭和二十七年),第 228 页;小野清一郎:《刑法讲义总论》(昭和七年),第 194 页;泷川春雄:《刑法总论讲义》(昭和二十七年),第 186 页;佐伯千仞:《刑法总论》(昭和三十一年),第 188 页;团藤重光:《刑法纲要总论》(昭和三十二年),第 300 页以下;大塚仁:《刑法概说》(总论)(昭和三十八年),第 200 页;吉川经夫:《刑法总论》(昭和三十八年),第 250 页。
[2] 应当注意的是,松原一雄的《新刑法论全》(明治三十七年)与小畴传的《日本刑法论总则之部》(明治三十七年)将德国刑法学上的各种概念介绍到日本,从此使日本的学说迈向了德国刑法学的方向。这些著作首先在日本倡导共同正犯以实行行为的分担为必要的学说,而且以后逐渐获得了一定的势力。此外,应当提及的是,这一学说与德国的构成要件论,尤其是与作为其结论的客观说密切联系在一起。随着构成要件论的引入,这一学说在日本也开始占据支配地位。

基础的。然而,由于这种学说对实行行为以及正犯概念的实质性理解与通说有着决定性的不同,因此本章暂时将这一点排除在外,而想从通说的见解——从构成要件本身来规定实行行为的内容——来进行考察。

2. 首先必须确定的一个问题是:在通说之中,在共同正犯场合,实施实行行为的含义是什么呢? 例如,甲乙二人在合意的基础上,由甲对被害人丙实施暴行,而乙则夺取其财物,在这种场合,应当认为谁是实施抢劫这一实行行为的人呢? 关于这个问题,一般认为有两种可能的看法:第一,认为甲乙二人分别实施了抢劫这一实行行为的见解;第二,认为甲乙二人均实施了抢劫这一实行行为的见解。如前所述,就实行行为的概念而言,由于通说是从形式的构成要件符合性出发的,因此,当然就不能像第一种见解那样,将甲的暴行本身视为抢劫的实行行为。为了采取第一种见解,在决定实行行为这一概念时,就不能从构成要件本身出发,而必须采取运用了某种其他实质标准的见解(例如最近出现的行为支配学说),将共同正犯理解为相互的间接正犯。毋宁说,通说积极地认为甲的暴行是抢劫这一实行行为的一部分,甲不过是分担了实行行为的一部分而已;如果从这一点来看的话,那么很明显的是,通说采取了第二种见解,即认为实施抢劫这一实行行为的是甲乙二人。如果不假定抢劫这一实行行为的话,那么就只能说甲的行为是单纯的暴行的实行行为,而不能说它实现了抢劫的一部分实行行为[1]。因此,既然假定了抢劫这一实行行为,那么实行行为的主体就必须存在,根据通说,这一实行行为的主体除了甲乙二人之外别无他人。

但是,这里所谓"甲乙二人所实施的实行行为"的实质是什么呢? 自不待言,其本质并不是甲所实施的实行行为的一部分与乙所实施的实行行为的另一部分在算数上的总和。所谓甲的暴行与

---

[1] 作为日本通说的犯罪共同说与行为共同说有所不同,如果将共犯现象理解为一个"犯罪",即共同实施特定的实行行为的话,那么,其首要出发点应当是抢劫的实行行为,而不是每个人的行为。在这个限度内,即使从犯罪共同说的立场出发,也有必要论述实行行为的主体。

乙的夺取财物,不仅在事实上,而且在法律上是互为补充的,两者综合起来成为抢劫这一实行行为。此外,这一实行行为必须是"甲乙二人"的实行行为。于是,其实行行为的主体并非甲乙二人的物理存在,而是具有法律意义的人的结合。这种人的结合乃是已经超越了自然人概念的社会存在,即使站在通说的立场上,如果不事先确定这一点,当然就无法论述抢劫的实行行为的主体以及抢劫的实行行为本身。

按照上述观点来看,尽管通说一直在强调个人责任原理,但是,可以肯定的是,实际上,对于实行行为的主体,通说承认了超个人的存在,最终由各分担者就这一超个人的存在所实施的实行行为的全部来承担各自的责任。既然如此,通说与共同意思主体说的理论构成就是相同的,两者之间的差异仅仅是否着眼于实行行为主体的实质并直接将之表述为超个人的存在。因此,如果通说对共同意思主体说进行非难,指出其实行行为主体(共同意思主体)与责任主体(个人)之间的分离,那么,应当说这种非难同样适用于通说本身,因此是失当的。

但是,在结论上,通说与共同意思主体说的不同点在于:前者始终要求有构成要件意义上的实行行为的分担;与此相对,后者则并不局限于构成要件,将从个别情况来看不属于犯罪类型的行为也视为犯罪实现的分担。是否赞成共谋共同正犯的争论在这一点上发生了激烈的冲突。因此,接下来应当探讨的问题是:通说要求实行行为分担的实质依据在什么地方?

3. 对于共同正犯,通说要求有构成要件意义上的实行行为的分担,作为这一要求的根据,首先要考虑的是刑法第60条的条文。第60条规定:"二人以上共同实行犯罪者,皆为正犯。"由此出发,通说认为:一方面,由于共同正犯首先是正犯,因此必须具有与狭义的共犯不同的正犯特征,即作为实行行为人的特征;另一方面,由于共同正犯是"实行犯罪的人",因此必须至少实现实行行为本身的一部分。但是,根据我个人的看法,即使从第60条的逻辑构造出发,也决不意味着它只能容许通说的解释而排斥其他的解释。例如,在数人共同实行犯罪的场合,共同参与者的每一个人均作为正犯来处罚,这样的解释从第60条的文理来看也是可能的。而且，作为通说的解释，这种解释并不一定被认为是不妥当的。这是因为，如前所述，通说在暗地里也不得不承认"实行"抢劫这一"犯罪"的主体是"甲乙二人"，这里所谓的甲乙二人就是超自然的社会存在，即这种解释中所谓的"共同实行犯罪的人"。因此，即使从通说的立场来看，如下理解也是可能的：第60条所要求的亦并非是各人的实行行为，而是共同实行犯罪的数人的实行行为，在此范围内，共同实行犯罪的数人内部的作用分担并不影响共同正犯的成立与否，而是"皆作为正犯"来处理。

从以上分析可以肯定的是：第60条的规定本身并不足以成为通说要求共同正犯必须有实行行为的分担的根据。不过，由于法律解释在于确定包含在某一规定之中的法律的含义，而法律含义本身却受到解释者的学说立场的左右，因此，某种学说是否忠实于实定法的文理，只不过具有形式上的意义而已。因此，通说要求共同正犯必须有实行行为的分担，这一要求是否妥当，必须从实定法的规定本身着手，追溯到这种学说所具有的实质意义来进行探讨。

关于这一点，以通说为基础的见解，一方面是将实行行为的有无作为正犯与共犯的区别标准的所谓限制的正犯概念；另一方面是将各共同正犯者作为正犯来把握，并且仍然基于限制的正犯概念，通过实行行为的实现来说明这种正犯性之根据的见解。第一，就承认限制的正犯概念而言，我也深表赞同。这是因为，如果将构成单独正犯之特色的实行行为的实现视为共犯的特色的话，那么，不仅没有必要在刑法总则中设置共犯的规定，而且，与正犯和共犯的可罚性差异相对应的反道义的、社会构造的差异也会被抹杀。与此相反，第二，与单独正犯一样，根据实行行为的实现来说明各共同正犯者的可罚性根据，对此我也很难表示赞同。

首先必须探讨的问题是：根据通说，为什么只不过是实现了一部分实行行为的各共同正犯者，却要作为完全的实行行为人来承担责任呢？换言之，在通说中，所谓"部分行为全部责任"法理的根据是什么呢？关于这一点，通说所援引的是作为共同正犯主观要件的相互的意思联络，即通说根据是否存在意思联络来区别同时犯与共同正犯：在没有意思联络的同时犯的场合，各行为人仅对自己自身的行为承担责任；在有意思联络的共同正犯的场合，各行为人的行为被综合成一个犯罪，其结果是，各行为人须对其共同实现的犯罪承担责任。我认为这种结论是正确的。但是，从个人责任原理来看，如果仅凭意思联络这一主观要件的存在来说明为他人所实施的部分行为承担责任的理由，应当说还是不充分的。总之，如果从个人行为出发来考虑共同正犯的可罚性，只要认为即使共同正犯也保持着与单独正犯相同的正犯特征，那么，客观实际存在的归根到底仅仅是甲的行为与乙的行为，即使承认甲与乙之间存在相互的意思联络，构成个人责任之基础的客观的个人违法行为也不可能在此之上产生。也就是说，只要立足于个人责任原理，那么，仅仅援引意思联络这一概念，是绝不可能说明"部分行为全部责任"法理之根据的。因此，我们也必须按照通说的本来面目来理解之：承认实际存在的、甲乙二人所实施的犯罪，对于该犯罪的实现，甲乙二人分别承担各自的责任。但是，这已经不再是个人责任，而只不过是一种团体责任了。[1]

不过，这样一来，如果说通说也不得不承认团体责任原理的话，那么仍剩下一个疑问：仍然要求每个人具有与单独正犯同样的正犯特征——构成要件符合性，到底具有怎样的意义呢？也就是说，如果每个人的责任基础已经不只是每个人的行为，而是共同实施的实行行为的话，那么应当确定的问题是：所实施的实行行为是不是由甲乙共同的行为完成的；至于甲乙二人各自参与实现实行行为的形态，已经不是什么问题了。无论如何，就每个人的行为而言，即使要求其具有已经无法构成责任之基础的单独正犯的特征，也是毫无意义的事情。

由上可知，从法理的角度来看，共同正犯的成立并不以实行行为的分担为必要。因此，最后必须探讨的是如何从自然的法感情的角度来理解这一点。关于这一点，首先值得参考的是：第一，尽管学说上存在强烈的反对，但日本的判例长期以来都是赞成共谋

---

[1] 最近，庄子教授在立足于犯罪共同说的同时，坦率地承认了共同正犯中的"连带责任"或者"全体责任"。庄子邦雄，前揭《共谋共同正犯与共同正犯的本质》；《集团犯的构造》，载《刑法讲座》第5卷（昭和三十九年），第9页以下。这一结论是从本文所述的旨趣得出的，因此是正当的。

共同正犯的,而且还将望风的情形理解为共同正犯;第二,日本的共犯学说受到德国学说的强烈影响,在德国,判例仍然反对以往的学说,不要求有实行行为的分担,想不到竟然与日本的判例及其基本方针是相同的。[1] 关于这一点,后面将再次涉及。但是,在此必须指出的是:将对于犯罪的实现毋宁说起到了比直接行为人更具决定性作用的人,以及起到了与直接实行者具有相同价值的作用的人作为正犯来处罚,此乃实务上的直观做法,即使在学说上,我们也必须尊重之。

问题是在学说上如何反映这种实务的要求。换言之,问题在于通过怎样的形式来修正坚持要求实行行为分担的通说,从而承认共谋共同正犯的理论。我认为,解决这一问题有两条途径:第一是日本固有的共同意思主体说;第二是在德国克服了要求实行行为分担的学说而兴起的行为支配说。在此,我想先从第二种学说开始探讨。

第三节　间接正犯的理论构成及其批判

1. 在日本,立足于所谓的行为支配说,通过将共同正犯作为与间接正犯具有类似法律性质的犯罪形态来把握,从而承认共谋共同正犯的见解是由平场教授[2]、中教授[3]、藤木副教授[4]等人

---

[1] 众所周知,德国的判例基本上立足于主观说,因此,即使在客观上只不过实施预备或者帮助行为的人,也有可能认为其构成共同正犯。关于这一点,参照 Schönke-Schröder, Strafgesetzbuch, 11. Aufl., 1963, S.279.
[2] 平场安治,前揭《刑法总论讲义》。
[3] 中义胜,前揭《间接正犯》。
[4] 藤木英雄,前揭《共谋共同正犯的根据和要件》。

所倡导的。行为支配说原本是产生于德国的学说[1],现在,即使在德国,仍得到了相当多学者的支持。[2] 可以说行为支配说的时代性特征在于克服了此前的时代占支配地位的所谓形式的客观说。关于这种克服形式的客观说的要求为什么会产生,无法用一种理由来加以说明。我们可以举出如下理由:自1943年德国刑法明确表示舍弃所谓的极端从属形态,而采用限制从属形态以来,作为正犯与共犯的区别标准,就不得不考虑行为人的主观方面[3];尽管学说上存在强烈的反对,但联邦裁判所的判例仍沿袭着旧帝

---

[1] "行为支配"(Tatherrschaft)这一概念本身,作为表明与共犯相对的正犯特征的标记,一直为学者们所经常使用。一般认为,首先使用这一概念的是黑格勒(Hegler, Die Merkmale des Verbrechens, 1915, ZStW Bd. 36, S. 19 ff., 184 ff.)。在此之后,这一概念还出现在 Bruns(Bruns, Kritik der Lehre vom Tatbestand, 1932, S. 72ff.)、Weber(v. Weber, Zum Aufbau des Strafrechtssystems, 1935, S. 26)、E. Schmidt (E. Schmidt, Die militärische Straftat und ihr Täter, 1936, S. 10f.)等的主张中。但是,在这些主张中,行为支配这一概念所占的地位充其量只不过是一个决定构成要件符合性的标准,当然不可能对这一概念所具有的机能进行详细的分析;而且,对这一概念的理解在很大程度上也只是直观式的。通过将仅仅具有单纯的区别正犯与共犯之标准这一机能的行为支配说与行为概念结合在一起,从而将之与整个犯罪论体系联系在一起的是韦尔策尔(Welzel, Studien zun System des Strafrechts, 1939, ZStW Bd. 58, S. 491ff.)。关于行为支配说的沿革,详见 Roxin, Täterschaft und Tatherrschaft, 1963, S. 60ff。

[2] 例如,Welzel, Das deutsche Strafrecht, 7. Aufl., 1960, S. 90ff.; Maurach, Deutsches Strafrecht, Allgemeiner Teil, 2. Aufl., 1958, S. 517; v. Weber, Grundriss des deutschen Strafrechts, 2. Aufl., 1948, S. 65; Gallas, Täterschaft und Teilnahme, 1954, Materialien zur Strafrechtsreform, Bd. 1, S. 128ff.; Kohlrausch-Lange, Strafgesetzbuch, 43. Aufl., 1961, S. 160; Sax, Dogmatische Streifzüge durch den Entwurf des allgemeinen Teils eines Strafgesetzbuches nach den Beschlussen der grossen Strafrechtskommission, 1957, ZStW Bd. 69, S. 430 ff.

[3] 例如,梅茨格尔说:"所谓间接正犯与教唆犯,在如今公认的标准——限制从属性的范围内,同样得到了正确的认识。两者的差异是内在的差异(即主观上的差异),换言之,必须在间接正犯者或者教唆者、'工具'或者被教唆者的意思方向中寻求和发现这种差异。从这一理由来看,我们仍然无法仅用'客观的'共犯论来完全说明现行法。"(Mezger, Moderne Wege der Strafrechtsdogmatik, 1950, S. 29)。此外,关于其经过,参照拙著:《间接正犯的理论》(昭和三十七年),第97页以下。

国裁判所以来的传统[1],一如既往地支持一种主观的共犯论[2];就犯罪论体系本身而言,以新康德学派的方法论为依据的构成要件论开始衰退,以现象学的思考方法为基础的目的行为论以及其他学说开始盛行,其结果是,学者们开始强调实质的正犯概念等。

不过,在日本,由于并未像德国刑法那样修改共犯的规定,因此,就承认哪一种从属形态而言,没有理由受到德国刑法的影响。但是,一方面,在此之前的时代、在德国很盛行的形式的客观说现在仍然是日本的通说;另一方面,这种形式的客观说在其诞生地受到了批判。如果综合考虑这两个方面的因素,那么,我认为,在日本也产生批判通说的趋势,作为批判的手段而援引新的行为支配说,也未必是毫无意义的事情。此外,一方面,日本的判例虽然与德国的判例在理论构成上有所不同,但却偶然地保持了类似的结果;另一方面,如果两国开始努力为判例提供理论基础,那么就势必会出现一种关注德国新学说的倾向。

但是,日本存在关于共犯的独立学说。而且,假如说这种独立的学说至少在关于共同正犯的问题上体现了传统的犯罪共同说的本来面目,那么日本倒不如应当走这样一条道路:一边探讨、修正这种学说,一边朝确立独立的共犯论迈进。不过,不言而喻的是,即使在这种场合,与新的学说进行对比也常常是有必要的。被认为是最近最为详细的、反映从行为支配说的立场来承认共谋共同正犯的见解的是藤木副教授的论文。在此,我想以他的主张为中心来展开论述。

2. 藤木副教授认为,对于共同正犯来说,共同的实行行为是必

---

[1] 关于旧帝国裁判所所援用的主观说以及构成其基础的布里的见解,详见齐藤金作:《共犯理论的研究》,第7页以下、第207页以下以及第585页以下。
[2] 例如,BGH NJW 1951, S. 121, 323, 410; BGH St 3—350, 8—73, 395. 不过, BGH St 8—396击退了旧帝国裁判所以是否意欲将所为作为自己的所为为标准的见解,认为各参与者的意思方向虽然成为了标准,但是,"这种意思方向并非单纯的内心事实。参与者意欲实施的行为,毋宁说是基于属于表象的所有情形、应当由裁判所进行价值性调查的事实。"从这一点出发,并不能轻率地认为联邦裁判所仅仅是从单纯的主观事实来确定共同正犯的正犯性的。

要的;但是,不应当在所谓形式的客观说的意义上理解这种实行行为,而是应当将行为的主观方面与客观方面综合起来加以理解。因此,客观上只不过实施了预备行为或帮助行为的人,如果可以认为他自始至终都支配着整个事件的进程,即具有所谓的行为支配的场合,就应当将之评价为实行行为人即正犯。正是因为如此,对于共谋正犯中的共谋者来说,从其意思方向以及其与负责实施实行的人的关系来看,最终将之作为共同的实行行为人、承认其具有正犯性也完全是可能的。[1]

藤木副教授的这种主张,显然受到了前述德国行为支配说的影响。关于这种行为支配说本身,迄今为止,在日本已经有相当详细的介绍[2],因此,在此我不想画蛇添足,展开评价其优劣得失的一般性论述。但是,在此必须提出的问题是:在立足于这种学说的场合,是否可以将共同正犯中各参与者的责任还原为与单独正犯具有相同意义的实行行为人的责任呢?

共同正犯是与他人共同实现犯罪的场合。但是,一直以来,虽然利用他人的行为实现自己的犯罪但却被评价为实行行为,从而被认为应当承担正犯责任的,不言而喻,还包括间接正犯。关于间接正犯,即使是现在,仍然有很多讨论;但是,有一种理解基本上得到了公认,即认为间接正犯是单独正犯的一种形态,只是在利用他人行为这一点上,可以将之从事实上与直接正犯区分开来。[3] 但是,如果将共同正犯中各参与者的责任理解为具有行为支配的人这个意义上的实行行为人的责任,那么共同正犯就与间接正犯具有完全相同的法律构造了,毋宁说可以在法律上将共同正犯理解

---

[1] 藤木英雄,前揭《共谋共同正犯的根据和要件》(一),第28页以下。
[2] 中义胜:《论目的的正犯概念》,载《关西大学法学论集》第3卷,第2号(昭和二十八年),第29页以下;植田重正:《目的行为论与间接正犯论》,载泷川先生退休纪念:《现代刑法学的课题》(下)(昭和三十年),第649页以下;大塚仁:《间接正犯的研究》(昭和三十四年),第92页以下;拙著:《间接正犯的理论》(昭和三十七年),第109页以下等。此外,关于德国行为支配说的沿革及内容,详见 Roxin, Täterschaft und Tatherrschaft, 1963。
[3] 大塚,前揭;中,前揭;拙著,前揭均认为间接正犯是单独正犯的一种形态,绝不是单独正犯与共犯之间的中间概念,但是,也存在不符合这种见解的情形。

为间接正犯的一种形态。在这种场合,首次可以根据统一的正犯概念来构建单独/直接正犯、间接正犯与共同正犯三者的基础,个人责任原理也得以贯彻。但是,这果真是可能的吗?

首先成为问题的是:本来被用作区别正犯与共犯,特别是教唆犯与间接正犯之标准的行为支配概念,果真能够用来论证共同正犯的正犯性吗?一直以来,我们一般认为,利用有责任能力或者有辨别是非能力的他人实现犯罪的行为是教唆犯,而利用没有责任能力的人实施犯罪的行为是间接正犯。这一区别标准不仅现在仍然受到广泛的赞同,而且,试图根据行为支配原理来解释共同正犯的可罚性的学者,原则上也承认这一区别标准。没有责任能力的人或者没有辨别是非能力的人的行为,很容易被置于他人的支配之下,此乃经验事实;而且,赋予这种经验事实以法律的意义,承认这种行为之上的他人的行为支配,从而承认其具有正犯性,是比较容易的。但是,共同正犯是以有责任能力者或者至少有辨别是非能力的人的共同为前提的,是否可以认为这样的人之间相互利用的行为,在实质上具有与间接正犯相同的行为支配,应当说这还是一个问题。

关于这一点的德国理论,特别值得参考的东西很少。在这种场合,藤木副教授所援引的经验事实是:共同正犯的犯罪中止一般比教唆犯的犯罪中止要困难。藤木副教授认为,作为包含共谋共同正犯的共同正犯的一般成立要件,既然要求有共同实现犯罪的合意,即有应当实现犯罪的确定意思的合致,那么,"负责实施实行行为的人正是基于这种合致的意思、按照自己的意思实现犯罪的人,但是,由于这种意思决定的内容是基于与其他合意者的合谋而形成的,因此,负责实施实行行为的人随后的行动就要受到合意的约束,不能根据自己的自由意思重新决定是否实行犯罪,也不得凭一己之见而放弃实行的意思。也就是说,在这种意义上,负责实施实行行为的人所起到的是其他共犯者的工具的作用","如果从没有亲自实行犯罪的其他共犯的角度来看,由于其亦为合意的成员之一,因此,通过制定负责实施实行行为的人将来的行动方向来支配其行动,应当说最终可以认为其是通过负责实施实行行为的人来实行犯罪的人。总而言之,在共谋者之间就实现犯罪成立合意之时,换言之,只要像前面所叙述的那样去理解共谋的内容,那么,可以肯定的是:共谋者参与犯罪的形态与教唆不同,毋宁说其实质与间接正犯之下的利用行为具有质的相同性。"[1]

我个人认为,试图通过直接实行者在犯罪中止方面的困难,来论证共同正犯中行为支配之实质的见解,从某种程度上包含着正确的内容。但是,难道仅凭这一点就能够完全说明教唆犯与间接正犯之间的区别吗？首先,如果从共同正犯的角度来考察的话,一般而言,未必可以说负责实施实行行为的人是"不能根据自己的自由意思重新决定是否实行犯罪,也不得凭一己之见而放弃实行的意思"的人。例如,在谋议之际,即使有"如果不愿意的话也可以不干"这样的保留,在负责实施实行行为的人实现了犯罪的场合,其他的共谋者应当承担与没有这种保留的场合相同的责任,因此,在两者之间设定这样的区别是没有理由的。此外,例如,从具有特定目的(例如盗窃)的营业性犯罪团伙等的角度来看,即使存在特定时间实行犯罪的谋议以及全体成员对实现犯罪的确定性合意,实际上,在有些场合,在该时间是否实行犯罪是比较任意的。即使不实施实行行为却可以得到分红的人,仍值得作为共谋共同正犯来处罚。相反,如果从教唆犯的角度来探讨的话,在教唆犯的场合,未必可以说被教唆者实施犯罪行为的概率就一定很低。例如,在承诺给陷入经济困境的人支付对价而使其决意实行犯罪的场合,或者在劝诱激情高涨的确信犯人、使其决意暗杀政府要人的场合,至少在产生决意的时刻之后,中止犯罪的可能性是很小的。在共同正犯的场合,如果以受到合意的约束为由来否定犯罪中止的盖然性的话,那么,即使在这种场合,应当说,从其他的观点出发仍然可以否定这一理由,从而能够平衡两种观点之间的对立。

正如上述例子所表明的那样,一般而言,犯罪中止的困难性并不一定是共同正犯固有的特征;对于教唆犯而言,也应当承认犯罪中止的困难性。如果强行将这种事实标准用作判断行为支配的有无以及正犯性的基准的话,那么就必须彻底地重新构建共同正犯、教唆犯与间接正犯制度了。

---

[1] 藤木,前揭(一),第40、41页。

3. 关于试图运用行为支配的概念来构建共同正犯的正犯性的基础的见解,其次的问题是共同正犯与间接正犯之间的关系。如前所述,如果能够论证构成间接正犯之特色的行为支配也原封不动地存在于共同正犯之中的话,那么,在此就可以首次确立真正意义上的立足于个人责任原理的共同正犯论了。但是,这种场合,将各共同正犯者理解为各自均完全实施了自己的实行行为的人,就已经抹杀了共同正犯与直接/单独正犯、间接正犯在法律上的差异。只要立足于个人责任原理,认为运用单独正犯的法理就足以论证共同正犯的正犯性,这就是必然的结果。但是,这样一来,是否可以认为共同正犯就是间接正犯本身呢?正如间接正犯是单独正犯的一种形态,其与单独正犯之间仅存在是否利用他人这一事实性差异一样,是否可以说共同正犯是间接正犯,因此是单独正犯的一种形态,其与间接正犯之间仅存在是否与有辨别是非能力的人共同实行犯罪这一事实性差异呢?

关于这一点,在德国学说上,即使处于相同的行为支配说阵营之中,各位学者的见解也存在分歧。例如,朗格[1]、萨克斯[2]等将两者等同视之;而韦尔策尔[3]、加拉斯[4]、罗克辛[5]等则认为两者之间仍然是有差异的。[6] 藤木副教授也并未将两者等同视之,而是认为两者在法律上存在差别。关于这一点,藤木副教授认为:"间接正犯当然是单独正犯,将共谋者的责任作为与间接正犯的责任相同的责任来说明是有失妥当的。所谓利用共同正犯者的间接正犯,是不可能作为单独犯罪的形态来对待的。"[7]在此基础上,藤木副教授认为自己的见解与下列见解属于同一谱系:"从重

---

[1] Lange, Der moderne Täterbegriff und der deutsche Strafgesetzentwurf, 1935, S. 55; Kohlrausch-Lange, Strafgesetzbuch, S. 163.
[2] Sax, Dogmatische Streifzüge durch den Entwurf des allgemeinen Teils eines Strafgesetzbuches nach den Beschlüssen der grossen Strafrechtskommission, S. 163.
[3] Welzel, Studien zum System des Strafrechts, S. 549 f.
[4] Gallas, Täterschaft und Teilnahme, S. 137.
[5] Roxin, Täterschaft und Tatherrschaft, S. 276.
[6] Roxin, a. a. O.
[7] 藤木,前揭(一),第39页。

视个人责任的立场出发,以类似于间接正犯的实现犯罪的方式来论证共谋共同正犯的正犯性的见解"(着重号为笔者所加)〔1〕;"通过与间接正犯进行类比来说明共谋者责任的观点"(着重号为笔者所加)〔2〕。不仅如此,在藤木副教授的主张中,个别地方是否果真反映了将具有行为支配的共谋者作为实行行为人的旨趣,并不一定很清楚。例如,"由此可见,从意思方向、与负责实施实行行为的人之间的关系来看共谋共同正犯中共谋者的责任,虽然并未亲自分担实行,但是,如果将其与负责实施实行行为的人的行为合并起来进行实质性考察的话,就会最终迈向承认其具有作为共同实行犯罪的人的正犯性的理论方向"(着重号为笔者所加)〔3〕;"当两个以上的人之间完成了共同实现犯罪的合意这个意义上的共谋,并且其中某人已经根据合意实行了犯罪之时,应当认为,并未亲自分担实行的其他共谋者也是通过实行者并与实行者共同实行犯罪的人,即所有的共谋者都是共同正犯"(着重号为笔者所加)〔4〕。这种说明以及区分"共谋者"与"负责实施实行行为的人"的解说〔5〕等就属于不太清楚的地方。

我个人认为,在尽管试图运用行为支配概念来构建共同正犯的正犯性的基础,但认为共同正犯仍然与间接正犯有所不同的见解中,到底还残留着什么,这是一个很大的疑问。第一,根据这种见解,我们不能说根据个人责任原理就完全可以说明共同正犯作为正犯的可罚性。这是因为,只要贯彻个人责任的原理,那么就必须将所有的共同正犯者理解为是各自通过其他共同正犯来完全充足自己的实行行为的人,而且是仅仅基于自己的实行行为而承担

---

〔1〕 藤木,前揭(一),第25页。
〔2〕 藤木,前揭(一),第28页以下。
〔3〕 藤木,前揭(一),第37页。
〔4〕 藤木,前揭(一),第41页。
〔5〕 藤木,前揭(一),第37页、第40页、第41页;藤木,前揭(二),第28页、第32页、第33页等。

作为正犯的责任的人[1];既然这样来理解,那么共同正犯在法律上就必须是间接正犯本身。第二,根据这种见解,我们不能说根据统一的正犯原理就可以构建共同正犯的正犯性的基础。总之,如果说作为统一正犯原理的行为支配也存在于共同正犯之中,那么包含了共谋者的所有的共同正犯就必定是实行行为人;从具有行为支配的人的责任来看,共同正犯当然就是间接正犯本身。尽管如此,有的见解仍然认为共同正犯与间接正犯有所不同,从这种见解的深处可以看出,在是否赞成共同正犯中的行为支配与间接正犯中的行为支配完全相同的问题上(实际上,这是正当的),这种见解还有些犹豫不决。但是,如果说两者虽然类似但实际上并不相同的话,那么共同正犯中的行为支配就脱离了其他形态的正犯一般共通的正犯原理,共同正犯的正犯性也就无法根据统一的正犯原理来加以说明,从而再次失去了责任的基础。

但是,如果认为共同正犯并非间接正犯的一种形态,即认为共同正犯并非与单独正犯具有同样意义的实行行为人,那么共同正犯的责任基础到底是什么呢? 在此,仅仅残留着与间接正犯不同、因此未被评价为实行行为的行为支配这一实体。在立足于个人责任原理的场合,应当赋予这一实体怎样的法律意义,在藤木副教授的论文中是不甚明了的。

4. 最后,必须探讨的是从行为支配说中派生出来的另外一种见解,即将共同正犯视为间接正犯的一种形态的见解。正如再三论述的那样,这种见解彻底贯彻了个人责任原理。对于其他共同正犯者的行为,各共同正犯者具有与间接正犯的场合意义相同的行为支配,因此,各共同正犯者根据各自亲自实施的实行行为,而且仅根据各自已经亲自实施的实行行为承担作为正犯的责任。这种理论构成在逻辑上是极为明快的。但是,在与其他的犯罪实现形式特别是与间接正犯、教唆犯等相关的理论进行对比考察之时,

---

[1] 如前所述,藤木副教授之所以仍然区别共谋者与负责实施实行行为的人,只不过是为了方便说明而使用原来的用语,但是,从这一点上,仍然可以看出:藤木副教授在是否将共谋者描述为与单独正犯以及负责实施实行行为的人具有完全相同的意义的实行行为人这一问题上,是犹豫不决的。

这种学说仍然残留着难以从体系上加以理解的部分。

第一,就有辨别是非能力的人的行为而言,是否可以认为其背后存在行为支配呢?如果可以这样认为的话,那么大多数教唆者至少在被教唆者产生决意之后,就开始对被教唆者的行为具有行为支配了。[1] 不过,我们可以考虑像藤木副教授那样进一步援引事实标准,承认教唆犯有犯罪中止的盖然性而不承认共同正犯有犯罪中止的盖然性,据此来试图排除这种不正当结论的方法。但是,如前所述,即使具有这些要素,也无法划分出共同正犯与教唆犯之间的妥当界线,而且,在判定有无行为支配之时,常常不得不对犯罪中止的盖然性这一难以确定的非典型事实进行调查。

第二,如果共同正犯的正犯性在于与间接正犯的场合意义相同的行为支配,那么必然就要承认共谋共同正犯,但是,共谋共同正犯的实行着手时间就会成为问题。日本的通说认为,间接正犯的实行着手在于背后者的行为开始之时[2],因此,同样的看法也就适用于共谋共同正犯。但是,不言而喻的是,在杀人的共谋之中承认杀人这一实行行为的着手,是不妥当的。关于这一点,藤木副教授认为:"在共谋共同正犯之中,承认共谋者将负责实施实行行为的人当作工具一样利用的阶段,从共同实现犯罪的合意成立到犯罪实行完毕一直持续着,这无非是综合考察共谋者使实施实行行为的人维持实行犯罪的决意,并且使之实现实行犯罪的决意这一系列状态的结果,因此,这与利用者与被利用者之间不存在共同实现犯罪的合意的间接正犯的场合有所不同。即使暂时采取间接正犯的实行着手在于利用者的利用行为开始之时的见解,也不能认为在共谋共同正犯中,共谋者作为正犯的责任在合意之时就完全成立了。应当认为,只有在共谋者中的某人为了实现共谋的内容,现实地着手实行之时才成立共谋者的刑事责任。"[3]但是,在其他方面,由于藤木副教授以合意的存在使犯罪中止很困难为由而承认了共谋者的行为支配,因此仍然应当认为行为支配的成立

---

[1] 具有相同旨趣的是,中野次雄,前揭《共谋共同正犯的问题点》,第11页。

[2] 关于这一点,参照拙著:《间接正犯的理论》,第173页以下。

[3] 藤木英雄,前揭《共谋共同正犯的根据和要件》(二),第28页。

在于合意的成立之时。[1]

将共同正犯视为间接正犯的一种形态的见解,即使在德国,也遭到了强烈的反对。一方面,德国的学说自古以来就一直主张共同正犯的正犯性;另一方面,与日本的通说不同,德国的学说认为间接正犯的实行着手时间在于被利用者的行为开始之时。[2] 藤木副教授虽然从行为支配原理寻求共同正犯的正犯性,但仍然将其与间接正犯区别开来,应当说在结论上是妥当的。与此相反,最近,中教授提出了一种见解,他一方面认为共同正犯应当具有"与单独/直接正犯相同的实质性构造";另一方面运用行为支配原理来说明共同正犯的正犯性[3],最终将共同正犯视为间接正犯的一种形态。根据上述理由,我认为这种见解在结论上是不妥当的。不仅如此,另一方面,在利用有故意的工具的场合,中教授否定了背后者的行为支配。[4] 一方面在间接正犯的场合严格地理解行为支配,另一方面认为这种行为支配存在于共同正犯的场合,这难道不是自相矛盾吗?不过,中教授只是在极为限定的场合才承认在共同正犯中存在行为支配,这就是共谋者"对于实行者的心理约束达到了抑制其反对意思的程度"[5]的场合。但是,这样的案件对于共谋共同正犯来说几乎是不能想象的。也就是说,在上述场合,如果不考虑本来作为共同正犯前提条件的、基于自由意思的合

---

[1] 只要不这样认为,就无法根据与间接正犯的场合同样的行为支配概念来确立共同正犯的正犯性的基础。例如,暂且不论利用精神病患者、幼儿、不知情的人的行动的场合,利用他人的过失的场合或者利用所谓有故意的工具的场合,利用者的支配状态类似于共谋共同正犯中共谋者的支配状态。就前者而言,如果认为实行的着手在于利用者的行为开始之时,那么,就后者而言,也必须将之理解为共谋的成立时间。相反,如果将共谋者的实行着手时间理解为负责实施实行行为的人的着手时间,那么,即使在前者的场合,与我个人的见解一样(拙著:《间接正犯的理论》,第189页以下),也必须认为利用者的着手时间在于被利用者的行为开始之时。如果这样来理解,那么虽然解决了实行的着手时间的问题,但是会留下一个根本的问题:本来,是否应当承认共同正犯具有与间接正犯同样的行为支配呢?

[2] 参照拙著:《间接正犯的理论》,第175页。

[3] 中义胜,前揭《间接正犯》,第189页以下。

[4] 中,前揭,第163页以下。

[5] 中,前揭,第191页。

意,那么,与其说是应当将之作为共谋共同正犯,倒不如说是应当将之作为单纯的间接正犯来处理的案件。此外,即使退一步来说,正如中教授自己也承认的那样[1],共谋共同正犯是共同正犯的一种形态。因此,实行共同正犯也必须根据与共谋共同正犯同样的原理来加以说明。如果从中教授的立场出发,那么必须将实行共同正犯的正犯性、间接正犯以及共谋共同正犯的正犯性,作为具有相同的实质性构造的正犯来加以说明。因此,即使就实行共同正犯而言,也必须具备上述那样仅仅在非常狭窄的条件下所产生的行为支配。但是,如果是那样的话,实行共同正犯成立的空间就会受到不合理的限制。在此也可以明确肯定的是:不能将间接正犯以及单独正犯的法理原封不动地适用于共同正犯。

第四节 共同正犯中犯罪实行的意义

1. 一直以来,人们相信可以根据个人责任原理来说明共同正犯的可罚性。但是,从以上考察来看,这种想法是很难付诸实现的。而且,事实上,一直以来,个人责任原理也并未得到贯彻。第一,像日本的通说那样,对于共同正犯的可罚性要求有构成要件意义上的实行行为的分担的立场,一方面没有完全说明为什么认为构成要件的部分符合是必要的;另一方面没有明确仅仅实现了部分构成要件的个人为什么要为全部构成要件承担责任的理由。部分行为全部责任的法理,通说也是承认的,但是,这已经不是个人责任原理了。第二,试图通过行为支配原理来说明共同正犯的正犯性的立场,首先得出了将共同正犯视为间接正犯的一种形态的见解,但是,这将导致从根本上重新构建一切形态下正犯与共犯的区别。而且,前述行为支配说在保持共同正犯与间接正犯之间的区别的同时,引出了仍然通过行为支配来构建共同正犯的正犯性的基础的见解。根据这种见解,在间接正犯的场合所承认的行为支配不能成为共同正犯场合下实行行为的基础,因此,一方面,不可以说能够通过统一的正犯原理来说明共同正犯;另一方面,虽然

---

[1] 中,前揭,第192页以下。

强调个人责任原理,但实际上引来了超越个人责任的原理。

在这种场合,尝试运用团体责任原理来说明共同正犯的可罚性的是共同意思主体说。众所周知,对于共同意思主体说的非难很多[1],其中最大的非难或许是以共同意思主体说没有立足于个人责任原理为理由的。[2] 当然,假设共同意思主体说是以现行法体系绝对不能允许的连带责任为基础的话,那么应当说这种非难是正确的。但是,很明显的是,这种学说在共犯问题上援引了现行法所承认的内乱罪、骚扰罪之类的大集团犯罪的法理,作为其基础的团体责任,当然不具有承担自己并未参与的行动的责任这种性质。而且,正如上文所详细论述的那样,通说最终也不得不承认作为这种学说之基础的团体责任原理。因此,这样的非难绝对不会对共同意思主体说的存在理由构成威胁。

而且,对于共同意思主体说,有人指出其犯罪主体与处罚客体是相分离的。泷川博士在如下批判中对这种指责进行了概括:"根据草野氏之见,负责实施实行行为的人就是代表共同意志主体的意志并实现该意志的人。由于代表者的实行被视为共同意志主体的实行,因此犯罪就是共同意志主体的犯罪,而不是构成共同意志主体的每个人的犯罪。根据刑法的责任论来看,由于犯罪承担责任的人是实行犯罪的人。就共同意志主体的犯罪而言,当然应当由共同意志主体承担责任。但是,根据草野氏之见,承担责任的不是共同意志主体,而是构成共同意志主体的每个人。这等于是将自己的犯罪责任转嫁给他人,因此是与刑法的责任论相悖的。"[3]

关于这一点,有必要从共同意思主体说的立场进行若干说明(后述)。但是,我个人认为,包括泷川博士在内的通说的立场也不得不将前述实行行为的主体视为超自然人的人的结合体;此外,既

---

[1] 关于对共同意思主体说的非难,参照上文。
[2] 例如,泷川幸辰:《刑事法判决批判》(昭和十二年),第 126 页;小野清一郎:《犯罪构成要件的理论》(昭和二十八年),第 115 页;团藤重光:《刑法纲要总论》,第 303 页;藤木英雄,前揭《共谋共同正犯的根据和要件》(一),第 27 页;大塚仁:《刑法概说》(总论),第 192 页。
[3] 泷川幸辰:《共谋共同正犯》,载《法曹时报》第 1 卷,第 10 号(昭和二十四年),第 7 页以下。

然无法从个人责任原理来说明部分行为全部责任的法理,那么实际上就是分离犯罪主体与处罚客体的见解。因此,这种批判至少不是从通说的立场可以提出的批判。

这样,在与共同意思主体说的关联之下考虑通说之时,就使人不禁想起小野博士的主张。作为日本构成要件论的倡导者之一,小野博士以前立足于通说上的犯罪共同说,就共同正犯而言,要求具有构成要件意义上的实行行为的分担[1];不久他改变了自己的主张,将向来处于实行行为概念之外的共谋者、望风者均纳入共同正犯之中。[2] 我个人认为,这一结论是正当的。但是,在此我们必须考虑的问题是:小野博士的理论构成与共同意思主体说之间,到底存在多大程度的差异呢?正如齐藤教授所指出的那样:"博士的见解与共同意思主体说——将对于犯罪事实的实现起到重要作用的人视为正犯,而将仅起到不太重要作用的人理解为从犯——是一致的。"[3] 而且,小野博士之所以改变以前的主张,绝不是因为他放弃了通说的犯罪共同说,而是因为:所谓"整体考察"的方法对于犯罪共同说而言是不可或缺的,小野博士正是原封不动地运用这种方法推进了犯罪共同说。从前面的论述中已经明白这一点了。这样,传统的犯罪共同说最终回归到共同意思主体说的基本思想之上。[4]

但是,正如文章开头已经明白的那样,现行法体系并不一定贯彻了个人责任原理。正如可以从内乱罪、骚扰罪的规定中推测出来的那样,现行法例外地承认了一种团体责任的原理,这是有合理的理由的。如果运用立足于个人责任原理的单独正犯理论可以完全说明共犯特别是共同共犯这一现象的话,那么这种理论就具有与大集团犯罪的理论不同的理论构成了。但是,如果说这种理论

---

[1] 小野清一郎:《刑法讲义总论》(昭和七年),第194页。
[2] 小野清一郎:《新订刑法讲义总论》(昭和二十七年),第205页;《刑法概论》(昭和二十七年),第169页。
[3] 齐藤金作:《共犯判例与共犯立法》,第55页。
[4] 与小野博士一样,从传统的犯罪共同说的方向承认共谋共同正犯的是中野次雄,前揭《共谋共同正犯的问题点》;庄子邦雄,前揭《共谋共同正犯与共同正犯的本质》。

构成并不一定成功的话,那么,将以团体责任为基础的大集团犯罪的理论应用于共同正犯就有意义了。在以上论述中,本文从传统的犯罪共同说的立场论证了团体责任的可能性;在以下论述中,在受到团体责任的先驱——共同意思主体说——的启发的同时,我想对共同正犯的本质、要件及其界限进行考察。

2. 首先,在说明共同正犯的构造之前,必须注意的是这一事实:教唆犯与从犯的可罚性的基础具有双重构造。换言之,教唆犯是"教唆他人""实行犯罪"的人;从犯是"帮助正犯"的人。只要立足于共犯从属性说,教唆犯的可罚性的基础虽然以教唆行为为中心,但是,仅此并不足以成为教唆犯的责任基础。除此以外,被教唆者实际上着手实行了犯罪也是必要的。从通说认为教唆未遂不可罚这一点也可以明白:后一个要件并非单纯的处罚条件,而是犯罪的成立条件。教唆犯正是具有教唆他人、使之实行犯罪这种双重构造的犯罪,如果说它并非基于自己的"实行行为"的犯罪,那么它也并非仅仅基于自己的"教唆行为"的犯罪。很明显,这种教唆犯的责任基础的二元性已经超越了单独犯的法理,脱离了个人责任原理。这是共犯所特有的性质,它也适用于作为共犯之一种的共同正犯。

共同正犯是共犯。许多将单独犯的理论适用于共同正犯的学说之所以以不彻底而告终,其原因在于它们是在无视共同正犯的正犯性的前提之下就事论事。刑法第60条的确是将共同正犯作为"正犯"来处罚,但是,如果可以运用单独犯的理论完全说明共同正犯的可罚性的话,那么刑法第60条就成了单纯的注意规定。况且现行法就无法给出"皆""为正犯"的理由了。毋宁说应当认为这一"皆为正犯"的用语具有更加积极的构成意义。如果将共同者中一个人的行为单独割裂开来考察的话,就不能认为是与单独犯具有同样意义的正犯了(例如望风者、共谋者);或者,即使能够那样认为的话,也应当在如下意义上进行理解:将其他仅相当于其他轻罪(例如暴行罪)的正犯视为共同实现犯罪(例如抢劫罪)的正犯。此外,第60条将"实行犯罪"作为要件,但是,如前所述,应当将其解释为具有如下旨趣:它并非要求每个人有实行行为的分担,而是要求从整体上考察二人以上的共同行为符合特定的犯罪实行。

如前所述,小野博士一方面将共同正犯置于与教唆犯、从犯相同的构成要件的修正形式的基础之上;另一方面运用所谓的"整体考察"的法理,将望风者或共谋者包摄在共同正犯的可罚性之中。[1] 作为推动构成其基础的犯罪共同说朝着其本来的面目发展并且承认共同正犯的正犯性的见解,这种见解是应当受到欢迎的;但是,我认为其旨趣未必得到了广泛的理解。例如,团藤教授虽然认为共同正犯属于构成要件的修正形式[2],而且赞成整体考察的方法[3],但是却否认共谋共同正犯,而且认为望风者仅仅在构成要件解释的范围内是共同正犯。[4] 这意味着团藤教授实际上并未采用小野博士的所谓整体考察的方法,而是分别考察二人以上的行为。毋宁说整体考察的方法并不是针对每个人(甲或乙)是否分担了实行行为的评价的,而是针对二人以上(甲和乙)的共同行为是否符合犯罪的实行的;或者反过来说,这种方法应当用来考察犯罪的实行是否为甲乙二人共同的行为完成的。当犯罪的实现被评价为甲和乙共同、共通的行为之时,即使其中的甲仅仅实施了不符合构成要件的行为,也可以说甲乙二人实行了犯罪。由于整体考察的法理是共犯特有的理论,它无论如何都排斥单独犯的理论,因此,如果不顾这一事实、原封不动地适用单独犯中的正犯原理,追问每个人的行为是否符合实行行为,那么就毫无意义了。更何况,既然认为共同正犯与教唆犯、从犯一样,符合构成要件的修正形式,那么就没有必要将各共同正犯者的行动本身限定为构成要件符合行为了。

共同正犯是共犯。因此,问题并不在于个别地考察各共同正犯者的行为是否符合实行行为,即是否符合构成要件。从现行法将共同正犯"作为正犯"来处理、将教唆犯"准照正犯"来处理这一点出发,我认为,主张共同正犯具有与作为共犯的教唆犯不同的正犯性,未必是唯一可能的解释论。现行法之所以将共同正犯作为

---

[1] 参照上文。
[2] 团藤重光:《刑法纲要总论》,第282页、第305页注1。
[3] 团藤,前揭,第301页。
[4] 团藤,前揭。

正犯来处罚,并不是因为其中每个人都具有与单独犯相同的正犯特征,而是认为:在二人以上共同实行犯罪的场合,就每个人而言,对于犯罪的实现来说,在法律上应当同等地认为其具有单独正犯者或者直接实行者的贡献。这种法理不仅适用于所谓的实行共同正犯,而且也适用于共谋共同正犯。例如,在有组织地抢劫银行的场合,如果将之视为组织行动的一部分,那么,站在银行入口处阻止顾客进入的人和切断电话线的人,与直接夺取现金的人和胁迫、监禁工作人员的人,从道义上看,又有什么差别呢?更何况,亲自制定详细计划、主持谋议并决定分工和利益分配的抢劫团伙的首要分子的贡献,在可罚性的性质上,决不在直接实行者之下。自不待言,应当将这些行为的法律性质与单纯的教唆行为、帮助行为区分开来。我认为,以上论述已经阐明了现行法将共同正犯"作为正犯"、将教唆犯"准照正犯"以及减轻从犯之刑的理由。

但是,之所以将共同正犯均作为正犯来处罚,乃是因为全体人员是在共同意思的基础上形成一个整体,从而实现犯罪的。从外部来看,作为共同意思主体之活动的实行行为当然存在;但是,从内部来看,可以看到每个人在相互利用、支配他人的行为,从而实现自己的犯罪意思的状况。不过,如前所述,这种状况决不意味着每个人都具有与单独正犯意义相同的行为支配、每个人各自完全地实施了实行行为。突然将每个人的行为与其本身割裂开来,并将其直接作为每个人的责任基础,乍一看似乎很明快,但却不适合于说明共同正犯这一特殊的社会心理现象。毋宁说,首先假设作为共同现象的共同意思主体的活动,明确其内部每个人所起的作用,综合所有这些因素来确定每个人的责任基础,这种方法才是比较适当的。即使根据共同意思主体说,责任的基础仍落脚到每个人在共同意思主体的活动中所起的作用,最终落脚于每个人的态度。然而,这与单独正犯的场合所不同的一点在于:在此,并不是将每个人的行为与其本身割裂开来进行考察,而是将共同意思主体的活动内部每个人的行为的意义作为问题。将其称之为个人责任还是团体责任,不过是用语上的问题而已。但是,唯一可以明确的是:这既不是单独正犯下的个人责任,也不是法人的董事那样的场合下的团体责任。通过以上论述,就可以理解关于所谓"练马事件"的最高裁判所的判决了。在该判决中,最高裁判所指出:"为了成立共谋共同正犯,必须承认如下事实:为了实施特定的犯罪,二人以上进行了具有如下内容的谋议,即在共同意思之下形成一个整体、相互利用他人的行为,将每个人的意思付诸实行,并且根据这种谋议实行了犯罪。因此,既然承认上述关系中参加共谋的事实,那么,认为即使并未直接参与实行行为的人,在将他人的行为作为自己实施犯罪的手段这个意义上,在彼此的刑事责任的成立上也会产生差异,就是没有理由的。"〔1〕最高裁判所并未轻率地认为单独犯之下的个人责任原理适用于共同正犯。如果说这个判决意见并未改变向来的判例的见解,那么,我们也不能认为它包含着排斥共同意思主体说的旨趣。

3. 我认为,以上论述大致可以阐明与刑法第 60 条相对应的共同正犯的构造。因此,其次必须需要考察的是共同正犯的成立要件。

首先应当注意的是,即使是在承认共谋共同正犯的学说中,也必须注意到存在区别所谓共谋共同正犯与实行共同正犯的见解〔2〕倡导这种见解是为了防止如下倾向的出现,即如果将关于实行共同正犯的理论原封不动地适用于共谋共同正犯,那么后者的范围就自然而然地会被扩大〔3〕但是,如果从本文主张的团体责任的共同正犯论来看,那么,即使可以从事实上区别实行共同正犯与共谋共同正犯,这种区别也并不具有法律的意义,应当根据同一理论来说明这两者〔4〕从上述所有内容来看,这一点已经非常清楚了。我个人认为,将共谋共同正犯的范围予以明确化的努力,毋宁说应当从别的观点来展开,而且这也是很有可能的。

因此,在试图通过同一理论来同时说明所谓的共谋共同正犯

---

〔1〕 昭和三十三年 5 月 28 日大法庭判决(最高刑集第 12 卷第 8 号第 1722—1723 页)。
〔2〕 中野次雄,前揭《共谋共同正犯的问题点》,第 11 页。
〔3〕 中野,前揭。
〔4〕 承认共谋共同正犯的其他论者,与本文一样,大体上承认两者之间的区别。藤木英雄,前揭《共谋共同正犯的根据和要件》(二),第 22 页以下;庄子邦雄,前揭《共谋共同正犯和共同正犯的本质》,第 11 页。

与实行共同正犯的场合,首要的问题是:共谋的概念仅仅是共谋共同正犯的要件,还是包括实行共同正犯在内的共同正犯的一般要件呢?对这个问题的回答,根据如何把握共谋的概念而有所不同。在此,可以假定有三种立场:第一,在与意思联络相同的意义上理解共谋的立场;第二,认为共谋就是谋议,即作为客观事实的犯罪行为的事先商议、合谋的立场;第三,将共谋作为共同犯罪行为的意识的立场。

首先,第一种是将共谋理解为意思联络的立场,这是部分判例所赞同的立场。[1] 如果这里所谓的意思联络与第三种立场下同样的共同犯罪行为的意识具有相同意义的话,就没有问题了。但是,如果像学说所理解的那样,在相互的意思沟通的意义上理解这种立场的话,应当说是不当的。总之,意思联络或者相互的意思沟通不仅是对共同正犯的要求,而且也是对教唆犯、从犯的要求。由于共谋共同正犯论本来就试图通过共谋事实与共谋者中某人的实行行为来确立共谋者作为共同正犯的责任基础,因此,如果将这种共谋事实换成意思联络的存在,那么共同正犯的要件就变得与教唆犯、从犯一样了,这不仅在理论上无法理解,而且共谋共同正犯的范围就会扩大到几乎囊括所有的共犯形态。我认为,将共谋理解为意思联络的判例大概是在更为限定的意义上理解意思联络这一用语的,如果是这样的话,就应当避免这一用语在学说上被赋予其他的含义。

第二种将共谋理解为谋议的立场是非常根深蒂固的。[2] 但是,在此必须考虑的是,参加谋议这一事实对于共同正犯的责任具

---

[1] 例如,大正十一年2月25日第二刑事部判决(大审刑集第1卷第79页)、昭和二十五年5月25日第一小法庭判决(最高特报第28号第104页)。

[2] 例如,小野、中野、植松、伊达:《刑法・袖珍注释全书》(昭和二十七年),第117页;中野,前揭,第12页。此外,即使在共同意思主体说的内部,下村教授也在相同的含义上理解共谋与谋议。下村康正:《共谋和共同意思主体说》,载《法学家》第267号(昭和三十八年),第23页。而且,即使是在判例中,也有透露出这种口吻的例子。例如,昭和六年11月9日第二刑事部判决(大审刑集第10卷第657页),昭和二十二年10月6日大法庭判决(最高刑集第2卷第11号第1267页)。关于其他的判例,参照齐藤金作:《共谋共同正犯》(昭和三十一年),《综合判例研究丛书・刑法》(2),第26页。

有怎样的意义。客观的谋议这一形态,不仅在共同正犯的场合为人们所承认,而且在教唆犯、从犯的场合也为人们所承认。从本质上看,在参加客观的谋议的人之间,存在意欲、地位、前后行动等方面的差异,不能说所有的人员一律都起到了值得作为正犯来处罚的重要作用。仅凭参加谋议这一事实,并不足以成为共同正犯的责任基础。但是,在承认共谋共同正犯论的场合,由于共谋者的责任基础仅在于共谋事实与共谋者中某人的实行行为,因此,正如最近的判例[1]所指出的那样,两者均属于应当构成犯罪的事实,而且均为严格的证明对象。如果将共谋解释为单纯的谋议,仅仅参加了谋议这一客观事实,加上实际上所实施的实行行为,就成为应当构成犯罪的事实了。这样一来,作为共同正犯的责任基础的共同犯罪行为的意识、对犯罪实现所起的重要作用等事实就不属于应当构成犯罪的事实了。这一结论,在将共同正犯作为正犯来处罚的责任基础从应当构成犯罪的事实之中排除出去这个意义上,以及在促使将参加共谋者作为生死与共的共同正犯来处罚这一无论在理论上还是在实际上均不妥当的倾向这个意义上,均无法获得支持。所谓的"共谋"与"谋议",正如一些判例有意识地做出区分的那样[2],应当认为两者是不同的概念。

第三种将共谋作为共同犯罪行为的意识来把握的见解,是为部分判例所赞同的见解。[3] 这种见解容易招致如下误解,即仅从主观的要素就可以确定共谋的有无。但是,在进行如下保留的基础上,我也想对这种见解表示赞同。也就是说,如前所述,共同正犯的责任基础是在综合行为人的主观意欲、客观行动(也包括参加谋议)、对共同意思主体的活动所起的作用(有的时候,也包括其在共同意思主体内部的地位)等所有要素的基础上形成的。在确定有无共同犯罪行为的意识之时,所有这些要素均在考虑之列——

---

[1] 例如,与练马事件相关的前揭昭和三十三年5月28日大法庭判决,与松川事件相关的昭和三十四年8月10日大法庭判决(最高刑集第13卷第9号第1419页以下)。

[2] 例如,与练马事件相关的前揭大法庭判决。

[3] 例如,昭和二十四年2月8日第二小法庭判决(最高刑集第3卷第2号第113页),昭和二十五年5月16日第三小法庭判决(最高特报第28号第58页)。

这就是我所指的保留。的确,在理论上,综合了这些主观、客观方面的要素,与共同犯罪行为的意识这一主观要素是不同的。我认为,仅仅存在这些主观的要素,并不足以构成共同正犯的可罚性的基础。但是,这种意识的有无,不得不根据客观的情况证据来确定。[1] 在这些情况证据中,应当作为共同正犯来处罚——即前述那样的——的责任基础就体现出来了。确定共同犯罪行为的意识是否存在,不外乎就是确定本文所要求的共同正犯的责任基础,如果根据这些综合的要素来划定共同犯罪行为的意识本身的范围,就应当毫不犹豫地将与实际上所实施的实行行为并列的、应当构成犯罪事实的共谋理解为共同犯罪行为的意识。但是,这决不意味着承认主观的共犯论。

只要像上面那样理解共谋概念,那么,就可以将共谋解释为实行共同正犯和共谋共同正犯共通的、共同正犯的一般要件。两者的差异仅仅在于共谋者全体人员的行为是否是与单独正犯具有同样意义的构成要件行为。这种差异对共同正犯的责任不会产生任何影响,这一点前面已经论述过了。

关于共同正犯的成立,与共谋并列的第二个要件是:作为共同意思主体的活动,共谋者实际上实施了实行行为,或者至少已经开始着手实行犯罪。关于这一点,我认为已经不再需要更多说明了。

4. 最后,关于共同正犯的成立界限的场合,我想举出若干例子来加以说明。按照共同意思主体说,共同正犯与教唆犯、从犯的区别就在于是否对犯罪实现起到了重要的作用。[2] 所谓重要的作用,是指既然将共同正犯作为正犯来处罚,那么必须能够将之评价

---

[1] 不过,在被告人作出"我想和大家一起干"这样的陈述的场合,由于这种陈述并不构成《刑事诉讼法》第319条中的自白,因此,并不一定要求有补强证据,仅仅根据这一陈述来确定共同犯罪行为的意识,就缺乏法律上的保证。但是,共同犯罪行为的意识,不只是从主观的意识本身,而且是从客观事实,例如调查参加谋议的其他被告人所起的作用等,是在这些间接证据的基础上确立的。

[2] 草野豹一郎:《刑法要论》(昭和三十一年),第123、132页;齐藤金作:《共犯理论的研究》,第174页;《共犯判例与共犯立法》,第60页;下村康正,前揭《共谋与共同意思主体说》,第23页。

为与单独正犯实行行为具有相同的价值，而且，这种重要的作用应当根据前述各种因素来加以确定。在什么场合行为人起到了重要的作用，最终当然应当由法官来裁决；但是，将这些场合在某种程度上进行类型化是可能的。在此，我想首先简单地说明几种可能的场合。

第一，如果对所谓实行共同正犯进行一番考察，就会发现其中大部分人是因为起到了重要的作用而成为共同正犯的。通过自己分担实行行为这种形式加功的人，无论是从意思方面来看还是从行为方面来看，均具有与单独正犯相同程度的当罚性。但是，例外的情况是，即使客观上分担了实行行为，但并不一定对犯罪的实现具有决定性的作用；或者从其主观上看，只不过具有帮助他人犯罪的意思，这样的人应当作为从犯来处理。例如，参与制作名誉毁损信息的铅字工等场合，就可以视为这种例外的情形。由此可见，即使在实行共同正犯的场合，确立上述意义上的共谋也是必要的。

第二个问题是望风行为。自不待言，在将实行行为理解为构成要件行为的场合，大部分望风行为都不属于实行行为。因此，要求共同正犯有实行行为的分担的学说，大体上都将望风者理解为从犯。[1] 与此相反，日本的判例自古以来就认为望风者可以构成共同正犯，而且这种看法一直延续至今。[2] 望风本来就是为了防止犯罪被发觉、排除妨害等而实施的行为，在大多数场合下，望风对于实行行为的实现是不可或缺的。在这个限度内，判例的基本态度是正当的。但是，并非所有的望风者都是共同正犯，应当注意望风者可以构成从犯的场合。[3] 在此试列举若干标准：(1) 并不一定拒绝分担实行行为本身，但是仅承担了望风这一任务的人，是共同正犯；并不具有在平等立场上分担任务的意思，而仅具有通过望风来加功犯罪的意思的人，是从犯；(2) 在有组织的常习犯罪的

---

[1] 关于与望风相关的学说的沿革，齐藤金作：《共犯理论的研究》，第136页以下。
[2] 关于与望风相关的判例，详见齐藤金作前揭书。
[3] 对于望风中存在可以构成共同正犯的场合，一直以来，即使是并不立足于共同意思主体说的学说也是承认的。但是，其标准则各不相同。关于这一点，参照齐藤，前揭；《共犯判例与共犯立法》，第79页以下。

场合,上述标准被进一步软化,可以构成共同正犯的场合增多了,尽管如此,新近参加该组织的人,在并未起到太重要的作用的场合,可以构成从犯;(3) 特别是就强奸罪、赌博罪这样的自手犯而言,参加实行行为的人同时依次负责望风的场合,是共同正犯;但是,从最开始就没有实施实行行为的资格的人,在仅负责望风的场合,是从犯。

第三个问题是,在相互的意思联络的基础上出现在现场,但并未直接实施实行行为的人的责任。如果认为这样的人应当承担望风者或者共谋共同正犯者的责任,那么问题就被还原至此。除此以外可以构成共同正犯的场合:(1) 对于具有并不一定拒绝实施实行行为的意思,而且只要可能的话就参加共同的行为的人而言,可以从构成实行行为的作用偶尔与自己无关的状况、平等地参与利益分配等来加以确定。例如,甲乙出于共同杀害特定人的目的而赶到现场,但甲一刀即将被害者杀死,那么乙的实行行为就没有必要了;或者,只有甲一个人发现了被害者并将其杀死,而当时乙还在搜索被害者。在这两种场合,乙也是共同正犯。(2) 虽然并不具有实施实行行为本身的意思,而且最终并未实施实行行为,但是,在实行行为的前后,其行为对于共同犯意的实现、防止犯罪被发觉是必不可少的。在这种场合,仍然成立共同正犯。例如,在前面所举的例子中,虽然乙自己并不具有实施杀人的意思,而且并未携带凶器,但承担了隐匿被害人尸体的任务。在这种场合,乙不是从犯,而是共同正犯。

最后的问题是单纯参加谋议者的责任。谋议可能会有各种各样的形态,但是,首先有必要将单纯参加谋议者区分为两种场合:犯罪行为的首要分子、领导者的场合与并非犯罪行为的首要分子、领导者的场合。如前所述,在前者的场合,从共同实现犯罪这个方面来看,首要分子以及领导者均可以构成共同正犯。在后者的场合,为了参加谋议者可以构成共同正犯,首先要求在主观上具备共同犯罪行为的意识,在客观上参加谋议;而且,在此基础上,要求具备并不一定拒绝分担该实行行为的态度。最近的情况是,在常习犯罪团伙的场合,原则上,具备单纯参加谋议这一事实就可以确定构成共同正犯;与此相反,在非常习的、只是偶尔实施犯罪的场合,仅有参加谋议这一事实还不充分，还有必要调查为什么他人负责实施实行行为的情况，而且有必要确定参加谋议者的意欲的内容、在集团中的地位、其在谋议之时及其前后的态度。根据调查的情况的不同，有的单纯参加谋议者可以构成教唆犯、从犯；有的超出了单纯参加谋议者的范围，实施了探听情报、联络等行为，这样的参加谋议者也可以构成从犯。如前所述，这种调查实际上包含在对共谋即共同犯罪行为的意识的确定之中。

第四章　共谋共同正犯

第一节　论点之所在

关于刑法第 60 条的解释，即关于是否应当承认共谋共同正犯，自战前以来就存在激烈的争论；通说否定共谋共同正犯，判例以及少数学说肯定它，这种状况延续至今。[1] 刑法第 60 条规定："二人以上共同实行犯罪者，皆为正犯。"但是，通说认为，作为对本条的解释，为了成立共同正犯，共同犯罪人中的每个人必须至少实现实行行为的一部分，因此试图将共同正犯限定在实行共同正犯。与此相反，判例以及少数学说认为，为了成立共同正犯，只要有二人以上共同实现犯罪这一事实即可，并不一定要求每个人均实现了实行行为的一部分；即使是仅仅参加了共谋的人，或者仅仅实施了望风行为的人，在某些情况下，仍可以构成共同正犯。也就是说，共同正犯并不限于实行共同正犯，也包括共谋共同正犯。

在以上两种学说中，像后者那样的共谋共同正犯肯定论（以下简称"肯定论"），由于尚未通过学说给予其充分的理论基础，只是从判例中自然产生的学说，而且，由于支持这一学说的学者是极少数派，因此，它受到了来自通说立场（以下简称"否定论"）的强烈攻击。但是，迄今为止，仍然看不到这种攻击有任何成功的迹象，判

---

[1] 关于围绕共谋共同正犯的争论，参照齐藤金作：《共犯理论的研究》（昭和二十九年）；《共犯判例与共犯立法》（昭和三十四年）；《共谋共同正犯》（昭和三十一年），《综合判例研究丛书·刑法》（2）；《共谋共同正犯》，载《刑事法讲座》第 3 卷；植松正：《共谋共同正犯》，载《刑法讲座》第 4 卷。此外，关于最近的争论，下村康正：《共谋共同正犯和共犯理论》（昭和五十年）；西原：《共同正犯中犯罪的实行》，载齐藤花甲纪念：《现代的共犯理论》（昭和三十九年）（本书第三编第三章）。

例则我自岿然不动,坚定地采取肯定论。毋宁说,实际上,最近,在学说上赞成共谋共同正犯的人正在增加[1]。不仅如此,由于通说一直安于惟我独尊的地位,并不是特别关心对肯定论进行批判和攻击,因此,通说至今仍没有发觉:将共同正犯限于实行共同正犯,在理论根据上是很薄弱的。不仅如此,如后所述,我认为,从通说的立场对肯定论展开的批判,并不一定可以说成功地否定了肯定论;不仅如此,如果详细分析其学说本身的话,那么应当注意的是,这种批判之中也包含着针对其本身的内容。因此,本文试图彻底地探讨从通说立场对肯定论所展开的批判[2],但是,在此之前,我想首先明确肯定论的根据。

第二节　肯定论的根据

如前所述,虽然遭到各种学说的强烈批判,但是,判例至今仍然坚持共谋共同正犯。我认为,判例的动机在于:将没有直接实施实行行为、但对于实现犯罪起到了主要作用的人作为正犯来处罚。从从事实务的人的角度来看,将对于实现犯罪起到了重要的主动作用的人,以其并未分担实行行为为由,将其作为教唆犯或者从犯来处罚,当然会产生一种明显的失衡和不合理的感觉。而且,应当说,这种感觉在有组织的集团犯罪的场合会表现得尤为强烈。例如,从一个有组织的银行抢劫案来看,直接实施实行行为的人,例如用枪威胁银行职员并将钱抢走的人,与站在银行门口欺骗顾客、使之推迟进入银行的人以及切断电话线的人,从伦理上看,到底有什么区别呢?的确,在这种场合,从形式上来看,胁迫和夺取财物是构成抢劫这一实行行为的行为,在这个意义上,这种行为是本质性的;但是,如果从与抢劫这一犯罪现象整体的关系上进行实质考察的话,那么,这种行为在技术上相对比较容易,而且在分工上属于一种低水平的行为。尽管如此,对于犯罪的实现而言要求具有更高的技能、而且从伦理观念来看也可以将之与实行行为本身等

---

[1]　根据下村,前揭书,第10页,肯定论被认为是"可以说几乎通说化了"。
[2]　关于这一点,比本文论述得更详细的是本书第三编第三章。

同视之的望风行为、切断电话线等行为,刑法是作为从犯,对之实行必要的减轻处罚的——难道我们可以无视这一事实吗? 更何况,作为组织集团的头目,策划特定犯罪并命令其部下实施该犯罪的人(而且恐怕是获得最多利益份额的人),以及亲自到现场进行指挥、命令的干将,在刑法的评价上反而比直接实施实行行为的人要轻——难道我们对这种结论可以听之任之吗?

但是,我认为,这样的理解不仅是共谋共同正犯肯定论者的理解,而是与否认论者共通的理解。例如,即使是强烈批判肯定论的泷川博士也认为:"现在是集团犯罪的时代。在集团犯罪中,犯罪的实行者原则上是地位低下的小人物,应当称之为中心人物即大人物的人是隐藏在背后进行指挥操纵的人。仅仅处罚犯罪实行者,是无法达到处罚目的的。谁是实行者这个问题,实际上并不重要,重要的是必须处罚领导者和大人物。"[1] 应当说,从法感觉上看,这样的理解是理所当然的。

问题是这样的理解是否反映在现行刑法的解释论之中。从这一点来看,区分肯定论与否认论是正确的。立足于否定论立场的团藤博士认为:"在实行者的背后关系中,经常存在一些所谓的大人物,此乃社会事实,判例的见解在此具有实质的理由;但是,根据对共同正犯规定的解释来处理则是不合理的。应当说,判例是将立法论带入了解释论。"[2] 可以说这代表了否定论的立场。但是,肯定论在现行刑法的解释上果真是不可能的吗? 如果是可能的话,那么肯定论就成了符合上述法感觉的解释论了。因此,下面我试图就这一点展开探论,重新探讨在这一场合、从否定论的立场对肯定论所展开的批判,在确认这种批判是否有说服力的同时展开论述。

---

[1] 泷川幸辰:《共谋共同正犯》,载《刑法的诸问题》(昭和二十六年),第236页。
[2] 团藤重光:《刑法纲要总论》(昭和四十七年),第303页。

第三节　对肯定论之批判的重新探讨

一、刑法第 60 条的解释

作为对肯定论的批判，首先，有人指出，肯定论不符合刑法第 60 条的文理。[1] 也就是说，刑法第 60 条虽然使用了"二人以上共同实行犯罪"这样的文言，但是，由于所谓犯罪的实行是指实施符合构成要件的行为，因此，只有至少共同实施了部分构成要件行为的人才是共同正犯，不能承认并未亲自实施符合构成要件行为的共谋共同正犯。

的确，这样来理解第 60 条的表述是可能的。但是，这只不过是一种理解方式而已，并非绝对唯一的理解方式。作为对第 60 条的解释，如下文理解释是完全有可能的：在二人以上共同实行犯罪之时，共同犯罪的每个人均作为正犯来处罚。这既非罪刑法定主义所禁止的类推解释，也并非扩张解释，而只是根据文理进行理解的方式之一。如果是这样的话，那么就应当根据刑法学上的合理性、合目的性来决定采取哪一种文理解释。在此争论第 60 条的表述，无异于在进行一场没有休止的争论。因此，在如下论述中，我想明确的是：像后者那样的解释不仅是合理的，而且，即使是通说的共犯理论，也绝非可以将前者那样的解释强加在其之上的学说，毋宁说仍然具有采取后者那样的解释的余地。

二、个人责任的原理

在否定论对肯定论的批判中，有人认为，肯定论违背了近代刑法所承认的个人责任原理。[2] 乍一看，这种批判会使人产生这种误解：否定论可以运用个人责任原理来阐明共犯问题；与此相反，

---

[1] 木村龟二：《刑法思维的危机》，载《法曹时报》第 2 卷，第 3 号，第 1 页以下；吉川经夫：《修改刑法总论》（昭和四十二年），第 254 页等。

[2] 泷川，前揭书，第 232 页；小野清一郎：《犯罪构成要件的理论》（昭和二十八年），第 115 页；团藤重光，前揭书，第 303 页；大塚仁《刑法概说》（总论）（昭和三十八年），第 192 页等。

肯定论则正好与近代刑法的原理相抵触,其所展开的是非近代化的理论。但是,如果反过来分析批判者所理解的个人责任原理的含义是什么,考虑近代刑法是否果真只有在个人责任原理的基础上才能成立,甚至探讨批判者的共犯理论是否可以仅仅通过这种个人责任原理来构建其基础的话,那么我们就可以理解,这些批判实际上是不具有说服力的、草率的批判。

所谓刑法上的个人责任原理,通常可以理解为每个人仅对自己所实施的犯罪承担责任,而对他人所实施的犯罪不承担责任。而且,可以认为个人责任原理实际上具有一定的历史性,它是近代刑法学为了否定中世纪的封建时代以及近世纪初期专制国家时代的连带责任而确立的原理。任何人都不会对此表示怀疑。只要立足于这种个人责任原理,就必须否定仅仅因为个人与罪犯之间具有亲属等身份关系或者近邻关系就要求其承担罪犯之责任的所谓连坐或缘坐等封建制度。

的确,近代刑法并未要求个人对"与自己的行为无关"的他人的犯罪承担责任。但是,近代刑法在某种程度上承认存在对"与自己的行为相关"的他人的犯罪承担责任的场合。任何人都不得不承认这一点。即使就日本现行刑法而言,例如,根据刑法总则的共犯规定,教唆犯、从犯的可罚性是以正犯即实行行为的存在(他人的行为)为前提的,从通说所承认的共犯从属性的立场来看,这被认为是当然的解释。但是,如果立足于共犯独立性说的立场,那么仍然有可能从纯粹的个人责任原理来说明教唆犯、从犯的责任;然而,由于这种共犯理论本身还存在其他的问题,因此,与通说一样,我也支持共犯从属性说。这样一来,就很难说教唆犯、从犯的责任仍然是立足于纯粹的个人责任原理的责任了。

而且,这种理解也适用于刑法分则中的内乱罪、骚扰罪的首要分子或参与谋议者(仅限于内乱罪)的责任。在这些犯罪的场合,首要分子或参与谋议者的行为并未规定在刑法分则的构成要件中。尽管这些行为与内乱、骚扰的实行行为本身有所不同,但仍被认为是可罚的;不仅如此,这些行为要比直接参与实施实行行为的人受到更重的处罚。这种首要分子或参与谋议者的责任,仍然是基于个人责任原理的责任,还是应当理解为承认了构成个人责任原理之例外的团体责任原理呢？关于这一点，一般认为，根据表述方式的不同，两种解释都是可能的。在这两种犯罪的场合，如果从整体上来考察，认为与负责实施实行行为的人相比，首要分子或参与谋议者的行为毋宁说对实现犯罪起到了更为重要的作用，着眼于这种个人行为的意义，应当使之承担更重的责任。如果这样理解的话，那么这些人的责任仍然是立足于个人责任原理的。与此相反，由于这两种犯罪均为特殊的集团犯罪，因此可以直接根据修正了个人责任原理的团体责任原理来解释它们，从而有可能认为：在这种团体责任范围内，首要分子或参与谋议者必须为他人的行为承担责任。应当采取其中的哪一种见解，最终不过是表述方式的问题而已。

以这种考察为前提，我想回到共谋共同正犯肯定论违背了个人责任原理这一批判上来。如果认为即使就内乱罪、骚扰罪或者教唆犯、从犯而言，现行刑法仍维持了个人责任原理的话，那么，应当说在承认共谋共同正犯的场合也必须维持这种个人责任原理。与此相反，如果认为就内乱罪、骚扰罪而言，现行刑法修正了个人责任原理，承认了特殊的团体责任的话，那么，应当说根据这种团体责任，就有可能构建包括共谋共同正犯在内的所有共同正犯的基础。在这种场合，剩下的问题是：是否可以将内乱罪、骚扰罪这样的大集团犯罪的理论适用于共谋共同正犯这样的小集团犯罪？对此持否定态度的根据绝不是一目了然的。

三、共同正犯中实行行为的主体

这样，修正个人责任原理、承认共谋共同正犯，此乃为现行刑法体系所肯定的做法。仅凭这一点，就可以说所谓肯定论违背了个人责任原理的批判是没有根据的。在此基础上，必须进一步探讨批判者所采用的共犯理论是否果真贯彻了个人责任原理。在这种场合，首先必须确定的问题是：根据通说，在共同正犯的场合，实施实行行为的含义是什么呢？例如，甲乙二人共谋抢劫，由甲实施暴行，乙则夺取财物，在这种场合，应当如何考虑实施抢劫这一实行行为的主体呢？关于这个问题，我认为可能有两种见解：第一，认为甲乙均各自实施了抢劫这一实行行为的见解；第二，认为甲乙二人实施了抢劫这一实行行为的见解。第一种见解并未从构成要件本身来决定实行行为的概念,如果不采取立足于主观主义刑法理论的行为共同说[1],或者不运用行为支配这一另外的实质标准、认为共同正犯的责任基础在于相互的行为支配,抑或不具备最近兴起的间接正犯的理论构成[2],就无法确立这种见解的基础。关于实行行为的概念,通说仍然是从形式的构成要件符合性出发的,因此,当然不可能将甲实施的暴行本身视为抢劫的实行行为。必须将通说视为仍然是立足于第二种见解的学说。从通说的如下主张中也可以明白这一点,即通说认为,甲的暴行是抢劫这一实行行为的一部分,甲只不过是分担了实行行为的一部分而已。

但是,通说所假想的抢劫这一实行行为的主体到底是谁呢?大概不可能是"甲乙二人"以外的其他人吧。本来,抢劫这一实行行为的实质到底是什么呢?自不待言,它并非机械的甲的行为与乙的行为在算数上的总和。所谓甲的暴行与乙的夺取财物的行为,不仅在事实上,而且在法律上是相互补充的,两者综合起来构成抢劫这一实行行为。抢劫这一实行行为正是"甲乙二人"的实行行为。而且,这里的实行行为的主体,并非甲乙二人的物理存在,而已经是在法律有意义的人的结合。这种人的结合已经是超越了自然人概念的社会存在。即使站在通说的立场上,如果没有事先确定这一点,当然就无法论述抢劫这一实行行为的主体,以及抢劫这一实行行为本身。

如果按照上述考察来看的话,那么,很明显的是,通说虽然强调个人责任原理,但实际上就实行行为主体承认了超个人的存在,最终,各分担者应当对这种超个人的存在所实施的全部实行行为承担各自的责任。这样一来,通说与尝试为共谋共同正犯提供理论基础的共同意思主体说的理论构成就没什么两样了。因此,如

---

[1] 关于行为共同说,参照齐藤金作:《共犯理论的研究》,第5页以下。

[2] 平场安治:《刑法总论讲义》(昭和二十七年),第155页以下;藤木英雄:《共谋共同正犯的根据和要件》(一)、(二),载《法学协会杂志》第78卷,第6号,第1页以下;第79卷,第1号,第1页以下;中义胜:《间接正犯》(昭和三十八年),第181页以下。此外,暂且不论这种见解的结论,作为对理论构成的批判,请参照本书第三编第三章第三节以下。

果通说对共同意思主体说提出非难,指出其实行行为的主体(共同意思主体)与责任的主体(个人)相分离的问题的话,[1]那么这种非难同样适用于通说本身,因此,应当说这种非难是失当的。

四、部分行为全部责任的法理

如上所述,如果通说认为共同正犯的责任基础是(例如)"甲乙二人所实施的抢劫这一实行行为",那么通说是否果真贯彻了个人责任原理就成了问题。关于这一点,在此应当探讨的对象是:关于共同正犯,通说也承认所谓的"部分行为全部责任"的法理。

所谓"部分行为全部责任"法理,例如,在甲乙二人共谋实施抢劫,由甲实施暴行、乙在甲实施暴行期间抢夺财物的场合,是指甲乙二人共同对抢劫这一实行行为承担责任的见解。在甲乙二人中的任何一个人既实施了暴行又实施了抢夺财物的场合,即使不援用这一法理,也可以承认甲乙二人对于抢劫的责任;但是,如果将共同正犯的成立范围仅限定在这种场合的话,那么第60条的规定就没有用处了。应当将第60条的规定解释为明确了如下场合的存在:作为犯罪实行的方法,即使每个人均分担了一定的任务,但全体人员应当理所当然地为共同实行的整个犯罪承担实行者的责任。通说肯定部分行为全部责任法理的立场,本身是正确的。

问题是:是否可以从纯粹的个人责任原理来说明这一法理呢? 假如在纯粹的意义上理解个人责任原理,即如果在应当仅仅为自己实施的行动承担责任这个意义上理解个人责任原理的话,那么,仅仅实施了作为抢劫之手段的暴行、胁迫的人就只能承担暴行罪、胁迫罪的责任,负责夺取财物的人就只能承担盗窃罪的责任了。在此,部分行为全部责任法理就没有用武之地了。因此,承认这一法理,至少意味着承认对纯粹意义上的个人责任原理的修正。应当说,这是问题的首要出发点。

如果是这样的话,那么,承认这一法理的通说对于共同正犯到底想承认怎样的责任原理呢? 既然承认对他人的行为也要承担责任,那么也可以解释为承认了一种团体责任原理。如后所述,如果

---

[1] 泷川,前揭书;《犯罪论序说》(昭和二十七年),第235页。

仅仅将甲的暴行、胁迫与乙的夺取财物行为机械地结合在一起,就无法得出所实行的就是抢劫这一结论来。在此,企图实行抢劫的甲和乙的意思沟通成为媒介,甲的行为与乙的行为开始合并为"甲乙的行为"这样一种社会现象,这样才能得出甲乙所实施的就是抢劫这一结论来。正是因为如此,甲乙二人就应当共同对抢劫这一行为承担责任。由于这样的责任承担方式正是集团犯所特有的,因此有可能将之理解为是以团体责任原理为根据的责任承担方式。但是,如果通说不承认这种团体责任原理,就无法说明部分行为全部责任法理的话,那么,从通说的角度来看,就无法提出共谋共同正犯肯定论违背了个人责任原理的批判。

但是,我们并不是不能将这种法理理解为依然没有脱离个人责任原理的范围。在纯粹客观的方面只不过实施了暴行、胁迫的甲,如果从整体上、在与乙的行为的关系上进行考察的话,也可以视为与乙共同实施了抢劫;在此,也有可能认为:无论是甲还是乙,只不过是共同对自己的行为、态度承担责任,而不对他人的行为承担责任。不过,如果不通过后述间接正犯的理论构成来加以说明的话,这种理解就无法成立;而且,其理论根据中也存在着许多不合理的地方。但是,如果通说试图在共同正犯的解释上固守个人责任原理,那么,即使会产生这种不合理,也只有按照上述那样去考虑了。不过,必须注意的是,如果是这种意义上的个人责任原理,那么,即使是共谋共同正犯肯定论,实际上也是尊重的。

由上可知,在共同正犯的场合,要求其具有与单独正犯的场合同样的——即成为个人责任之基础的——正犯特征,是不合理的;倒不如直接承认甲乙二人所实施的犯罪这一实体的存在,认为甲乙正是对于该犯罪的实现各自承担责任。无论如何,这就是团体责任原理,至多无非是修正的个人责任原理。于是,在此必须强调的是,既然承认了这种责任原理,那么,仍然要求每个人具有与单独正犯同样的正犯特征——构成要件符合性——就没有意义了。换言之,如果说每个人的责任基础已经不只是每个人自己的行为,而是共同实施的实行行为,那么,应当确定的问题是:所实施的实行行为是否是甲和乙共同的事情呢?至于甲乙二人各自参与实现实行行为的形态,就仅仅具有作为进行上述判断的事实资料的意义了。总之,就每个人的行为而言,在要求其具有无法独立构成责任基础的单独正犯特征这一点上,就已经没有意义了。

第四节 共同正犯的责任基础

一、共同正犯的共犯性

从以上论述我们可以明白的是:适用于单独正犯的纯粹的个人责任原理,并不适用于共同正犯。此外,我们已经明白的是:虽然共同正犯被称之为"正犯",第60条的法律效果也在于"皆为正犯",但是,不能将单独正犯的法理原封不动地适用于共同正犯,而只能适用一种团体责任原理或者修正的个人责任原理中。

这种责任原理实际上经常附着于共犯。从共同正犯以外的共犯形式——教唆犯、从犯——来看,两者的责任基础均具有双重构造。也就是说,教唆犯是"教唆他人""使之实行犯罪"的人,从犯是"帮助""正犯"的人。只要立足于共犯从属性说,那么教唆犯的责任基础就是以教唆行为为中心的,但又不限于此。此外,被教唆者现实地着手实行了犯罪也是必要的。教唆犯应当是具有教唆他人、使之实行犯罪这种双重构造的犯罪,既不是基于自己的"实行行为"的犯罪,也不是仅仅基于自己的"教唆行为"的犯罪。很明显,这种教唆犯的责任基础的二元性已经超越了单独犯的法理,脱离了纯粹的个人责任原理。这是共犯所特有的性质,也适用于作为共犯之一种的共同正犯。共同正犯应当是共犯,如果没有这种认识,就无法正确理解共同正犯的责任基础。

由于共同正犯是共犯,因此,在其责任基础方面,就没有必要要求其具有与单独犯同样的正犯特征。因此,在个别观察的场合,每个共同者的行为是否符合实行行为的一部分,即是否符合构成要件,并不是本质的问题。问题是,在二人以上共同实施犯罪的场合,就每个人而言,是否可以认为其对于实现犯罪的贡献在法律上可以与单独正犯者或者直接实行者等同视之。换言之,是否存在可以与二人以上共同行动、实现构成要件的全部要素等同视之的共同关系。在增加了这种评价的场合,每个人的贡献就成为共同正犯的责任基础。

实际上,即使是作为通说的犯罪共同说,也当然应当采取这种理解。小野博士在立足于构成要件理论并且主张犯罪共同说的同时,在共同正犯的责任基础问题上采取了"整体考察"的方法,将望风者视为共同正犯,以至于进一步主动承认了共谋共同正犯。[1] 此外,植松教授、中野法官、庄子教授等在仍然主张犯罪共同说的同时,通过运用集团犯特有的法理而承认了共谋共同正犯。[2] 应当说,这些理解都是正确的。站在通说的立场上,即使不另行采用共同意思主体说那样的理论构成,也可以将共谋共同正犯作为一种共同正犯来处理。不过,共同意思主体说乃是认为共同正犯中实行行为的主体是"甲乙二人"这样超个人的存在(共同意思主体),在设定了作为其活动成果的实行行为的基础上,将每个人对犯罪实现的贡献作为责任基础的见解,在明确犯罪共同说自身并不一定可以认识到的整体考察方法这一点上,具有学说史的意义。

二、共同正犯与教唆犯、从犯的区别

如上所述,共同正犯的责任基础是每个人对犯罪的实态所作出的贡献,这种贡献没有必要是符合构成要件的行为。如此一来,区别共同正犯与教唆犯、从犯的标准就成了问题。根据通说的否定论,由于其标准在于是否实现了一部分构成要件,因此可以说是比较明确的。与此相比,肯定论的标准的确不是很明确。于是,这一点又成了否定论批判的对象。[3]

的确,就是否明确这一点而论,肯定论不如否定论。但是,在

---

[1] 小野清一郎:《新订刑法讲义总论》(昭和二十七年),第205页;《刑法概论》(昭和二十七年),第169页。

[2] 植松正:《再订刑法概论Ⅰ总论》(昭和四十九年),第365页以下;中野次雄:《共谋共同正犯的问题点》,载《法律广场》第13卷,第1号,第9页以下;庄子邦雄:《共谋共同正犯与共同正犯的本质》,载《法律广场》第17卷,第2号,第10页以下。

[3] 特别是佐伯千仞:《共谋共同正犯》,载竹田、植田花甲纪念:《刑法修改的诸问题》,第94页以下;《修改刑法讲义》(总论)(昭和四十九年),第351页;吉川,前揭书等。

此首先必须明确的是:即使标准不是很明确,它也并非决定是否处罚的标准;关于是作为共同正犯还是作为教唆犯,抑或作为从犯来处罚这一点,与否定论相比,肯定论多少有些不明确。然而,必须注意的是:肯定论将望风作为共同正犯,或者认为其构成共谋共同正犯,但是,这并不是意味着处罚了否定论认为不处罚的对象,而只不过是将否定论作为教唆犯或者从犯来处罚的人作为共同正犯来处罚而已。而且,教唆犯的刑罚与共同正犯的刑罚是相同的;在作为从犯处罚的场合,至多只是比作为共同正犯处罚的场合受到较轻的处罚而已。也就是说,首先需要注意的一点是:如果从刑罚这一点来说,共同正犯与从犯的区别仅仅在于刑罚轻重的不同而已。

但是,既然刑罚有轻重之分,那么区分两者的标准就必须是明确的,这种看法似乎很有说服力。不过,由于法律的解释并非法律条文的用语在语言学上的解释,而是与日常生活中发生的多种多样的犯罪相对应的法学上的逻辑解释,因此,明确的解释并不必然优于不明确的解释。虽然是不明确的解释,但与明确的解释相比却存在合理性的场合,不如索性采取不明确的解释,站在这种不明确解释的立场上尽可能地努力提出明确解释的原理和标准,应当说这是赋予刑法学的艰巨任务。

在这样来考察的场合,否定论所采取的标准具有有无实现实行行为(一部分)这种形式上的统一性,但是,如前所述,这一标准仍存在如下缺陷:对于比分担了实行行为的人起到更为重要的作用的人,必须减轻处罚。不仅如此,如后所述,尊重形式上的统一性,最终会产生另外一个缺陷:对于仅作为从犯来处罚即为已足的参与者,也必须作为共同正犯,受到更重的处罚。因此,在此应当暂时舍弃这种形式上的统一性,根据是否对犯罪实现起到了重要作用这一实质的、具体的和个别的判断,来区分共同正犯与教唆犯、从犯。有一种批判认为,这里所谓的"重要作用"这一概念的规范性太强,不适于作为解释上的标准,但是,实际上并不是这么回事。例如,在解释上用来认定过失犯中的过失的标准是"违反注意义务",作为上位的基准,除此以外别无其他基准。而且,作为决定是否处罚的标准,这完全是通用的。不过,根据学说和判例的努力,关于在何种场合承认违反了注意义务,已经设定了详细的下位基准。"重要作用"这一标准亦是如此,为之设定各种各样的下位基准也是可能的。从这个意义上说,并非不能将之作为解释上的标准。

三、"重要作用"的认定

在如下部分,我想列出一些认定作为共同正犯的责任基础的、对犯罪实现起重要作用的线索。第一,实现了实行行为的全部或者一部分的所谓实行共同正犯的大部分场合均为起到了重要作用的情形,因此构成共同正犯。这是因为,以亲自参与实行分担的形式加功的人,不管是从其意思方面来看,还是从行为方面来看,大部分都具有与单独正犯同等程度的可罚性。不过,例外的情况是:虽然客观上存在实行行为的分担,但是,这种实行行为的分担对于犯罪的实现并不一定是决定性的;而且,从主观上看,仅仅具有为他人犯罪助势的意思。对于这样的人,应当作为从犯来处罚。例如,在知道实情的情况下参与制作毁损名誉之信息的排字工、印刷工等就属于这种情形。从否认论来看,这些人不得不作为共同正犯来处罚,但这种处理是存在疑问的。

第二个成为问题的是望风。由于望风本来是为了防止犯罪被发觉、排除障碍等而实施的行为,因此,在大多数场合,望风对于实行行为的完成是不可或缺的。因此,即使在望风并非构成要件要素的场合,判例仍然承认有成立共同正犯的可能性。[1] 这种立场一般而言是正当的。不过,应当注意的是,并非所有的望风都是共同正犯,在某些场合,望风可以构成从犯。下面试列举如下一些标准:(1)虽然并不一定拒绝分担实行行为本身,但仅仅承担了望风的任务的人,是共同正犯;并不是在平等的立场上分担任务,而仅具有通过望风加功他人的犯罪这种意思的人,是从犯。(2)在有组织的常习犯的场合,上面的标准进一步软化了,构成共同正犯的可能性随之增大。尽管如此,新近参加犯罪组织的人,仍有可能构成从犯。(3)特别是就强奸罪、赌博罪这样的自手犯而言,在参与

---

[1] 关于与望风相关的判例,详见齐藤:《共犯理论的研究》,第136页以下。

实行行为的人依次担当望风任务的场合,构成共同正犯;从一开始就没有实施实行行为资格的人,在仅承担了望风任务的场合,构成从犯。

第三个问题是:在相互的意思联络的基础上出现在现场,但并未直接实施实行行为的人的责任。如果认为这样的人应当承担望风或者共谋共同正犯的责任,那么问题就还原至此了。除此以外,可以构成共同正犯的场合是:具有不拒绝实施实行行为的意思,而且站在如果可能的话就参加共同犯罪行为的人,可以从构成实行行为的作用偶尔与自己无关的状况、平等地参与利益分配等来加以确定。例如,甲乙出于共同杀害特定人的目的而赶到现场,但甲一刀即将被害者杀死,那么乙的实行行为就没有必要了。在这种场合,乙也是杀人的共同正犯。

最后的问题是单纯参加谋议者的责任。[1] 谋议可能有各种各样的形态,但是,首先有必要将单纯参加谋议者区分为两种场合:犯罪行为的首要分子、领导者的场合与并非犯罪行为的首要分子、领导者的场合。在前者的场合,从共同实现犯罪这个方面来看,首要分子以及领导者均可以构成共同正犯。与此相反,在后者的场合,不能一律认为其构成共同正犯。为了认定并非首要分子或指挥者的单纯参加谋议的人构成共同正犯,仅有参加谋议这一事实还不充分,还有必要调查为什么他人负责实施实行行为的情况,而且有必要确定参加谋议者的意欲的内容、在集团中的地位、其在谋议之时及其前后的态度。只有在可以作出其对于该犯罪的实现所起的作用不亚于负责实施实行行为的人这种评价的场合,才应当承认成立共同正犯。在无法作出这种评价的场合,单纯参加谋议的人,只要符合教唆或者帮助的要件,就应当作为教唆犯或者从犯来处罚。

---

[1] 我个人认为,"共谋"与"谋议"的含义是不同的。"谋议"是指具体地商议犯罪的实行,而"共谋"则是指形成共同犯罪行为的意识。

解题 西原刑法学与犯罪实行行为论

曾根威彦 *

绪论 本书的构成

西原春夫教授的研究涉及很广泛的领域,其研究业绩也相当显著[1],但是,在理论刑法学的领域内,"过失犯论"与本书所探讨的"犯罪实行行为论"成为其主要支柱。众所周知,关于过失犯,西原教授以交通犯为中心展开了"信赖的原则"的理论,对于学说和实务上过失论的发展作出了重要贡献。但是,关于过失犯的许多论文已经收录于西原春夫的《交通事故与信赖原则》(1969年)以及《交通事故与过失的认定》(1975年)两部著作中了。与此相对,虽然关于实行行为的论文已经有很多篇了,但迄今为止尚未收录于一本书之中。[2] 因此,在西原教授迎来古稀之际,本书收集、整理了其关于犯罪实行行为的各篇论文,并将其系统地收录在一起。除了绪论以外,本书由三编构成。

绪论中的论文是解说性的,其标题与本书的题目相同,集中展示了西原教授(以下称为作者)关于犯罪实行行为的思想。绪论对于俯瞰本书论题的整体状况而言是极为方便的。

第一编所包含的各篇论文,形成了西原刑法学的犯罪论的根底,可以分为三类:(1)与构成要件相关的内容;(2)与行为相关

---

* 曾根威彦系早稻田大学法学部教授,日本著名刑法学家。——译者注
[1] 参照《西原春夫先生古稀祝贺论文集》(第4卷)(1998年)的"著作目录"。
[2] 有一部分收录于西原春夫:《间接正犯的理论》(1962年)以及《刑事法研究》(第2卷)(1967年)。

的内容;(3)与刑法上危险概念相关的内容。其中每一篇论文都是了解作者的实行行为论的基本文献,与此同时,在其内部已经展开了对实行行为论的预备考察。特别是与(1)相关的第一篇论文《犯罪论中定型思考的界限》以及第二篇论文《构成要件的价值性特征》确立了不依赖"构成要件论"的犯罪论体系("行为论")的基础。即使对于实行行为概念的把握而言,这些论文也具有重要的意义。

第二编所收录的四篇论文涉及"原因上自由行为"的实行行为的实质以及"责任与行为同时存在"的原则(责任主义)。以上各篇论文均已经刊登在某一部祝贺花甲论文集或者祝贺古稀论文集里。但是,在此之前,作者就已经有关于原因上自由行为或者酩酊犯罪的论文了。[1] 本书的各篇论文都是在先前这些论文的基础上完成的。其中,第二篇论文"责任能力的存在时间"以及第三篇论文"再论原因上自由行为",批判性地探讨了当时从原因设定行为中寻求实行着手时间的通说,为基本上将实行着手时间解释为引起结果的行为开始之时的见解提供了理论依据,这在学说史上具有深远的意义。

构成第三编的论文是关于间接正犯以及共犯(主要是共同正犯)的。作为区分(间接)正犯与共犯的基准,从行为支配说的立场,展开了以行为支配为内容的实行行为概念。通过行为支配的概念构建了间接正犯的正犯性的基础;由于教唆犯本来就不具有行为支配性,而且共同正犯也不具有行为支配性,因此两者的正犯性被否定了。其中,特别是第一篇论文"间接正犯的实行行为",直接研究了认为间接正犯实行着手的时间在于利用者的利用行为开始之时的通说(当时)是否妥当这个问题。但是,通过这篇论文,作者确立了对于实行着手的时间乃至实行行为概念的立场。在这个意义上,可以说这是构成本书之核心的论文。

---

[1] 西原春夫:《德国的酩酊犯罪》,载日本刑法学会编:《酩酊与刑事责任》(《刑法杂志》第8卷,第3、4号);《原因上自由行为》,载《修改刑法准备草案的综合研究》(《法律时报》第32卷,第8号);《原因上自由行为》,载日本刑法学会编:《修改刑法准备草案》(《刑法杂志》第11卷,第2号)。

第一节 构成要件与危险概念

一、构成要件与犯罪论体系

1. 西原刑法学的犯罪论属于所谓的"行为论",其特色在于:第一,犯罪概念的第一要素在于行为;第二,将构成要件符合性包含在违法性之中,不作为独立的犯罪要素;第三,在违法性论内部,作为犯罪概念的构成要素,构成要件起着极为重要的作用。其中,从结论上看,构成第一编的第一篇和第二篇论文主要体现了上述第二个特色。但是,即使同样是"行为论",在第三个特色方面,作者的犯罪论与其老师齐藤金作博士的犯罪论也有着本质上的差异。

在第一篇论文"犯罪论中定型思考的界限"中,作者探索了贝林以后德国构成要件论的发展过程,得出了"构成要件论发展的历史,实际上同时是构成要件论崩溃的历史"的结论。也就是说,本来应当发挥独立于违法性之机能的构成要件,逐渐靠近违法性,过分地承载了内容丰富的价值,因此失去了其独立性,最终埋没在违法性之中,以至于销声匿迹了。在这种对于构成要件理论史的理解之下,作者认为有两条道路可供现代刑法学选择:第一,像作者那样,积极地接受构成要件论的发展过程,在违法性的内部论述构成要件符合性(实质的构成要件);第二,回到构成要件论的原点,将价值性、规范性的要素排除在构成要件概念之外,追求构成要件独立于违法性的独有地位和机能(形式上的构成要件)。作者坚决拒绝了后者的立场。这是因为,在作者看来,构成要件之所以与具有价值性的违法性之间具有表里关系,乃是由本来内在于构成要件概念的本质属性所决定的,构成要件论崩溃的历史乃是一种必然的趋势。

2. 在将构成要件符合性与违法性视为表里一体的见解的基础中,潜伏着如下五花八门的对构成要件和违法性的理解。

首先,关于构成要件,在此,可以将其看作是彻底的违法类型论的见解。将构成要件理解为违法行为的类型的立场,是现在日本通说的见解。但是,这种立场在很大程度上吸收了德国学者 M. E. 迈尔的构成要件论(认识根据说),它是立足于如下理解的:构成要件在与违法性相关联的同时,也难免受到作为类型的制约,因此,仍然有必要划清构成要件与作为各类型之共通评价的违法性之间的界线[1]。基于这种考虑,构成要件符合性就必须独立于违法性,而且必须在违法性判断之前予以认定。通说认为,行为符合构成要件就被推定为具有违法性,因此在原则上就是违法的;在例外地遇到违法阻却事由的场合,这种违法性被阻却,因此成为合法的(原则—例外关系)。但是,这种理论构成在如下要求之下就会露出破绽:作为同是关于违法评价的事由,无论是积极地确立违法性的事由(构成要件),还是消极地阻却违法性的事由(违法阻却事由),都必须从同一原理出发。

因此,在采取将构成要件符合性与违法性视为一体的理论构成的场合,可以考虑如下两个方向:(1)将违法性纳入构成要件符合性之中的消极构成要件要素理论;与此相反,(2)试图将构成要件符合性解消在违法性之中的梅茨格尔的新构成要件论(存在根据说)。作者是以(2)的方向为目标的。作者举出了对消极构成要件要素理论提出异议的三个理由,其中最重要的一个理由是:具有一般性质的合法化理由(违法阻却事由)缺乏可以成为具有个别性和类型性的构成要件要素的资格。相反,在采取(2)的立场的场合,就会产生一个问题,即具有一般性质的违法性概念中能否包摄具有类型性的构成要件呢?但是,通过作者对违法性概念的考察,这个疑问被完全消除了。

现在,刑法学上争论的问题是:违法性概念必须针对所有的法领域乃至犯罪来进行统一的理解(违法的统一性),还是具有根据各个法领域乃至犯罪的不同而不同的性质呢(违法的相对性)?而且,主张违法性判断在整个法秩序中是一元的违法一元论,基本上是指向违法的统一性的;与此相对,主张刑法上的违法性是以是否值得处罚的判断为前提的,与民法等的违法性有所不同的违法多

---

[1] 曾根威彦:《刑法总论》(新版修正版)(1996年),第59页。

元论(违法相对性论),试图从正面容认违法的相对性。[1] 关于这个问题,作者的立场是:刑法上的违法仅限于被添加到犯罪类型之中、被认为是刑法的对象的违法。因此,很明显的是,作者是立足于违法多元论的。也就是说,虽说违法阻却事由甚至违法性概念具有一般性质,但是,从作者的立场来看,只有在与各个构成要件之间的对比中才可以这样说;在违法一元论的意义上,违法性概念当然不被认为是一般的概念。因此,作者的违法性概念从最初就带有特殊的刑法性质,其中包含着构成要件,这并没有什么值得奇怪的地方。

3. 最终确立构成要件与违法性的一体性的是第二篇论文"构成要件的价值性特征"中根据犯罪样态所进行的个别论证。该论文认为,未经违法评价就无法判断构成要件符合性。该论文还认为,在包含规范性要素的构成要件的场合、社会相当行为的场合、(不真正)不作为犯的场合以及过失犯的场合,为了确定构成要件符合性,作为其前提,违法性判断是必要的;但是,与此相同的是,即使就仅仅由描述性要素构成的一般构成要件而言,也经常潜在地存在应当作出缩小解释或扩张解释的要求。

即使在通说中,一般认为,在进行构成要件符合性判断之时,某种价值判断仍是不可避免的;但是,并不一定要结合违法性判断本身来理解构成要件符合性判断。例如,从规范性构成要件要素来看,通过在可能限度内将其分解、还原为事实性要素,试图使法官的判断从纯粹规范性的价值判断中摆脱出来,将之化解为对于社会生活事实的文化意义的理解的判断。此外,关于不真正不作为犯,在基本上立足于保证人说的同时,试图区分保证人的地位与保证人的义务(作为义务),将前者理解为构成要件要素,将后者理解为违法要素。而且,关于过失犯,这种见解——在将注意义务违反理解为基本要素的同时,还认为其内容是以预见可能性为前提的主观义务违反,属于责任论的范围(旧过失论)——依然很有力(关于社会相当行为,也试图将其解消为其他的违法阻却事由)。

---

[1] 曾根威彦:《违法的统一性与相对性》,载香川达夫博士古稀祝贺:《刑事法学的课题与展望》(1996 年),第 121 页以下。

对此,西原说将构成要件符合性判断中的价值判断与违法评价理解为不可分割的统一体,这赋予了作者的犯罪论体系以独特性。

通说之所以将构成要件符合性理解为独立的犯罪要素,乃是为了将构成要件与违法性割裂开来,通过保持其明确性来发挥构成要件的人权保障奠基石的机能(构成要件的罪刑法定主义机能)。但是,作者认为,"构成要件论对所谓的恶法是无能为力的,我们并不能相信构成要件甚至作为其前提的成文法的条文(特别是前者)本身能够发挥人权保障的作用",能够发挥人权保障作用的是在与整体的法秩序关联之下的实质正义的观点。由此可见,可以说作者的法律信念是基本上不信任立法(者),同时绝对信任司法(法官)。

二、刑法上的危险概念

第一编的第四篇论文"刑法上的危险概念",在与本书题目的关系上,多少含有一些异质的内容。但是,从实质上把握构成要件概念,从而即使对于作为符合构成要件行为的实行行为概念,也将其内容理解为"伴随着实质危险的行为"之时,危险概念与实行行为概念就会非常紧密地结合在一起。行为如果伴随着危险,就成了实行行为;当然,即使有行为,但如果危险没有发生的话,也不能说是实行行为。从如下两则描述中也可以看出这一点:(1)例如,关于迷信犯,"其行为从客观上来看并非有杀人危险的行为,因此也就不能称之为杀人的实行行为";(2)关于抽象的危险犯,是否应当要求发生"某种程度的具体危险",不应当作为实质违法论而是应当作为每个构成要件的解释问题来加以解决。这篇论文研究了不能犯(未遂犯)论以及危险犯论中的危险概念。

在不能犯论中,主要是以作为多数说的具体危险说(根据作者的见解,这种学说已经成为战后占绝对支配地位的通说),和与此相对的客观危险说之间的对立为中心来展开讨论的。而且,作者认为,之所以开始对不能犯论中的具体危险说展开批判,乃是因为进入昭和40年代以来,在违法本质论中出现了一种非常显著的倾向:尽量排斥行为无价值,并且尽量贯彻结果无价值。众所周知的是,在此之后,不能犯论成为行为无价值论与结果无价值论之间的对立的典型场合。此外,这篇论文认为,客观危险说的一个特征在于,"行为后所实施的全部客观事实也纳入判断材料之中",例如,使人吞服足以致死量的毒药,但由于事后被害者偶然服用了解药,因此没有导致结果的发生。但是,既然通过实行的着手产生了侵害法益的危险,那么,即使事后这种危险消失了,仍难免成立未遂犯。即使客观危险说依据的是以裁判时为基准的事后判断,也应当在以事后查明的行为时的事实为判断基准这一范围内来理解这种事后判断。

关于危险犯,首先要提出来的一个问题是,"未遂犯是具体的危险犯吗?""如果由于未遂犯包含在具体危险犯之中,本来的具体危险犯中的危险判断就要根据一般人的经验判断来进行的话,那么不得不说这是一个重大问题。"客观危险说(至少是本来的客观危险说),即使就未遂犯中的危险判断而言,也可以视为将通过一般人的经验判断理解为一个重大问题的立场。其次,关于抽象危险犯,如上所述,作者认为,是否应当要求发生"某种程度的具体危险",是构成要件的解释问题。就作为抽象的公共危险罪的放火罪而言,虽然没有"某种程度的具体危险"的放火也包含在放火罪之中,但是,在将这种危险区别于具体的公共危险罪中所谓的"公共危险"的基础上,如果将其解释为抽象的公共危险罪独有的违法要素,那么,在即使有放火行为、但是连"某种程度的具体危险"也没有发生的场合,即使符合作为抽象的公共危险罪的放火罪的构成要件,仍然有可能例外地否定放火罪的违法性。[1]

第二节 行为与实行行为

一、作为与不作为

如果从犯罪体系论中的"行为论"的立场出发的话,行为概念所具有的作为犯罪构成要素的重要性就是不言而喻的。作为实行

---

[1] 而且,即使对于违反速度限制罪,关于完全不能认定为发生了危险这种极其稀有的案件,应当否定其违法性,还是应当以对于行为人本身的法益侵害的危险性(一种父权主义)为根据来承认其可罚性呢?

行为论的前提,就犯罪概念的第一要素——行为展开论述的是第一编的第三篇论文"作为与不作为的概念"。在这篇论文中,首先论证了这一事实,即目的行为论也将不作为包含在行为概念之中。如果不作为缺乏作为(行为)中那种存在论的目的性,那么,作为批判因果行为论而出现的目的行为论,就应当将不被认为是行为的不作为排除在犯罪概念之外;如果说不是这样,不作为也可以成为犯罪的一种形态的话,那么就应当承认不作为也具有目的性的侧面,并且应当将不作为包摄在行为概念之中。这篇论文暗示了后者的可能性。

作者接下来论述了运动与静止、作为与不作为之间的关系,认为实施一定的身体运动的是作为;相反,没有实施一定的身体运动的是不作为。在此,作者明确指出,不作为与物理上的身体静止并不一定是一致的;与此同时,作者强调,作为与不作为之间的区别基准并不在于单纯的身体运动,而在于"一定的"身体运动。在不作为犯中,即使实施了某种身体运动,如果其并非一定的身体运动,仍不得不将其解释为不作为。不过,在解释为以一定的身体运动为基准的场合,即使关于实行行为中的作为与不作为之间的区别没有什么问题,但仍会产生如下疑问:将作为与不作为作为独立于构成要件乃至违法性的行为概念来把握,果真是可能的吗?这是因为,所谓一定的身体运动,可以解释为构成要件所规定的身体运动和构成作为义务之内容的作为。虽然关于这一点的说明,这篇论文并不是很明确,但是,如果从社会行为论的立场出发,将作为与不作为理解为社会实体的话[1],所谓一定的身体运动或许就是社会所期待的身体运动(期待说)。

最后,作者论述了作为与不作为、作为犯与不作为犯之间的关系,并通过现实的行为样态给出了如下定义,即通过作为所实施的犯罪是作为犯,通过不作为所实施的犯罪是不作为犯。作者指出,承认存在"通过不作为的作为犯"、"通过作为的不作为犯"的见解,除了通过行为样态来区分作为与不作为以外,也认可通过法律条文的规定形式来区分两者,在此可以看到概念上的混淆。作者将

---

[1] 西原春夫:《刑法总论》(1977年),第88—89页。

犯罪分为以禁令违反为内容的犯罪与以命令违反为内容的犯罪,认为前者不仅可以通过作为来实施,而且可以通过不作为来实施;后者则只能通过不作为来实施。这一见解的旨趣是:虽然承认不真正不作为犯,但是,没有实施一定身体运动的态度,即使实施了除此以外的其他身体运动,也是不作为,因此,就不能承认所谓不真正作为犯的概念。诚然,对于命令实施一定的身体运动(行为)本身的犯罪(举动犯,例如命令实施退去行为的不退去罪)而言,没有讨论作为犯的余地;但是,对于命令引起一定状态(结果)的犯罪(结果犯,例如命令引起保护状态的不保护罪)而言,就有可能讨论不真正作为犯。[1]

二、刑法上的实行行为

从正面提出作为本书中心题目的实行行为概念的是绪论中的"犯罪实行行为论"。作者将实行行为定义为"作为构成要件核心的行为",将着手实行以后的行为理解为实行行为,由此区别于在此之间的预备行为。在此,作者支持了通说的如下理解:实行的着手意味着实行行为的开始,"实行的着手"乃是区分预备行为与实行行为的分水岭。这样,作者首先在与构成要件之间的关联上、在形式上把握实行行为概念;与此同时,作者将"实行行为"论作为与"实行的着手"论有表里一体关系的理论来加以理解。现在,轻视实行行为概念所具有的犯罪论上的意义和作用、将实行的着手仅仅理解为为处罚未遂犯"划分阶段的概念"的见解得到了高度重视。[2] 如果考虑到这一事实,那么可以说作者的见解是理所当然的,而且具有极其重要的意义。

其次,关于与实行行为周边的一些概念之间的关系,作为有形地与实行行为相邻接的概念,可以举出预备行为与共犯行为;作为无形地、在内容上与实行行为相邻接的概念,可以举出不能犯。作者认为,就前者而言,实行行为与预备行为在时间的纵向系列上是相邻接的;与此相对,实行行为与共犯行为在空间的横向系列上是

---

[1] 例如,可以考虑服侍人员吃掉了提供给患者的饭菜的例子。
[2] 例如,平野龙一:《正犯与实行》,载《犯罪论的诸问题》(1981年),第130页。

相邻接的。如果将以上的理解作为前提的话,那么,不仅实行行为与预备行为是一对概念,而且实行行为与共犯行为也是一对概念。在与共犯的关系上,实行行为体现了正犯概念的本质特征。这个问题对于考虑共同正犯的实行行为(第三编第三章、第四章)具有重要意义;与此同时,在此也探讨了所谓的实行行为概念与确立间接正犯之基础的行为支配概念之间的关联(第三编第一章、第二章)。此外,就"实行的着手"论与"不能犯"论而言,前者是关于区分有形地相互邻接的实行与预备之基准的理论;与此相对,由于不能犯与实行行为无形地邻接在一起,因此,虽然两者均属于同一个未遂犯论,但均具有各自相互独立的意义。

关于"实行行为的实质",作者认为其内容必须包含法益侵害的危险。但是,从在此援用了不能犯论这一点来看,应当认为这里所谓的"危险"是指实质的、具体的危险。很明显,在此,作者不仅在与构成要件之间的关联上形式地理解实行行为概念,同时在与危险概念之间的关联上实质地理解实行行为概念。[1] 如果从作者的基本立场——构成要件符合性与违法性存在表里关系——来看(第一编第一章、第二章),作为危险行为的实质的实行行为概念,与被认为是构成要件符合行为的形式的实行行为概念之间具有表里关系,在某种意义上就是理所当然的结论了。[2] 虽然作者仍认为实行行为的实质是作为与不作为中的某一个,但是,这种重视实行行为概念中的不作为形态的态度,使得隔离犯、间接正犯中不作为犯的构成,以及过失犯论中的新过失论(结果回避义务违反说)的构成变得容易了。

三、实行的着手

1. 关于实行的着手,在第三编的第一篇论文"间接正犯的实行行为"中,作者尝试对各种学说进行了详细考察;而且,在绪论中,

---

[1] 这一点也体现在作者的如下见解上:认为不可能犯"由于本来不具有构成要件所预定的那种危险性,因此本来就不属于实行行为。"
[2] 但是,仍有可能承认如下两者之间的微妙差别:在有形的关系成为问题的实行着手论中,将重点放在实行行为的形式方面之上;在无形的关系成为问题的不能犯论中,强调的是其实质方面。

作者沿着之后学说的展开进行了简要的概括。通过对学说的批判性探讨，作者所得到的见解是将具有"根据行为人的整个计划，法益侵害的危险已经迫近了"之时理解为实行着手的折中说。不过，作为对折中说的理解，作者并未将之理解为与客观说和主观说相对立的、完全独立的立场，而是将之理解为从正面体现了客观说与主观说所指出之基准的实质的学说。从作者的基本思想——在基本上立足于客观主义犯罪论的立场的同时，认为在构成要件论乃至违法论之中，如果不考虑行为人的主观方面，就无法作出判断——来看，上述理解就是自然而然的。此外，采用这种意义上的折中说，一方面有进行逻辑的分析、理论的纯化之意，另一方面可以说体现了作者的学问态度——也不能放松对于结论的具体妥当性以及实践的考虑。因此，对于通常的案件而言，折中说与客观说、主观说之间并不会产生适用上的差异；与此同时，作为折中说可以起特殊作用的犯罪群，可以举出原因上自由行为和间接正犯。

较之对于犯罪实质的查明而言，折中说更为重视实行着手的认定即犯罪认定论。之所以将行为人的犯罪计划、这个意义上行为人的意思纳入判断资料之中，乃是因为如果不将此考虑在内的话，就无法认定特定行为所产生的危险是否已经迫近。与此相对，虽然客观说认为从行为人的外部态度、行为时的客观情况出发，不考虑行为人的内心意思，有可能认定实行的着手，但是，这两种学说之间仍然存在如下判断方法上的差异，即是应当根据行为时的事前判断，还是应当根据将行为后查明的情况亦作为判断资料的事后判断。另一方面，折中说是否将行为人的主观状况理解为法益侵害的危险性以及构成违法性的要素（犯罪实体论），并不是很清楚。的确，故意是主观性违法要素，因此在违法类型论的立场上被理解为主观性构成要件要素，但是，即使对于超越故意的行为人的整个计划，也将其本身直接解释为确立行为危险性的违法、构成要件要素[1]，在这样的场合，作者就在相当程度上采取了倾向于

---

[1] 为了决定实行着手的有无，仅凭故意的有无是不够充分的，作者以小偷的例子说明了这一见解：在小偷实施所谓"踩点行为"的场合，也可以认为在踩点行为的阶段故意尚未现实化。

行为人主观方面的违法论。

2. 但是，从法益侵害的危险中寻求开始实行的实质性内容的场合，一般认为，对于这里所谓的危险概念，存在两种理解方式。一种理解方式是：在可以认定"结果发生的确实性（自动性）"的时刻，就已经可以肯定存在危险并可以肯定实行着手了，法益侵害的危险现实化、结果发生的迫近（确实性说[1]）并不一定是必要的；另一种理解方式是：着眼于危险进入被害者领域内这一事实来理解危险的具体化，在既遂结果的发生已经迫切的时刻寻求实行的着手时间（迫切性说[2]）。这种对立也可以说是将法益侵害的危险视为"行为的危险性"，还是将之视为"结果的危险"之间的争论。[3] 在通常犯罪的场合，无论根据哪一种见解，对于这一问题都会得出相同的结论；但是，在所谓的隔离犯、间接正犯的场合，就会造成结论上的差异了。也就是说，就隔离犯而言，前一种学说采取的是发送主义，而后一种学说采取的是到达主义；就间接正犯而言，前一种学说认为实行的着手在于利用行为开始之时，而后一种学说认为实行的着手有待于被利用者行为的开始之时。那么，作者的见解是其中哪一个呢？

关于实行的着手时间，作者将危险的迫切性作为问题，而且原则上认为间接正犯实行着手的时间在于被利用者的行为开始之时（参照第三编第一章），因此，可以说作者基本上是立足于迫切性说的。而且，在原因上自由行为中，作者担心主张实行着手在于原因设定行为开始之时的见解会软化构成要件，并且告诫说，这样的见解会导致在过早的时间认定实行着手。据此，认为作者立足于迫切性说的感觉就更加强烈了。但是，另一方面，例如，就邮寄敲诈勒索文书的场合，或者指使患有严重精神病者去杀害特定人的场合而言，如果说实行的着手时间在于利用行为开始之时的话，那么在此就可以看出，作者同时采用了确定性说的基准。或者，正是这

---

[1] 中义胜：《刑法上的诸问题》（1991年），第221页以下。
[2] 中山研一：《刑法的争论问题》（1991年），第81页以下。
[3] 参照曾根威彦：《刑法上的重要问题》（总论）（修正版）（1996年），第240页以下。

种根据各个案件的不同进行灵活处理的见解,体现了作者关于实行的着手一般采用折中说以及关于间接正犯的实行着手的立场的真面目(第三说)。

第三节 原因上自由行为与犯罪的实行

一、原因上自由行为与责任能力的存在时间

1. 构成第二编的第二篇及第三篇论文指出,就原因上自由行为而言,在原因(设定)行为中寻求实行的着手时间的通说明显软化了构成要件,在原则上将结果(发生)行为开始之时解释为实行着手的同时,通过对作为通说之前提的"责任能力与实行行为同时存在"的原则展开批判,作者试图明确的是:凡是在责任能力成为问题的场合,责任能力何时存在即可、何时必须存在。在认为原因上自由行为是可罚的场合,就会陷入一种困境:如果试图承认结果行为是犯罪实体的话,与责任主义原则(行为与责任同时存在的原则)之间的抵触就成为问题;相反,如果将原因行为解释为犯罪行为的话,就会产生罪刑法定主义上的疑问。在上述两篇论文中,作者基本上将结果行为解释为实行行为;与此同时,通过展开独特的责任能力论,试图解决上述问题。

西原理论的要点是:并不要求责任能力在实行行为(结果行为)之时必须存在,结合了原因行为与结果行为的行为开始之时的最终意思决定,如果贯穿了到达结果发生的整个行为,那么,只要在作出这一最终意思决定之时有责任能力即可。作者所主张的不是"实行行为"与责任能力同时存在的原则,而是"行为"与责任能力同时存在的原则。而且,可以认为支撑这一结论的根据有如下两点:(1)采用犯罪论体系构成中的"行为论";(2)责任是对于意思决定所进行的非难。

2. 首先,作为形式逻辑的问题,如果根据构成要件论,那么刑法的评价对象仅限于构成要件符合行为即实行行为,因此,责任能力也必须存在于实行行为之时;但是,在行为论中,由于行为成为评价的对象,因此,责任能力如果存在于包含实行行为在内的行为

开始之时即可。的确,如果采用构成要件论的话,实行行为与责任的同时存在是必然的结论;但是,在立足于行为论的场合,在逻辑上也并不必然否定实行行为与责任同时存在原则。即使是采用行为论,在以某种形式将构成要件符合性纳入犯罪概念要素的场合,实行行为与责任同时存在的要求也是值得予以充分考虑的。特别是,如果将责任评价的对象理解为并不是所有行为,而是仅限于符合构成要件的违法行为,那么,仍然有可能将构成要件符合性与有责性、实行行为与责任能力之间的结合理解为不可或缺的要素。因此,为了主张责任能力存在于最终意思决定之时即可,就必须进一步探求其实质性根据。

3. 从将行为作为一个意思的实现过程来把握的立场来看,在最终意思决定之时,责任能力必须存在,从意思责任的原则来看,正是如此。因此,在与实行行为的关系上存在以下两个问题:(1)到底最终意思决定之时是什么时候?难道它不是结果行为(实行行为)开始之时吗?(2)如果不是这样的话,为什么在行为的开始(最终意思决定)之时如果有责任能力的话,实行开始之时不具备责任能力亦可呢?关于第一点,作者认为,这里所说的意思决定是指在与责任能力的关联上的意思决定,最终意思决定之时是指最终确定在陷入无责任能力状态之后实施违法行为的意思之时,它就是行为的开始之时。但是,作为理由,作者指出了如下事实,即"意思在表动于外界之前,是有可能变更或撤回的",而且,如果认为原因上自由行为的违法实质在于结果行为的话,那么就有可能将打算正好在实行行为之前陷入无责任能力状态之时解释为最终意思决定之时。

第二个问题就是:"责任能力必须一直存在于意思决定以后的行为的哪个阶段呢?"之所以要求在实行行为时也有责任能力,乃是因为责任能力的内容被认为是行动控制能力(团藤)或者同时控制(平川)。但是,关于行动控制能力,可以说是根据对是非的辨别作出意思决定的能力;关于要求同时控制这一点,作者指出了认为实行着手之后责任能力仍有必要继续存在的见解的问题性。特别是在与后者的关系上,最终归结到"是否要求责任能力至少存在于'实行的着手时间'"这一点上。如果从作者的立场——实行的着手并非只是为可罚的行为'划分阶段'的概念,而是构成要件符合行为即实行行为的开始时间——来看,那么,在徘徊于是否实施违法行为(实行行为)的时刻(实行的着手),也可以说是否存在责任能力具有非常重要的意义。

三、过失犯、酩酊驾驶与原因上自由行为

在构成第二编的论文中,第一篇论文"过失犯与原因上自由行为"和第四篇论文"酩酊驾驶与刑事责任",与其说论述了原因上自由行为本身,倒不如说以过失犯和酩酊驾驶为素材,研究了处于原因上自由行为周边、与之密切相关的各个问题。

1. 首先,第一篇论文以"原因上自由行为"的理论为线索,试图明确过失犯中注意义务与注意能力之间的关系。在过失的原因上自由行为的场合,即使在引起结果的行为之时丧失了责任能力,因而不能认定违反了注意义务的场合,如果原因设定行为之时有责任能力,那么仍可以认定违反了注意义务,过失犯成立。但是,这篇论文的问题意识在于:与此相同,就一般的过失犯而言,虽然在引起结果的行为之时丧失了注意能力,但是,在与丧失注意能力之前的态度中、在与引起结果之间的关联下可以认定违反了注意义务的场合,难道不能运用类似于原因上自由行为的理论来认定过失吗?

而且,与注意义务的标准相关,在行为人被抽象地科处的许多注意义务中,为了确定违反的是哪一项义务,作者认为必须将行为人的注意能力作为问题,因此采用了一种折中说。例如,在忘记佩戴眼镜的近视眼汽车司机的案件中,由于其对于保持与事故直接相关的步行者之间的间隔的义务没有注意能力,因此不能认为其违反了义务;但是,由于可以认为其对于此前在佩戴眼镜的情况下安全驾驶的义务有注意能力,因此可以认定其违反了义务,最终成立过失犯。

上述见解中的问题是:过失犯中实行行为的实质是什么呢?在原因上自由行为的场合,只要基本上将引起结果的行为理解为实行行为,那么,在与其进行类比的情况下,即使是在前述过失犯的案件中,也可以将事故发生之前违反保持间隔义务的行为理解

为过失行为。但是,另一方面,如果认为违反注意义务的行为就是实行行为的话,那么,毋宁说不佩戴眼镜驾驶这一违反安全驾驶义务的行为就成了过失行为。在这篇论文中,这一点并不是很明确;但是,根据第四篇论文,从作为过失犯之根本的行为在可以认定不注意的时刻必须已经存在这一点来看,由于作者认为这种场合下的行为会涉及没有佩戴眼镜驾驶的整个态度,因此也可以认为其采取了后者那样的立场。我认为,从基本上立足于迫近说的作者的立场来看,虽然过失行为本身涉及到注意能力存在的时刻以后的所有行为,但是,仍可以在事故发生之前过于接近步行者的驾驶行为中寻求实行行为。而且,与原因上自由行为一样,并不要求注意能力在实行行为之时必须存在,只要在最终意思决定之时(不佩戴眼镜而开始驾驶之时)存在注意能力即可。

2. 第四篇论文"酗酒驾驶与刑事责任"的论点可以分为三个:第一个论点是,对于酗酒驾驶的处罚规定,是否也可以适用刑法第39条呢? 作者认为,凡是适用刑罚,作为非难可能性的规范性责任就应当成为不可或缺的前提。因此,对于承认刑法第39条的例外,作者站在了消极的立场上。问题是排除第39条的适用的见解背后的实质理由。根据作者的见解,这个实质理由是在限定责任能力的场合不承认原因上自由行为的通说的理解,这一点被认为是第二个探讨对象。根据作者关于责任能力的存在时间的见解(第二编第一章),对限定责任能力状态中的行为适用原因上自由行为的理论,并没有什么特别问题,其结果是,在不牺牲责任主义原则的情况下,避免了将刑法第39条第2款适用于酗酒驾驶罪、从而造成减轻刑罚这种不合理的结论。

第三个论点是,如何把握道路交通法上的酗酒驾驶罪与刑法上的业务过失致死伤罪之间的罪数关系呢? 关于这一点,作者得出了一个二元结论:在酗酒驾驶构成过失之内容的场合,两者是观念的竞合;在不构成过失之内容的场合,两者是并合罪。这一见解是昭和四十九年 5 月 29 日最高裁大法庭判决之前[1]的见解。根据自然的观察和社会的见解，这一判决为观念的竞合中的"一个行为"提出了判断基准。但是，作者对这一判例是持批判意见的。而且，在该判决以后，作者仍然维持了上述结论。[2] 关于酩酊驾驶不构成过失之内容的场合，作者的结论与判例的结论是一致的（并合罪），问题就在于构成过失之内容的场合（判例在这种场合也认为是并合罪）。说明这个问题的关键在于在后者的情况下与过失行为的实质相关的作者的理解。

据此，特别是在原因上自由行为成为问题的场合，即对于在无责任能力或者限定责任能力的状态下酩酊驾驶、因此导致死伤事故的场合，为了对结果的发生追究作为有责任能力的业务上过失责任，作者就只有在有责任能力的时刻寻求过失了。如果是这样的话，作者认为，过失行为也并非事故之前的动作，而是饮酒以后的一连串态度，并且承认与酩酊驾驶行为之间的重合。这样，就酩酊驾驶构成过失之内容的场合而言[3]，与酩酊驾驶行为一样，过失行为也可以被解释为伴随着时间的继续、场所的移动的行为。如果以这样的事实为前提的话，即使根据判例的基准，仍然是观念的竞合（但是，判例否定了这种前提事实本身）。

第四节 间接正犯、共同正犯与犯罪的实行

一、间接正犯与教唆犯

构成第三编的最初两篇论文（"间接正犯的实行行为"和"教唆与间接正犯"），在明确间接正犯的实行着手时间的同时，论述了间接正犯与教唆之间的区别的界限。

---

[1] 刑集第 28 卷第 4 号第 114 页。如果根据大法庭判决的基准，作为两个行为，伴随着时间的继续、场所的移动的酩酊驾驶与某一时间、某一地点的业务上过失致死行为，通常具有并合罪的关系。
[2] 西原，前揭《刑法总论》，第 377—378 页。
[3] 与此相对，酩酊驾驶不构成过失之内容的场合，也可以认为过失行为是某一时间、某一地点的行为；但是，在这种场合，就过失犯而言，或许原因上自由行为不会成为问题吧。

1. 首先,关于间接正犯的实行着手,通过对认为在于利用行为开始之时的见解的探讨,作者得出了如下结论:并不应当总是认为间接正犯的实行着手在于利用行为开始之时,也可能存在必须在被利用行为的开始之时寻求间接正犯的实行着手的场合。这样,在采用实行着手的时间基本上在被利用者的行为开始之时的见解(被利用者说)的场合,由于必须就本来的利用者(正犯者)的实行行为承认实行的着手,因此,间接正犯的实行行为是什么,当然就成为一个问题。这与如下问题——在主张原因上自由行为的实行着手时间在于结果行为的开始之时的场合,应当如何解释实行行为与责任同时存在的原则——具有相同的性质。作者最初试图从行为支配说来加以说明——行为支配说认为,间接正犯的实行行为是指从背后利用、支配被利用者行动的利用者的行为——但是,作者最终将利用者的利用行为与被利用者引起结果的行为的结合体解释为间接正犯的实行行为,据此,在此已经可以看到后述不作为犯构成的萌芽了。

为了克服被利用者说与最终必须就正犯者(利用者)的行为来承认实行行为之间所产生的矛盾,首先可以考虑的对策是,在采用关于实行着手的阶段构成(阶段说)的基础上,认为在实行行为过程中引起结果的危险迫近的阶段是实行的着手的见解(平野、西田)。但是,作者认为,这种见解是将教唆行为(预备行为)转化成实行行为的做法,因此否定了这种见解,设计出了作为"作为"与"不作为"之混合形式的间接正犯的构成方法。这种构成(不作为犯的构成)方法是:作为"作为"的利用行为一般是预备行为,在其终了的同时产生了结果防止义务(作为义务),作为违反该作为义务的不作为之后仍然存续。但是,关于预备行为终了后产生结果防止义务的理解,产生了一个基本的疑问,即在故意开始行为的人之中,果真产生了作为义务吗?除此之外,在大多数教唆行为(预备行为)有可能转化为实行行为这一点上,一般认为其与阶段构成之间并不存在那么巨大的差异。

在此,出于方便,如果对比一下间接正犯与原因上自由行为中作者的实行行为概念,那么,虽然两者原来基本上处于同一构想之下,但在具体的结论上仍可以看到某些细微的差异。关于原因上自由行为,作者坚持相当严格的实行行为概念,但对于间接正犯则尝试比较灵活的解释。例如,如前所述,将凶器交给患有严重精神病患者、使其将特定人杀害的场合,就交付凶器的行为承认实行的着手。这里,作者并未将原因行为(例如,有残暴性格的人怀着杀意将凶器带在腰间饮酒的行为)本身视为伴随着法益侵害的危险性的定型危险行为;与此相对,作者认为利用行为(将凶器交给严重精神病患者的行为)本身已经是具有引起结果之危险的行为了。

2. 正犯与共犯的区别,形式上根据符合(基本的)构成要件行为即实行行为的有无来确定;实质上根据存在法益侵害的直接危险(正犯),还是仅限于间接危险(共犯)这一差异来确定。因此,其本身仅限于间接危险的共犯,如果要成立犯罪,就必须以正犯的存在为不可或缺的前提,这就是共犯从属性(实行从属性)的思想。作为共犯从属性说的理论基础,作者展开了规范障碍论,在共犯(因此包括教唆犯)的情况下,由于存在作为规范障碍的正犯,因此认为教唆行为的危险性比实行行为轻;与此相反,在(间接)正犯的情况下,规范障碍的不存在确立了其行为所具有的作为实行行为的危险性(实行行为性)的基础。规范的障碍的存在与否决定了存在于其背后的行为的危险性以及实行行为性——这一见解是论述共犯论中的实行行为之时最关键的一点。

关于教唆犯与间接正犯在概念上之差异的理论基础,作者援用了确立间接正犯的正犯性之基础的行为支配说的思想。其理由是:这种见解可以从主观和客观两方面来说明正犯的本质以及正犯与共犯的区别;而且,这种见解是使共犯从属性的本质表现为正犯与共犯之间的区别标准的理论。前一个根据令人想起在违法性上残留了主观色彩的作者的立场[1];后一个根据可以解释为:由于不存在规范障碍、因而承认行为支配的是间接正犯;由于规范障碍的存在而使行为支配成为不可能的是教唆犯(因此,为了成立教

---

[1] 顺便说一下,作者是将正犯与共犯作为违法行为的样态来加以说明的(西原,前揭《刑法总论》,第305页以后)。

唆犯,正犯有必要通过着手实行来超越规范障碍)。[1]

最后,关于教唆犯与间接正犯之间的界限,作者尝试从共犯的角度和正犯的角度进行了考察。关于前者,作者考察了共犯的从属形态(要素从属性)。从结论上看,作者指出了共犯的从属形态与共犯从属性的本质论之间的偏离,对从属形态论所具有的理论意义作出了消极的评价。其次,作者通过列举间接正犯的各种类型,说明了教唆犯与间接正犯之间的界线。在此仍然要强调的是,其判断基准在于共犯从属性的本质论之中,规范障碍的存在就是间接正犯成立的界线。作者由此表达了对于伴随着规范障碍的"无身份有故意的工具"与"有故意的帮助工具"的间接正犯性的疑问;另一方面,就利用无责任的人,特别是利用刑事未成年人而言,作者认为通常构成间接正犯,在此应当注意其与规范障碍论之间的关联。

二、共同正犯中犯罪的实行与共谋共同正犯

1. 在构成第三编的论文之中,第三篇论文"共同正犯中犯罪的实行"在明确共同正犯的本质与构造的基础上,论述了其射程范围。第四篇论文从正面提出了刑法上一个有争论的问题——"共谋共同正犯",重新探讨了对赞成共谋共同正犯的立场(认定论)持批判态度的见解。两篇论文的基本主旨是相同的。

关于共同正犯本质的理解,学说上有两大流派:第一,着眼于被认为是正犯的共同正犯的效果(第60条),将共同正犯向正犯拉近的立场;第二,由于共同正犯是多数人的共同实行,因此将之作为共犯的一种来构成的立场。如果将前者的方向理解为只有实行行为才表明了正犯的本质特征的话[2],那么,为了成立共同正犯,当然要求每个人有实行的分担。与此相对,从作者所立足的后者

---

[1] 行为支配的思想原本源于目的行为论,但是,在作者的刑法理论中,除了共犯论以外,从广泛承认主观性违法要素、采用(严格)责任说等方面都可以看出其受到了目的行为论的影响。

[2] 如果将共同正犯理解为正犯,但并不认为实行行为是正犯的本质特征,那么,就并不必然要求共同正犯有实行的分担(参照平野,前揭《犯罪论的诸问题》,第127页以下)。

的立场来看,实行的分担并非共同正犯不可或缺的要件,因此有可能从理论上朝着承认共谋共同正犯的方向展开。将共同正犯理解为共犯的场合所产生的问题是:应当如何理解刑法第60条关于共同正犯规定的"都是正犯"(旧规定是"皆为正犯")这一点呢?这就需要探讨共同正犯中实行行为的实质。

2. 关于这一点,例如,甲乙二人在合意的基础上,由甲对被害者丙实施暴行,乙则负责夺取财物的场合,作者认为实施强盗这一实行行为的是共同的"甲乙二人"这样一个行为主体(共同意思主体),认为在此可以找到甲和乙共同被认为是正犯的根据。也就是说,作为共同正犯的处罚基础,并不在于每个人负责的一个个行为(暴行或夺取财物的行为),而在于甲乙二人的共同行为(通过暴行的财物夺取行为)。因此,如果将这一法理运用于共谋共同正犯的场合,那么,甲与乙在共谋的基础上、完全由乙负责强盗的实行的场合,也可以承认甲乙二人的共同行为,因而也可以将甲作为共同主犯来处罚。但是,在教唆犯的场合,虽然教唆者甲与被教唆者(正犯者)乙在合意的基础上实行了犯罪,因此形成了"甲乙二人"的行为主体[1],但是,在这种场合,由于犯罪的实行并不是共同实施的(共谋的基础上),即并不是在共同犯罪行为的意识下实施的,因此不是共同正犯。

除了可以通过将共同正犯作为共犯来确立共谋共同正犯的基础以外(共同意思主体说),还可以通过承认某种实行行为性来确立共谋共同正犯的基础。即使对于共谋共同正犯,也试图主张其具有行为支配的侧面的间接正犯构成即是如此(平场、藤木)。在将行为支配理解为实质的正犯原理的场合,试图通过行为支配说来对第60条规定的被认为是"正犯"的共同正犯进行说明,在某种意义上是一种自然趋势。但是,正如作者所指出的那样,将间接正犯中的被利用者(没有责任能力或者是非辨别能力的人)与(共谋)共同正犯中负责实行的人(有责任能力的人或者有是非辨别能力

---

[1] 如果将共同意思主体说理解为不只是关于共同正犯,而是关于包括教唆犯、从犯在内的广义共犯的学说,那么教唆者与被教唆者(正犯者)之间也形成了共同意思主体。

的人)等同视之,乃是一种被禁止的类推。

3. 与狭义的共犯(教唆犯、从犯)和集团犯(内乱罪、骚乱罪)一样,作者认为不能否定共同正犯具有由多数人作为全体的活动与每个成员的行为构成的复合构造。此外,讨论这个问题——就作为全体的活动追究每个人的责任,就是承认团体责任吗——的确没有什么意义。问题在于:作为现行法的解释,一方面承认共同正犯具有与单独正犯不同的侧面;另一方面是否还应当要求构成全体的每个成员具有正犯特征,即是否分担实行行为呢?

共同正犯具有团体犯的性质,因此与教唆犯和从犯一样可以被解释为"共犯",由此来看,在逻辑上,并不必然可以得出不需要实行分担的结论。这是因为,在此既然是以广义的共犯(复数犯)的成立为前提的,就必须探讨其内部的区别。需要探讨的问题是:同样是共犯,共同正犯区别于教唆犯、从犯的本质特征是什么呢?作者认为,"应当确定的问题是,所实施的实行行为是否是甲和乙共同的事情呢? 对于实行行为的实现,甲乙各自的参与形态已经不是什么问题了。"但是,作为团体活动的实行行为是否是甲乙共同的事情,也可以解释为是包括教唆犯、从犯在内的所有共犯现象的共通问题。而且,如果允许这样来理解的话,那么,甲和乙的参与形态是教唆、帮助还是实行,仍然会成为问题。[1]

结语 关于实行行为概念

在西原刑法学中,实行行为概念在各个犯罪论的场合呈现出不同的形象。自不待言,其原型是作为构成要件符合行为的形式的实行行为概念。例如,在"原因上自由行为"中,作者认为实行的着手时间在于引起结果的行为开始之时,这样就比较严格地维持了实行行为的概念。但是,在将构成要件一体化地理解为是作为

---

[1] 作者将"重要作用"基准作为区别共同正犯与狭义共犯的基准,但是,即使这种基准在与从犯的区别上具有意义,在与被科处正犯之刑(旧规定为"准正犯")的教唆犯的区别上也没有意义。因此,站在承认共谋共同正犯的立场上,共同正犯与狭义共犯之间的区别最终就要依据"共谋"的有无来加以判断了。

价值性、规范性概念的违法性之时,伴随着构成要件概念的实质化,实行行为概念的实质化就会成为一种必然的趋势。

实质的实行行为概念表现在三个方面:第一,将规范性义务违反内在化的实行行为;第二,具备客观的法益侵害之危险性的实行行为;第三,行为支配说意义上的实行行为。作者明确指出,作为第一个方向中的义务违反行为的实行行为,在不真正不作为犯中是违反作为义务的不作为,在过失犯中是违反注意义务的行为。在此,作者解释了将违法评价内在化的、规范主义的实行行为概念。将第二个方向中的危险概念内在化的实行行为表现在未遂犯论之中。首先,关于"实行的着手",作者采用了折中说,在将行为人的主观方面作为判断材料的同时,最终将法益侵害的迫切危险视为判断基准。此外,在不能犯论中,作者采用了具体危险说。在此,在考虑一般人所能够认识的情况的同时,将发生法益侵害的具体危险的有无视为区分未遂犯与不能犯的基准。最后,在共犯论中,作者将以行为支配概念为内容的实行行为理解为体现了区别于共犯的正犯特征,在论证具有行为支配侧面的间接正犯的正犯性的同时,否定了试图根据同一理论来论证共同正犯的正犯性的见解,而是强调了其共犯性。

如何看待形式的实行行为概念与实质的实行行为概念,以及实质的实行行为概念内部的关系,仍然是一个问题。但是,当作者认为"实行行为原本是作为构成要件核心的要素……自不待言,决定实行行为的实质和内容的是每个构成要件,归根到底,必须通过构成要件各论的解释来确定其实质和内容"之时,形式的实行行为概念与实质的实行行为概念体现了同一个实行行为概念的两个侧面。而且,从本质上看,可以将实质的实行行为概念内部的相互关系理解为同一个实行行为概念根据犯罪形态的不同而表现出的不同形态。

译者后记

本书作者是我国刑法学界非常熟悉的日本著名刑法学家、早稻田大学前校长西原春夫教授。西原先生不仅是一位非常出色的刑法学者,而且多年来致力于日本与许多国家(包括中国、德国等)之间的国际学术交流,被认为是"二战"后继团藤重光教授(日本东京大学名誉教授)之后最具国际影响力的日本刑法学者。

正如西原先生在前言中、曾根威彦教授在解题中指出的那样,"过失犯论"与"犯罪实行行为论"构成了西原刑法学的两大支柱。在"过失犯论"方面,西原先生以交通犯罪为中心所展开的"信赖原则",对于日本刑法理论和审判实务均产生了深远的影响。本书则是西原先生关于"犯罪实行行为"的研究的一个整理。日本学者非常重视师承关系,西原先生也不例外,这尤其体现在如下两个方面:从犯罪论体系上看,西原先生继承了乃师齐藤金作教授的行为——违法——责任体系;从共犯论上看,西原先生是共谋共同正犯的坚定支持者。但是,如果我们仔细阅读本书的话,就会发现,西原先生并没有盲目迷信乃师,而是对每个问题进行了严密的论证,在许多见解上完全超越了乃师。正是在这种继承与超越的过程中,西原先生展现出自己的学术特色。

本书得以面世,首先必须感谢西原先生对译者的信任和支持。在译者冒昧地向先生表达翻译本书的意向之后,先生不仅亲自与成文堂(本书日文版出版者)联系授予版权事宜,而且免除了本书版税,这种学术至上的精神不能不使人为之动容。此外,日本成文堂社长阿部耕一先生、编辑部次长本乡三好先生以及付立庆博士为版权合同的签订提供了各种可能的便利,译者对此深表谢意。

恩师陈兴良教授一直十分关注本书的出版,他总是教导我们在学术上决不能固步自封,必须保持一种开放的态度——不仅要吸收国内最新的成果,而且应当努力把握国外最新的动态。这种教诲正是促使译者完成本书翻译的动力。在此谨向恩师致以深深的谢意。在本书翻译过程中,译者曾就一些疑难问题求教于秦一禾博士;在本书译竣之际,承蒙刘孝敏博士审读全书,提出了许多宝贵的修改意见,在此一并表示感谢。

最后必须感谢北京大学出版社法律编辑部的李霞主任、王晶小姐及本书责任编辑,他们为本书的出版付出了辛勤的劳动。

记得贺卫方教授在授课时曾引用一位哲人对诗的翻译的看法——"what lost in the translation is poem"(译所失者即为诗)。此诚精妙之论!译事艰难,译者水平有限,尚祈方家指正。

戴波　江溯

谨识于北京大学畅春新园

2006 年 3 月 22 日